民主

DEMOCRACY

CHARLES TILLY

［美］查尔斯·蒂利 著

魏洪钟 译

东
方
编
译
所
译
丛

上海人民出版社

Shanghai People's Publishing House · Century Publishing Group

献给悉德·塔罗，一位智慧的民主党人

内 容 提 要

《民主》一书描述了全世界在过去几百年中在国家层面上引起民主化和去民主化的一般进程。该书梳理出以下三个方面作为民主化的关键过程:信任网络融入公共政治、使公共政治和种类不平等分离、自治的强制权力中心的抑制。本书通过对众多(主要是二战以来的)政权进行分析和比较,为当前重构民主理论、重新审视民主化和去民主化提供一定的参考。

序　言

　　我不敢用本书的真正书名(《民主、民主化、去民主化及其相互依赖关系》)来称呼这本书。那个沉闷的怪僻的书名可能会使许多读者远离本书的显而易见的重大主题。但是我希望,读到本书末尾的读者将会理解:简单地描述称之为民主的理想的政治体制,然后去详细说明那种体制形成和继续的条件是没有意义的。民主化是一个动态的过程,它总是不完善的并且永远面临着被逆转(去民主化)的危险。两种密切相关的朝着相反方向发展的过程既导致民主化也导致去民主化。或者说,本书至少详细地说明了这一点。

　　很长时间以来,关于民主、民主化和去民主化的研究逐渐地迷住了我。要解释普通百姓提出重大集体诉求的那些手段(他们的既定抗争手法)是如何变化的,绝非易事,这需要一生的努力。任何从历史角度仔细考察这一问题的人最终都会承认两个事实:第一,不民主的政权和民主的政权反映了非常不同的既定斗争手法,甚至流行的既定斗争手法有助于确认某一政权为不民主的或者民主的;第二,随着民主化或者去民主化的出现,既定的手法也发生巨大的改变。例如,内战集中在不民主的政权内,而社会运动几乎专门形成于民主政权内。这种相关性是有缺陷的和暂时的,因此,如果民主仅仅包括一些提出要求的行动而不民主仅仅包括另外一些行动,那么可能的情况就会更具挑战性和更有趣。群众斗争影响了民主化是否会出现以及如何进行。本书主要说明是怎样影响以及为什么会影响。

　　本书中引用的材料大概有 20% 我已经以其他形式发表过，特别是在以前剑桥出版的两本书中：《欧洲的斗争和民主（1650—2000 年）》（2004年）和《信任和统治》（2005 年）。让我为这种大规模的借鉴做些辩护。在此书中所采用的那些材料出现在不同的语境中，这些语境赋予它们全新的意义。《斗争和民主》一书运用了欧洲政权的历史比较来论证民主化和群众斗争的相互依赖，而《信任和统治》一书分析了人与人之间的信任网络和政权之间联系的变化和变异。上两主题都重复出现在本书中，但现在它们附属于更宽泛的问题：民主化和去民主化通常是如何发生的？

　　本书澄清并修正了我早些时候的著作中的某些观点，特别是当涉及把强制权力的自治中心和公共政治对国家的控制看成民主化和去民主化的因素时。尽管还是从历史的角度，但本书比我以前对民主的讨论更为集中于不久的过去和当代世界。我希望本书能够帮助当今研究民主的学者看到历史比较分析在这个充满困难的领域的价值。无论如何，我认为《民主》是我在这个主题上所有工作的顶峰和综合。

　　在此我要感谢五位同仁对本书的帮助。我和我的研究生雷蒙德·加斯蒂尔（Raymond Gastil）几十年没有见面，但是他创建了自由之家评价体系。本书一章又一章地依靠了那些评价体系，将其作为对我论证中所暗示的民主化和去民主化进行更为直接衡量的代表（proxies）。我的经常的合作者悉尼·塔罗（Sidney Tarrow）虽然没有阅读过本书稿，但是他在我们合作的和单独的著作中常常考察相关的观点，这使我提高了对隐藏于诸如政权、国家能力和民主本身等概念中的危险的警觉。维维安娜·泽利泽（Viviana Zelizer）再次用她敏锐的非专家的目光审查了全部书稿，引起了我对书中含糊和不妥之处极大的关注。最后，感谢为剑桥大学出版社审稿的两位怀赞赏之情的、要求严格的匿名读者曾要求我（为了读者和我自己）澄清书中的许多概念和论点或者说为它们作出辩护。

目 录

表 与 插 图

第一章
什 么 是 民 主

1996 年,在哈萨克斯坦(Kazakhstan)脱离崩溃的苏联 5 年之后,哈萨克斯坦总统努尔苏丹·纳扎尔巴耶夫(Nursultan Nazarbayev)要求他的法律顾问起草一个新宪法。该宪法在对新宪法进行表决的全民公决中获得了压倒性的支持。新宪法的第一条声明:

　　1. 哈萨克斯坦共和国[原文如此]宣告它是一个民主的、非宗教的、法律的和社会的国家,其最高价值是个人、个人的生命、权利和自由。

　　2. 共和国活动的基本原则是公共和谐和政治稳定、有利于整个国家的经济发展;哈萨克斯坦的爱国主义和通过民主的方式(包括全民公决和议会投票)来解决国家事务中最重要的事情。(哈萨克斯坦宪法,2006)

突出地提到"公共和谐和政治稳定"使人想到一个保持警惕的强有力的统治者而不是一个冷漠的国家的形象。不过,该宪法明确地把哈萨克斯坦称为民主国家。

外界观察者对哈萨克斯坦的声称提出了质疑。在纽约的民主监测组织——自由之家(Freedom House)每年要根据政治权利和公民自由,给世界上每个公认的国家确定从 1(高)到 7(低)的等级(Gastil 1991)*。表1.1 概括了自由之家的标准。这些标准涵盖了大范围的公民权利和自由,

---

　　* 自由之家(Freedom House)是美国资历最老的人权组织,由艾琳娜·罗斯福、温德尔·威尔基等于 1941 年创建,当时是为了反对欧洲的纳粹主义和共产主义而创建的。——译者注

从制度化的反对派(institutionalized opposition)到个人的自由。2005 年，自由之家的报告在政治权利上给了哈萨克斯坦一个 6(非常低)，在公民自由上给了哈萨克斯坦一个 5(几乎一样低)。报告把这国家称为"不自由的"国家。下面就是这个国家的报告的开始部分：

表 1.1　自由之家的政治权力和公民自由对照表(摘于 Karatnycky 2000：583—585)

政治权力
1. 国家元首、政府领导或者其他主要当权者是否通过自由和公正的选举产生？
2. 立法代表是否通过自由和公正的选举产生？
3. 有无公正的选举法、平等的参选机会、公正的投票选举、诚实的选票规划(tabulations of ballots)？
4. 投票者是否能够给予他们自由选举的代表以真正的权力？
5. 人民是否有权组织不同的政党或者根据自己的意愿组成其他竞争的政治团体？该政治体制是否允许这些竞争的政党或团体自由发展？
6. 有无值得注意的(significant)反对票(opposition vote)？有无事实上的反对力量？有无反对派争取支持者或者通过选举获取权力的现实的可能性？
7. 人民能否免受武装力量、外国权力、独裁政党、宗教组织、经济寡头或者任何其他强权的控制？
8. 文化团体、民族团体、宗教团体和其他少数人团体是否有合理的自我决定、自我管理、自治或者通过非正式的多数意见(informal consensus)参与决策过程？
9. (自行选择的)在传统的没有政党或者选举过程的君主政权中，该体制是否会和人民协商、鼓励政策讨论、允许向统治者请愿？
10. (自行选择的)政府或者占领当局是否有意改变一个国家或者地区的民族构成以便消灭某种文化或者颠覆政治平衡以利于另一团体？

公民自由
1. 有无集会、示威和公开的公共讨论的自由？
2. 有无政治组织或准政治组织包括政党、市民组织、特别是有争议的团体(issue groups)等的自由？
3. 有无自由的工会、农民组织或者类似组织？有无自由的行业组织或者其他私人组织？
4. 有无独立的司法机构？
5. 在民事和刑事案件中是否通用法治？所有人口是否都受到法律的平等对待？警察是否直接由文官控制(civilian control)？
6. 有无保护措施防止由支持者或反对该政治体制的团体制造的政治恐怖、非法监禁、流放或者迫害？有无免于战争或者叛乱的自由？
7. 有无避免政府的极端冷漠和腐败的自由？
8. 有无公开的自由的私人讨论？
9. 有无个人自主？国家是否控制迁徙、居住地的选择或者职业的选择？有无免于教化和对国家的过度依附的自由？
10. 财产权是否有保障？公民是否有权建立私人企业？私人企业的活动是否受到政府官员、安全部队或者有组织的犯罪的不当干扰？
11. 有无个人的(包括性别平等、选择婚姻伴侣和决定家庭大小的)社会自由？
12. 有无机会平等(包括免除地主、雇主、行会帮主、官僚的剥削和对他们的依附以及排除享有合法经济收入的其他障碍)？

忠于努尔苏丹·纳扎尔巴耶夫总统的政党在 2004 年 9 月的一系列立法会议选举(legislative elections)后继续操纵着议会,这些选举被国际监察员指责为没有达到最基本的民主标准。选举中只有一位反对派代表当选,尽管他抗议选举中的违规现象,拒绝参加议会(take his seat)。与此同时,主要的高官们的辞职引发了对纳扎尔巴耶夫政府内部权力斗争和分歧的质疑。(Freedom House Kazakhstan 2005)

尽管哈萨克斯坦对国际经济和国际政治的参与使得纳扎尔巴耶夫避开了其中亚邻国所遵循的某种喧嚣的公共权威主义(public authoritarianism)(Schatz 2006),但这并没有使他放弃为了自己的利益对政府机构无情地操纵。2005 年 12 月,纳扎尔巴耶夫以神奇的 91% 的选票赢得了第 3 个 6 年的总统任期。每当我们看到总统候选人以超过 75% 的绝大多数赢得选举——特别是再次当选,我们就应该持有这样的假设:那个政权在进行虚假的选举。

纳扎尔巴耶夫是苏联统治下的哈萨克斯坦的共产党第一书记,在 1991 年哈萨克斯坦走向独立时成了哈萨克斯坦总统。从那时开始,他巩固了他的权力,也巩固了他的家族对该国来自大量的天然气和石油储藏的日益增长的收益的控制。随着他的派系变得越来越富,该国的其他人越来越穷(Olcott 2002,第六章)。纳扎尔巴耶夫不能容忍来自新闻界、市民团体或者政党的激烈的反对。

为了和哈萨克斯坦做个能说明问题的对比,我们看看牙买加。牙买加的立法机构采用了牙买加在 1962 年成为独立国家前不久由英国政府批准的宪法。不像哈萨克斯坦宪法响亮的开篇语那样,牙买加的宪法首先讨论了许多法律的定义以及从殖民地向独立国家过渡的细节。直到第三章"基本权利和自由",牙买加宪法才开始谈论民主。在那一章里,牙买加宪法规定:

> 尽管在牙买加的每个人都有权享有个人的基本权利和自由,也就是说,每个人,无论其种族、出生地、政治观点、肤色、信仰和性别,都有这种权利,但是他必须尊重他人的权利和自由,尊重公共利益,尊重下面的每项条款:即:a.个人的生命、自由、安全、财产权和法律保护;b.信仰自由、言论自由、和平集会和结社的自由;以及 c.尊重他人隐私和家庭生活。(Jamaica Constitution 2006)

宪法后面的部分描述了当今世界许多民主政权常见的特征：强有力的议会、对议会负责的执行机构、有竞争的选举、正式独立的司法部门。即使作为英国的一个殖民地，牙买加也是小规模民主的典范（Sheller 2000）。在大多数实行议会民主的政权中，牙买加也是非常突出的（不像许多其他以前的英国的殖民地）。它有正式授予总督的最终执行权。总督由英国皇家任命并且代表英国皇家。至少，从形式上看，牙买加是民主的。

自由之家对牙买加也提出了一些疑问。确实，自由之家 2005 年的（根据前一年表现的）国家报告评述道："牙买加的公民能够民主地改变他们的政府"（Freedom House Jamaica 2005）。该报告给牙买加的政治权利等级定为 2（很高），给它的公民自由的等级定为 3（非常高），并称这个国家为"自由的"。但是该报告在这些等级评定上注上了一个向下的箭头，并用这样的话来开始其对牙买加上一年记录的描述：

> 2004 年牙买加仍然犯罪猖獗、失业率居高不下和缺乏在社会发展方面的投入。政府没有充分地运用法治来约束警察机关，这已由 5 年来的记录所证实。尽管牙买加警察机关有着世界上最高的人均警察被杀率，5 年来牙买加没有以超出法律权力滥杀无辜的罪名成功地起诉过任何警察官员。与此同时，争吵不休的继位斗争彻底摧毁了这个国家的主要的反对党。（Freedom House Jamaica 2005）

该报告继续描述了选票舞弊、广泛的针对女性的暴力、警察迫害同性恋者、政治帮派，以及由牙买加作为可卡因运往美国的中转站的重要性而加剧的犯罪（也可参见 Amnesty International 2001，Human Rights Watch 2004）。牙买加的商业普遍遭受索要保护费的勒索和侵害财产的犯罪。联合国 2002 年对牙买加 400 家公司进行的调查发现这些公司的三分之二报告说在 2001 年遭受过至少一次侵害财产犯罪。较小的公司比大公司遭受了更多的敲诈、欺骗、抢劫、盗窃和纵火（world Bank 2004：89—90）。如果牙买加能算民主国家的话，它肯定是个有麻烦的民主国家。

我们应该如何确定哈萨克斯坦、牙买加或者任何其他国家是民主国家？这个问题听上去有些天真，但是它有着严重的后果。它涉及全世界的所有政权的政治身份、在那些政权中的人民生活的质量以及对民主化的解释。

1. **政治身份**：不仅仅限于自由之家，各种各样的权力执掌者都必须
   清楚他们是处于民主体制还是其他政体。他们必须清楚，因为
   200 年的国际政治经验告诉他们民主体制是不同于其他体制的。
   它们以不同的方式遵守或者违反承诺、以不同的方式参加战争、
   以不同的方式回应外部的干涉以及诸如此类的事情。这些差异
   应该并且确实影响国际关系：如何形成联盟、和谁交战、哪个国家
   得到外国投资或者巨额贷款，等等。

2. **生活质量**：民主本身是一种善，因为在某种程度上它让某一政权
   下的人民以集体的力量来决定自己的命运。总之，它使普通百姓
   免受在大多数政权中流行的暴政和社会混乱之苦。而且，在大多
   数情况下，它意味着更好的生活条件，至少是当它涉及诸如接受
   教育、医疗保健和法律保护时。

3. **解释**：民主化仅仅发生在罕见的社会条件下，但是它对公民生活
   有着深远的影响；我们怎样能够确定和解释民主的发展以及它对
   集体生活的影响？如果人们错误地定义民主和民主化，他们就会
   搞僵国际关系，妨碍解释，从而减少了人们享受更好生活的机会。

本书将把更多的注意力放在第三个问题上，对前两个问题的关注会
相对少些。尽管本书也关注国际关系，顺便讨论民主的实质性效果，但是
它更多地集中于描述和解释：民主体制是如何形成的？民主体制为什么
会形成？为什么有时它们又消失了？更为笼统地说，是什么引起整个国
家民主化或去民主化？本书将整个世界和大部分人类历史纳入视野，对
那些产生民主政权的过程做出了系统的分析。它试图去解释人类经验中
的民主在程度上和特点上的大量差异和变化。它探讨民主的不同的程度
和特点对公共生活的质量会带来什么差异？它严肃认真地思考民主。

第一节　民主的定义

要严肃认真地思考民主，我们就必须知道我们在讨论什么。在试图

（就如我们在此所做的）描述和解释民主在程度和特点上的差异和变化时，演绎出一个精确的民主定义就特别重要。

民主和民主化的观察员们通常（明确或者不明确地）在四种主要的定义方式中进行选择：宪法的、实质性的、程序的和过程取向的（process-oriented）方式（Andrews and Chapman 1995，Collier and Levitsky 1997，Held 1996，Inkeles 1991，O'Donnell 1999，Ortega Ortiz 2001，Schmitter and Karl 1991）。宪法的方式集中在一个体制所颁布的有关政治活动的法律上，因此我们能够通过对比法律体系，透过历史来认识寡头制、君主制、共和制以及许多其他政权的差异。而且，在民主制内，我们可以区分君主立宪制（constitutional monarchies）、总统制和议会中心制，还可以区分联邦制和单一制（unitary structures）。对大量的历史比较来说，宪法的标准有许多优势，特别是宪法形式的相对可见性。然而，正如哈萨克斯坦和牙买加的例子表明，在宣称的原则和日常实践之间的巨大差别使得宪法常常容易给人带来误解。

实质性的方式集中于某一政权创造的（promote）生活条件及政治：这个政权是否促进人类福祉、个人自由、安全、公正、社会平等、公众协商（public deliberation）与和平解决冲突？如果做到了这些，我们也许可以称之为民主政权而不管其宪法是怎样写的。然而，这两个定义方式都会带来两个麻烦。第一，我们如何处理在这些值得尊重的原则之间的折衷？如果一个政权非常贫困但是它的公民享受大致上的平等，我们是否应该认为它比一个比较富裕但是非常不平等的政权更为民主？

第二，把注意力集中在政治的可能结果上，会阻碍人们去了解某些政治体制（political arrangements）（包括民主体制）是否比其他政治体制带来更多的令人满意的实质性结果。要是我们实际上想知道政权是在什么条件下、如何促进人类福祉、个人自由、安全、公正、社会平等、公共协商以及和平解决冲突，那该怎么办？下面我们将深入地探讨一下：政权是否民主是怎样影响公共的和私人生活的。

程序的定义（procedural definitions）的提倡者们挑选出小范围的政府实践来确定一个政权是否是民主的。大多数的程序考察者把他们的注意力集中在选举上，看大量公民参与的真正竞争的选举是否在政府的人员和政策上经常产生变化。如果选举仍然是没有竞争的冒牌货，仍然是打击政府的反对派的一次机会（就像在哈萨克斯坦），程序分析者们就拒绝把它们作为衡量民主的标准。但是如果它们实际上引起了很大的政府变化，它们就标志着民主在程序上的存在。（原则上，人们可以加上或者代之以其他的协商程序，如公民投票、召回、请愿和民意测验，但是实际上程序分析者们绝大多数都集中在选举上。）

自由之家的评价包括一些对某一国家的公民享受的政治权利和公民自由的实质性的估计。但是当自由之家判断一个国家是否有"选举民主"时，它主要寻找程序的成分：

1. 竞争的多党政治体制；

2. 所有公民的普遍的成人选举权（国家根据法律给予违法犯罪的公民的限制除外）；

3. 在投票保密和合理的投票安全的条件下进行的有规则的竞争的选举，并且没有导致不代表公共意志结果的大量的投票舞弊；

4. 主要的政党有通过媒体和通过完全公开的政治运动接触选民的重大的公共途径。（Piano and Puddington 2004：716）

根据这些标准，2004年哈萨克斯坦在程序上就没有达到选举民主，但是牙买加，尽管有记录在案的对民主自由的侵犯，却成功地达到了该标准。因此，民主、民主化和去民主化的程序的定义在这里就遇到了麻烦：虽然它们比较方便，但它们只适用于涉及的政治过程的概念极端狭窄的时候。

过程取向（process-oriented）定义民主的方式和宪法的、实质性的、程序的方式大不相同。这种方式确定某些少量的处于不断变化的过程作为判定某一情形是否民主的标准。罗伯特·达尔（Robert Dahl）在一经典的表述中，规定了5个过程取向的民主标准。他在谈到这些标准对自发的社团是如何有效时提出以下几点：

有效的参与。在团体（association）采取一个政策之前，所有成员必须有平等的、有效的机会使自己有关这个政策应该如何的观点为其他成员所知；

平等的投票。在需要就政策做出最终决定时，每一成员必须有平等的、有效的机会投票，而且所有投票都必须平等地计算；

知情的了解。在合理的时间限度内，每一成员必须有平等的、有效的机会了解有关的其他政策及其可能的后果；

议程的控制。成员们必须有专门的机会决定如何确定议程，而且如果他们选择这样做的话，必须有机会来决定什么事项必须纳入议程。因此，上述三个标准所要求的民主过程绝不是仅限于少数人的。团体的政策总是允许成员们来改变的（如果他们选择改变的话）；

包括所有成年人。所有（至少是大多数）的成年常住居民（permanent residents）应该具有前面 4 个标准包含的充分的公民权。在20 世纪前，这一标准并不为大多数民主倡导者所接受。（Dahl 1998：37—38）

最后面的标准（包括所有成年人）讽刺性地排除了政治哲学家通常视为民主的许多伟大的历史典范的例子：希腊和罗马的政权、海盗船员帮会（Viking crews）、村民大会和某些城邦国家。所有这些范例都把其政治协商建立在大量的排斥之上，最显著的是排斥妇女、奴隶和贫民。包括所有（或者几乎所有）成年人的标准把政治民主限制在过去几个世纪之内。

请注意达尔的标准和宪法的、实质性的、程序的民主标准的差异。尽管我们这些出席过数不清的自发团体会议的人能够很容易地想象这样一个团体的规章制度，达尔本人没有详细地说明宪法的形式或规定。他小心翼翼地避免把社会的先决条件和结果纳入定义；甚至"知情的了解"也是指在组织中的经验而不是先决条件或者结果。最后，达尔的标准确实包括平等投票平等计票的程序，但是上述清单在总体上描述了团体是如何运作的，而没有说明这个团体是采取什么手段来达到它的目标的。它实际上描述了一系列连锁的政治过程。

当达尔由地方团体转到国家政权时，虽然他仍然坚持其过程取向的观点，但是他却转向对制度的讨论。对达尔来说，制度包括持久的做法。达尔称之为"多元式民主"的这类政权拥有 6 项显著的制度：选举的官员；自由、公正和经常的选举；言论自由；其他信息来源；团体自治（associational autonomy）；和普遍的公民权（Dahl 1998：85，Dahl 2005：188—189）。选举的程序又一次出现在这个清单上。但是总而言之，达尔的多元式民主描述了一个工作过程，即一系列在公民和官员之间的有规则的相互作用。

这些远超过通常的程序标准。

然而这里有个值得注意的问题。达尔主要为我们提供了一个静态的是与否的对照表：如果一个政权运行着所有6项制度，它就可解释为民主的。如果它缺乏某一项或者某几项没有真正实行，它就不能说是民主的。即使批评者质疑在诸如牙买加那样的地方的选举是否是自由和公正的，这种方法用来说明每年哪些政权属于或者不属于民主的，是非常有效的。然而，假设我们想更为广泛地运用过程取向的标准，我们不想仅仅考虑某个时间上的民主架构（democratic house），相反，我们有两个更加苛刻的要求：首先，比较不同政权的民主程度；其次，考察个别政权随着时间的变化，看它们在什么时间或者怎样变得更加民主或者更不民主。

就像自由之家相对的政治权利和公民自由的衡量指标那样，是不是只要看那些等级是否和其他因素（比如国家财富、人口规模、独立的迟早或者地理位置）相关，我们就可以合理地追问某些政权等级是否比其他政权高些或者低些？如果我们想洞察民主化或者去民主化的原因和结果，我们就必须承认它们是持续的过程而不是沿这个方向或者那个方向跨越某一界限的简单的步骤。简而言之，为了比较和解释的目的，我们就必须从是与否对照表转向系列的关键变量。

达尔的多重标准的民主制度——选举的官员；自由、公正和经常的选举；言论自由；其他信息来源；团体自治；和普遍的公民权——笨拙地把自身引向比较和解释。当然，我们也许会问选举是怎样的自由、公正和经常，根据清单问许多诸如此类的问题。但是我们越是这样做，就越容易认识到达尔标准在涉及具体问题时有两个缺点：

1. 它们共同描述了最小量的民主制度，而不是一系列连续的变量；如果我们问道：加拿大是否比美国更民主或者美国在去年变得更不民主？那些标准对回答这类问题没有太大的帮助；

2. 它们中的每一项都是在大的界限内起作用，如果超出界限，其中的某些标准就会相互冲突；现行的民主政权常常不得不对某些（例如在言论自由和团体自治之间的）严重的冲突进行仲裁。由于动物权利保护组织提倡攻击那些举行狗类表演或者支持动物实验的协会，一个民主政权是否应该剥夺它们的发言权？

而且,强有力的精英主义的、种族主义的、男性至上主义的或者煽动仇恨行为的团体经常破坏公民权的普遍性。一个民主政权是否应该让资金充裕的压力集团(well-financed pressure groups)迫使立法机构通过反对移民的惩罚性法律?要想进行充分的比较和解释,我们就必须在坚持达尔标准的过程取向精神的同时,改进其标准。

第二节　民主、民主化和去民主化的基本要素

我们怎样才能取得进展?在确定民主、民主化、去民主化的过程取向标准之前,让我们先澄清一下我们必须解释的是什么。为了做到这一点,高度简化是有益的。稍后我们再回到初始探讨这个问题时所忽略的复杂性上。让我们先采用三个简单的观点。

首先,我们从国家出发。国家是这样一个组织,它控制着在大片领土上的大量的强制手段的集中,在某些方面行使着超越在相同领土内活动的所有其他组织的优先权,并得到了该领土之外的其他组织(包括国家)对其优先权的承认。你将开始看到下列复杂性:怎样处理联邦体制、内战、军阀割据的地盘和国家内部的反对派别(rival factions)?然而,我们能够暂时通过假设一个简单的完全一元化的国家来更为清晰地提出民主问题。

其次,我们把生活在该国家管辖内的每个人都纳入一个包罗万象的范畴:公民。然而复杂性立刻又泛上心头:怎么处理旅游者、跨国公司、地下经济(underground economy)成员和逃亡国外者?我很快会指出大多数历史上的政权都缺乏健全的公民权,而公民权在民主中起着事关重大的作用。但是作为开始,把生活在某一国家管辖内的每个人称之为那个国家的公民将有利于澄清我们必须要解释的概念。这样的话,民主就会是国家和公民之间的某些关系,而民主化和去民主化就会是这类关系上的变化。

达尔的原则已经暗示了这样一个步骤:例如,甚至团体的自治也依赖

于国家对团体存在权利的支持,而非仅仅由于存在许多许多团体。我们暂且把国家和公民之间的一系列关系称之为政体(regime),并且肯定以后我们也会通过把主要的政治角色(political actors)(政党、社团、工会、有组织的种族群体、庇护者和被庇护者关系、军阀等等)加入政权,使此概念复杂化。

与此同时,请注意第二步骤和常见的(而且初看上来很吸引人的)观念有很大的分歧。它拒绝这种普遍的观念,即认为,只要现存的权力执掌者就他们希望一个政权如何运作达成协议,他们就能作出决定,把民主作为现存政治体制度的更具吸引力的或者较少厌恶的替代。根据这种观点,工人、农民、少数民族和其他公民可能会造成足够的麻烦,使得对精英们来说某些在代表性(representation)和参与性(inclusion)上的让步比不断的镇压代价更小,但是普通公民在民主政治的实际塑造(actual fashioning)中仅仅起着边缘作用。这种观点成了通过和某些国家领导人做些诱人的交易——或者为了达此目的,通过强迫那些领导人采纳民主制度,从美国或者欧盟出口民主的政策的基础。与此相反,本书的民主化的(以及去民主化的)解释集中在国家和公民的斗争上面。即使占领的武装力量(如在第二次世界大战后在日本和德国的西方同盟国)也必须和公民们进行广泛的协商,在以前独裁者统治的地方建立起新的民主政权。

第三,我们把分析的范围限制在公共政治,不包括国家和公民之间的所有交易(无论针对个人的还是非个人的),但是只考虑那些明显需要国家力量和作为的。公共政治包括选举、选民登记、立法活动、授予专利、税收的收取、征兵、集体申请养老金以及许多在其中国家相当于政党的其他交易。它也包括政变(coups d'etat)、革命、社会运动和内战等形式的集体斗争。然而,它不包括大量的公民之间的、国家官员之间的或者国家官员和公民之间的相互作用。

有些公共政治包括向公民咨询他们的意见、需要和要求。这种咨询包括公民用于表达他们对国家人员和政策的集体偏好的公共手段。在相对民主的政权中,有竞争的选举的确给予公民发言权,但是游说议员、请愿、公民投票、社会运动和民意调查也是如此。这时失去的复杂性显而易见:贿赂、庇护者与被庇护者关系、对支持者和追随者的照顾、官员之间的裙带关系,诸如此类的现象模糊了公共政治和私人政治的界线。而且,我们很快就会发现,我们仅仅集中在公民和国家的相互作用上是无法弄清公共政治的含义的。我们还必须考察国家之外的主要的政治角色之间的联合、竞争和对抗。在后面我将会强调占优势的非国家形式的权力深深地影响着民主化的可能性。而且,一旦我们掌握了这一问题,我们就可以关注复杂性了。目前,我们仔细考察国家和公民之间的公共政治方面的相互作用,以寻找民主、民主化和去民主化的迹象。

在这些相互作用中我们要寻找什么? 还有一个简化可以为我们提供指导。在判断民主的程度方面,我们评价国家行为和公民所表达的要求的一致程度。在测量民主化和去民主化方面,我们评价这种一致是在上升还是在下降。通过这样做,我们避开了民主理论中某些脆弱的观点。我们没有问这个国家是否增进了其公民的福利? 它的行为是否和它自己的法律一致? 或者问普通百姓是否控制了政治权力的杠杆?(稍后,我们当然可以问:如此理解的民主化是否增进了普遍福利? 是否包括法治,或者是否依赖于公民的直接授权?)

判断国家行为和公民所表达的要求的一致,必然包含四个进一步的判断:公民表达的要求得到满足的范围有多广? 不同的公民群体感受到的其要求转化为国家行为是否平等? 那些要求表达本身在什么程度上受到国家的政治保护? 这个转化过程在多大程度上有双方(公民和国家)的参与? 我们把这些因素称为广泛性、平等、保护和相互制约的协商。

从这个简化了的视角,当一个国家和它公民之间的关系呈现出广泛的、平等的、有保护的和相互制约的协商这些特点,我们就说其政权在这个程度上是民主的。民主化意味着朝着更广泛、更平等、更多保护和更多制约的协商的方向的净运动(net movement)。显然,去民主化意味着朝着范围更小、更不平等、更少保护和更少制约的协商的方向的净运动。在德国,我们可以合理地说,第一次世界大战之后在德意志帝国的废墟上,魏玛共和国(Weimar Republic)的形成导致了适度的民主化,而希特勒在1933年攫取政权,残酷地把这个国家推回到去民主化。在日本,我们可以合理地把在20世纪30年代军国主义国家权力的形成看成去民主化的时代,而把同盟国的征服、占领和重建的时期看成民主化的开始。

广泛的、平等的、保护的和相互制约的这四个术语确定了政权之间变化的四个在局部相互独立的维度。下面是这四个维度的大致描述：

1. **广泛性**：从只有少数人口享受广泛的权利，而其他人在很大程度上被排除在公共政治之外，到在国家管辖内的非常广泛的人们的政治参与（在一个极端，每个家庭都和国家有着与众不同的关系，但是只有少数几个家庭有充分的公民权；在另一个极端，所有成年公民都属于相同类别的公民权范畴）；

2. **平等**：从在公民范畴内极大的不平等到广泛的在两个方面的平等（在一个极端，种族范畴归入明确的有着非常不平等的权利和义务的等级秩序；在另一个极端，种族划分和政治权利或者义务没有重要的联系，在本国出生公民和归化公民之间享有在很大程度上平等的权利）；

合在一起，高度的广泛性和平等包含公民权的关键方面：不是（取决于特殊群体成员身份的）和国家的可变关系的拼凑，所有公民都归于有限的几个范畴（极限时只有一个），在范畴之内的成员们在和国家相互作用方面保持着相同的权利和义务。广泛性和平等，就其自身而言，并不构成民主。独裁主义的政权常常从上到下实施不民主的公民权形式。但是和保护、相互制约的协商合在一起，广泛性和平等就成了民主的主要成分。

3. **保护**：从很少到很多的防止国家专断行为的保护（在一个极端，国家代理人经常运用他们的权力惩罚自己个人的敌人、奖励自己的朋友；在另一个极端，所有公民都适用公开的可观察的法律程序）；

4. **相互制约的协商**：从没有制约的或者极端地不对称的制约到相互制约的（在一个极端，谋求从国家获取利益者必须贿赂、欺骗、威胁或者利用第三方的影响来获取利益；在另一个极端，国家代理人有着明确的可行的义务根据接受者的类别来分配利益）。

一个政权的净运动如果朝着这四个维度的更高端发展，就是民主化，如果净运动朝着更低端发展就是去民主化。当自由之家在牙买加2004年的政治权利和公民自由等级上打了一个向下的箭头，它是在警告牙买加正在遭遇去民主化的危险。根据我们的四个维度，我们要特别注意牙买加的不平等的增加和保护方面的减少。

在后面的讨论中,我们有时会分别地重点讨论广泛性、平等、保护和相互制约的协商。例如,对公民权的分析会自然地集中在广泛性和平等上。然而,在大部分时间,我们会把四个维度上的平均位置概括为一个单一变量:民主的程度。同样,我们将把民主化看成在这四个维度上的向上的平均运动,把去民主化看成在这四个维度上的向下的平均运动。这种策略大大地简化了分析工作。它利用了这一事实,即在某一维度上的位置和另外维度上的位置大致相关;一般来说,提供广泛保护的政权也会建立广泛意义上的公民权,而不是把每个人或者每个小团体的公民区别对待。

第三节　国家能力和政体差异

到目前为止,我有意忽略了政权的一个重要特征:国家执行其政治决策的能力。如果国家缺乏监督民主决策和将其结果付诸实现的能力,民主就不能起作用。这在保护问题上最为明显。一个软弱的国家也许会宣布保护公民免受国家代理人(agents)的骚扰,但是当骚扰发生时却无能为力。能力强的国家有着相反的危险:国家代理人的决策有足够的分量,压垮政府和公民之间的相互制约的协商。

实际上,国家能力已经间接地进入了我们的讨论。例如,自由之家(Freedom House)的某些政治权利和公民自由如果没有国家实质性的支持就什么也不是。请注意下列问题:

问题3:有无公正的选举法、平等的竞选机会、公正的投票和诚实的计票?

问题4:选民能否给予他们自由选举出来的代表以真正的权力?

重点5:法治是否在民事事件和刑事事件中起作用?是否法律面前人人平等?警察是否直接由文官控制?

重点10:财产权是否有保障?公民是否有权建立私营企业?私营企业活动是否受到政府官员、保安部队或者有组织的犯罪的过度

的影响？（Karatnycky 2000：583—585）

我们看到自由之家的评价指标试图在国家能力太弱和太强之间找到一个中间地带，其根据是这样一个隐含的假设，即两种极端都会阻碍政治权利和公民自由。这种假设推而广之就是极强的和极低的国家能力都会抑制民主。

国家能力是指国家机关对现有的非国家资源、活动和人际关系的干预，改变那些资源的现行分配状态，改变那些活动、人际关系以及在分配中的关系的程度。（例如，国家指导的财富的再分配，几乎必然地包括资源在人口中的再分配以及财富和人口的地理分布之间的联系的改变。）根据这一标准，在能力强的政权中，无论什么时候国家机构采取行动，它们的行为都会大大地影响公民的资源、活动和人际关系。在能力弱的政权中，无论国家机关如何努力去改变现状，其影响却非常有限。

我们已经看到了国家能力在哈萨克斯坦和牙买加的可变性。在哈萨克斯坦，正如在解体后的苏联的其他地方一样，国家能力在 1986 年到 1991 年的动乱中急剧地减弱。但是在哈萨克斯坦独立（1991 年）后不久，纳扎尔巴耶夫进行了许多有关的运动来扩大国家的权力和他自己在国家内的权力。非国营企业、独立的新闻机构（independent press）和民间组织（private associations）很快就感到了干涉主义的国家的压力。牙买加朝着相反的方向发展。人权观察员们毫不隐瞒其担心牙买加国家已经失去了对自己警察的控制，更不要说对武装的匪帮和毒贩们的控制。

两者都不是极端情况。在能力强的一端，纳扎尔巴耶夫的哈萨克斯坦展示的权力和当今中国的国家所行使的转移资源、活动和人际关系的权力毫无共同之处。在能力弱的一端，破碎的索马里（Somalia）使得牙买加看上去像一个庞然怪兽（behemoth）。

我们开始看到在把能力和民主相互联系加以分析之前先把它们区分开来的重要性（value）。很清楚，能力范围可以从极端强到极端弱而和一个政权如何民主无关，民主也可能出现在国家能力显著不同的政体之中。插图 1.1 概括图示了变化的领域。它确定了由能力和民主的不同的组合标志出的政治生活某些显著不同的区域。

在垂直轴上，国家能力从 0（最小）变化到 1（最大）。尽管我们能够用

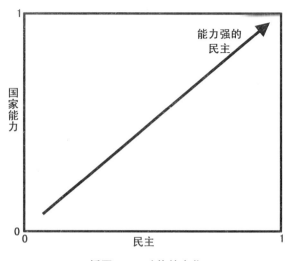

插图 1.1　政体的变化

绝对值来考虑能力,但为了比较的目的,以在某一时间实际存在过的所有国家的历史为背景来测量国家能力则更加有助于说明问题。例如,在1900 年以来的时期里,这一维度可以从 2006 年的索马里或者刚果(金沙萨)(最小值)到第二次世界大战前夕的庞大的纳粹德国(最大值)。在水平轴上,我们可以看到熟悉的范围,从 0 点上的最小的民主(斯大林俄罗斯的统治也许是其中的一个代表)到 1 点上的最大的民主(今日的挪威将来肯定有达到这一点的希望)。

出于多种目的,另一种更大简化将有助于我们去描述和解释政权中的差异。插图 1.2 展示了我们有关政体的更为概括的地图中暗示的四种大致的政体类型。它把整个图缩减成四种政体类型:低能力不民主的、高能力不民主的、高能力民主的和低能力民主的。插图中的每种类型的案例包括:

高能力不民主的:哈萨克斯坦、伊朗;

低能力不民主的:索马里、刚果(金沙萨);

高能力民主的:挪威、日本;

低能力民主的:牙买加、比利时。

在人类历史中,在这些类型上的政体分布非常不平衡。历史上大量的政体都归于低能力不民主的区间。然而,许多最大的最强的政体则位

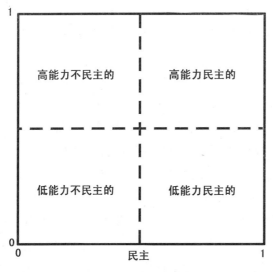

插图 1.2 政体的大致类型

于高能力不民主的区间。高能力民主的政体十分稀少,而且大部分是最近的。低能力民主的政体一直为数不多。

因此在长期的人类历史中,绝大多数的政体是不民主的;民主政体是稀少的、偶然的、最近的产物。确实,部分的民主曾经断断续续地在地方层面上形成过,比如在一些由包括大多数户主在内的村委会管理的村子。在城邦国家、军阀割据的地区或者地区联盟的层面上,政府的形式经历了从王朝霸权到寡头政治的转变。这类寡头政治拥有范围很小的不平等的公民权或者根本没有公民权;拥有很少或者根本没有制约的协商;没有确定的保护公民免受政府专断行为侵害的措施。

而且19世纪以前,大的国家和帝国一般都用间接统治的方式管理:在那些体制中,中央政权从地方当权者那里接受来自臣民的贡赋、合作和顺从的保证。那些地方当权者在他们自己的地域享有很大的自治权。例如,即使在专制主义的法国,大贵族们只是在17世纪晚期才开始失去他们的地方权力,当时路易十四世作出了持续的(最终成功了的)努力,用政府任命的、可以撤换的地方官员替代了他们。在此之前,大地主们像君王一样统治着他们的地域并且常常拿起武器反抗法国皇权本身。

从下面看,这种体制常常对平民百姓施以暴政。然而从上面看,它们缺乏能力;那些中间者为统治者提供士兵、商品和金钱，但是他们的自治特权也严格地限制了统治者管理或改变中间者们拥有裁决权的地方的能力。

只是在 19 世纪直接统治才被广泛地采用:人们创造出各种机构，不断地把政府的信息和控制从中央机构延伸到个别地方甚至延伸到家庭，并且收集反馈信息。创建直接统治一般包括这些措施，如统一的税收法规、大规模的邮政服务、职业化的文官制度和国家统一征兵。即使在 19 世纪，直接统治包括范围也很广，从中央集权的君主制的单一的等级制(unitary hierarchies)到联邦制的权力分割。在大规模的程度上，直接统治使得实质性的公民权成为可能，从而使得民主成为可能。可能的，但不是很可能的，更不是必然的:直接统治的工具已经支撑过许多寡头政治、一些独裁政府、许多政党控制的和军队控制的国家和几个法西斯主义的暴政。即使在直接统治的时代，大多数政体依然远非民主的。

四个象限中的这个或者那个位置都标志着一个政权的公共政治特征有很大的区别(Tilly 2006)。为了在本书后面做更加详细的阐述，在此对在每一象限流行的政治类型先做一些初步的描述:

高能力不民主的:除了国家的声音外，很少有公众的声音;国家安全部队对公共政治的广泛的干预;政体的变化不是通过上层的斗争就是通过来自底层的群众起义;

低能力不民主的:军阀、种族集团和宗教的动员;包括内战在内的频繁的暴力斗争;包括使用致命武力的罪犯在内的多种多样的政治参与者;

高能力民主的:频繁的社会运动、利益团体活动和政治党派的动员;作为政治活动最佳状态的正式的协商(包括竞争的选举);国家对公共政治的广泛的监控以及程度相对低的政治暴力;

低能力民主的:正如在高能力民主的政体中，频繁的社会运动、利益团体活动和政治党派的动员，加上作为政治活动最佳状态的正式的协商(包括竞争的选举)，但是较少有效的国家监控，更多的半合法的和非法的角色参与公共政治，以及公共政治有大量的更高程度的致命的暴力。

当然，这些都是"一般的"描述。例如，在高能力不民主的象限中，我们看到有些政体，其国家的监控和干预扩展到整个领土和所有人口;伊朗适用于这个描述。但是我们也注意到其他的政体,在其中国家对它的主要领土有着几乎和伊朗相同的控制,但是又有在很大程度上脱离控制的边缘地区或者飞地(enclaves);摩洛哥就属于这一类的政体,它在其主要领土上有着独裁的统治,但是在以前西班牙管辖的撒哈拉地区和一心想独立的波利萨里奥(Polisario),武装力量长期进行着内战。

那么,我们的测试案例哈萨克斯坦和牙买加在政权空间中位于什么地方呢? 在哈萨克斯坦脱离苏联的头几年里,它在能力上有所下降,在民主方面有点进展。然而在 20 世纪 90 年代后期,在纳扎尔巴耶夫巩固了他的家族权力之后,哈萨克斯坦就是作为一个高能力低民主的政权在运行。牙买加自从它 1962 年独立以来,经历了更多的波动,但是其国家从来没有获得很大的能力,其政权在总体上也从来没有落到民主的行列之外。当考虑到近期情况时,我们把牙买加放在和哈萨克斯坦相对的象限中的高处:低于中等的国家能力,伴随着不稳定的民主。插图 1.3 把哈萨克斯坦和牙买加放在 4 个大致的政体类型的图表上。

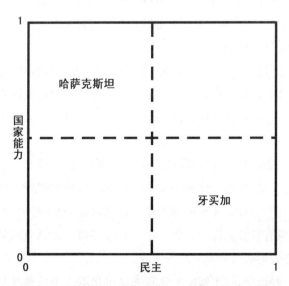

插图 1.3　2006 年哈萨克斯坦和牙买加政体定位

同时确定这两个政体位置仅仅是我们工作的开始。近期的哈萨克斯坦和牙买加本身还有助于我们确定(在本书的提醒中所说的)问题的类别：

● 考虑到直到 19 世纪沙俄帝国开始巩固其统治前，在现在哈萨克斯坦所占领土内，只有竞争的游牧民族而没有中央集权的国家，当今的高能力不民主的政权是通过什么道路，怎样形成的？

● 在什么条件下，哈萨克斯坦怎么能够（1）像它的几个中亚邻国一样，落入了低能力不民主的象限？（2）坚定地走向民主的领域（territory）？

● 以牙买加独立前盛行的西敏寺（Westminster）风格的公共政治为基础的牙买加这个典型的民主的殖民地，怎么变成了今日的麻烦的主权民主国家？

● 如果牙买加完全退出民主行列，放弃它的社会运动政治，从而更容易出现军阀、种族集团、宗教派别猖獗（mobilization）、包括内战在内的频繁的暴力斗争、包括运用致命武力罪犯在内的众多的角色，它会走上什么样的道路？

● 相反，如果牙买加变成一个高能力的民主国家，有频繁的社会运动、利益集团的活动、政党派别活跃（mobilizations）、作为政治活动热点的正式的协商和伴随着相对低程度的政治暴力的国家对公共政治的广泛监控，它又会走什么样的道路？

想象一下这一类的问题，不仅仅是关于哈萨克斯坦和牙买加，而是关于在任何时间、任何地点正好引起你兴趣的任何政权。关键是在描述通向民主和背离民主的道路的过程中，建立起一个对政权的变化和差异的一般解释。

我说"一般解释"，这里要清楚地声明一下，我的打算是什么而不是什么。我的打算是，为民主化和去民主化确定一系列的解释。这些解释同样适用于哈萨克斯坦、牙买加和大量的其他政权，包括过去的和现在的。但是，我并没有打算去提出一个一般规律、一条唯一的轨道或者一整套民主化及其逆转的必要和充分的条件。

作为一种选择，我主张民主化和去民主化取决于某些反复出现的偶然的机制，这些机制组合成了少数几个必然过程。说"机制"，我指的是在很大范围的条件下产生相同的直接效果的事件。例如，当我们谈到具体的民主化的案例时，我们就会频繁地遇到联合形成的机制：在以前自治的政治角色之间的一种新形式的调和的建立。新的调和本身并不产生民主化,但是它常常通过联合那些民主结果对其有利但是在此之前尚未协调好他们努力的政治角色来促进走向民主。

说"过程",我指的是产生某些特殊后果的机制的结合和结果。民主化和去民主化本身是非常大的过程,但是在其中我们常常会看到更小的过程,比如,向更高程度(在其中不同方面或者不同的角色之间的协调程度增加了)的变化(Tarrow and McAdam 2005)。

除了民主化和去民主化的主要过程外,本书还努力思考国家能力上升或者下降的过程,概括哈萨克斯坦从苏联解体时的削弱中恢复过来的过程以及牙买加国家在独立之后对其范围内许多活动失去控制的相反的过程。它要揭示民主化和去民主化如何和变化的国家能力相互影响。在说明了较多的初步概念之后,本书将围绕着三大类变化来组织它对民主化和去民主化的主要解释:

1. 在人际信任网络(例如,血缘关系、宗教成员身份和行业内的关系)和公共政治之间的融合(integration)程度的增加和减少;

2. 使大的分类上的不平等(例如,性别、种族、民族、宗教、阶级、社会等级等,公民们围绕着这些不平等组织他们的日常生活)和公共政治隔离的程度的增加和减少;

3. 主要的(特别是那些掌握着重大强制手段的)权力中心(如军阀、庇护者与被庇护者关系、军队和宗教机构)相对于公共政治的自治程度的增加和减少。

我的论点是,在任何时间和地方促进民主的基本的过程包括信任网络和公共政治融合程度的增加、使公共政治和分类上的不平等隔离的程度的增加和大的权力中心相对于公共政治的自治程度的降低。

但是,详细的解释会出现在书的后面部分。这一章主要在于描述,只有一点点解释。后面的几章会逐步地引入解释的要素:民主和信任、民主和不平等以及民主和众多自治权力之间的关系。我们最后会看到,正如民主的要素所提示的,比简单地确定广泛性、平等、保护和相互制约的协商多得多的偶然性、谈判、斗争和调整是如何进入到民主政治的。我们也会看到,民主化和去民主化持续不断地发生,在任何一个方向上都没有确定一个终点。

　　首先我们需要澄清什么是我们必须解释的。我们会慢慢地接近详细的解释，先考察长期的民主，以期确定通常伴随民主的扩大或者缩小的条件，然后系统地探索是什么导致了这样的条件，再去讨论造成民主化和去民主化的反复出现的过程，最后更加详细地说明这些反复出现的过程的原因、影响和后果。第二章主要概括一下民主和民主化在大多数不民主的政体的长期的历史中的地位。第三章则更加明确地考察民主化和去民主化的过程。第四章、第五章和第六章将分别讨论信任、不平等和主要的权力配置等现象，这些现象的变化以及它们和公共政治的交叉决定了民主化和去民主化的可能性。

　　第七章把第四章、第五章和第六章的内容应用于导致民主或者其反面的其他轨道（例如，来自高能力和低能力不民主的政体的轨道）。第八章从本书总体上概括出结论，包括关于民主的未来的思考。因为正在运行的民主政体展示了某些人类最好的政治成就，也因为在当代世界的大部分地方，民主依然受到威胁，我们要寻找当务之急。

第二章
历史上的民主

　　正如荷马很早就告诉我们,在古代希腊,暴力显然充斥在公民的生活和想象力中。我以前的合作者,十分风趣的政治科学家塞缪尔·芬纳(Samuel Finer)曾经这样写道:"竞争的、进取的、嫉妒的、暴力的、争吵的、贪婪的、敏捷的、聪明的、机智的——希腊人具有他们品质的所有缺点。他们是麻烦的国民、脾气古怪的公民和傲慢苛刻的主人。"(Finer 1997, I: 326)除了其他形式的暴力之外,这个地区的城邦国家三番五次地相互交战。

　　然而,在公元前431年一个使团以和平的名义从斯巴达来到了雅典,斯巴达的使节宣称,雅典人为了避免战争所要做的一切,就是停止在军事上和经济上干预斯巴达在此地区的同盟者。雅典的公民们举行了全体公民大会(general assembly)来辩论如何应对斯巴达的挑战。主张立即宣战者和主张和谈让步者都在大会上慷慨陈辞。但是桑西巴斯(Xanthippus)之子伯里克利(Pericles)获得了胜利。伯里克利(正确地考虑到,交战的话,斯巴达人会从陆地侵犯雅典领土)建议准备海战和加强城市的防御,但是在斯巴达人进攻之前不采取任何实际的军事行动。

　　古希腊第一位伟大的历史学家修昔底德(Thucydides)用当时的资料来描述当时的事件,记载了伯里克利的讲话。修昔底德用这样的话来总结这个事件:

　　　　这是伯里克利讲的话。雅典人,相信他的建议的智慧,如他所愿地投票,按照他建议的那样既从各个要点上也从总体上回答了拉西代蒙人(the Lacedaemonians)「即斯巴达人」,他们了众以专制(dictation)来行事,而是准备通过停战协定条款所规定的法律方法以公平公正的方式来解决争议(complains)。因此,使节们起程回国,再也没有回来。(Thucydides 1934:83)

斯巴达的同盟者底比斯(Thebes)很快进攻了雅典的附属领地,第二次(伟大的)伯罗奔尼撒(Peloponnesian)战争爆发。在形式上,这场战争只持续了10年,直到尼西阿斯和约(Peace of Nicias)(公元前421年)的签订。但是把它的结局考虑进来,这场战争并没有真正结束,直到斯巴达及其同盟者在公元前404年征服了雅典。还记得喜剧《吕西斯忒拉忒》(Lysistrata)吗?它的情节集中在雅典妇女的一次运动,在这次运动中她们通过拒绝和丈夫过性生活来要求结束和斯巴达的长期战争。这个剧本是伟大的雅典戏剧家亚历斯多芬斯(Aristophanes)在公元前411年创作的。

西方民主史通常都是从公元前500年到前300年之间的这些同样好战的希腊城邦国家的非凡的政治开始。每一个城邦国家都有它自己的独特的历史和制度。而且一般地说,它们都会平衡三种要素[中央行政、寡头议会(oligarchic council)和公民的全体大会]之间的权力。伯里克利时期的雅典在此后很长时间都使国王远离中央行政,代之以短期的通过抽签或者(在需要专门技术或者军事紧迫的很少情况下)通过选举来确定人选的政府机构。富裕的家族统治着大的贸易城市的议会,但是所有公民在全体公民大会上都有发言权。正如在伯里克利的伟大演讲中的故事中所说,那些全体公民大会决定着雅典国家的非常重要的事情。

然而,在我们仓促地把希腊城邦国家确定为最初的民主国家之前,我们必须思考一个基本事实:大约雅典的一半人口由奴隶组成。奴隶根本没有公民权;公民把奴隶作为动产来拥有,公民是奴隶和雅典国家联系的中介。外来的居民、公民的妻子和孩子都没有公民资格。只有自由的成年的男子能够拥有公民权。然而奴隶在雅典政治中起了关键的作用;他们的劳动使得拥有奴隶的公民们有空参与公共政治。即使雅典人有时把自己政治组织称为民主制(demokratia)(人民统治),奴隶的大量存在引发了怀疑,到底21世纪研究民主的学者是否应该把公元前5世纪和公元前 4 世纪的希腊城邦国家纳入他们的课题。

那些政权的两个特征说明应该把它们纳入现代民主的先驱中去。第一,它们创造了某种类型的没有先例的公民权。当然,古老的家族和富人们在这些城邦国家里享有政治优势。然而,在拥有最高权力的集会(sovereign assembly)中,无论是贵族还是新暴发户,无论是富裕还是贫穷,每个公民都有发言权和相对国家大致平等的公民权。第二,这些政权一般都在非常广泛的范围内轮流分担市政府的责任(civic responsibility)。雅典人甚至通过抽签而不是通过选举或者继承来确定一年任期的行政长官。在那时,在公民权中流行着平等权利和平等义务的原则。

然而,反对把这些政权称为成熟的民主制的说法最终占了绝对上风。在这些城邦国家里,国家和公民间的关系是否具有广泛的、平等的、有保护的和相互制约的协商的特征? 如果我们把我们的注意力缩小到那时有公民资格的自由的成年男子,这答案大概是"Yes";这就是为什么许多的历史学家认为希腊人创造了民主。但是如果我们考虑在国家管辖内的所有人口——妇女、儿童、奴隶和许多外来的居民——这答案就成了强烈的"No"。毕竟不平等普遍存在于城邦国家的整个政治体制中。雅典的体制(arrangement)把大多数的人口从保护的、相互制约的协商中排除了出去。根据这些标准,共和国的罗马也没有实行民主。

哪个政权实行了民主? 如何实行? 为什么实行? 作为后来几章中对民主化和去民主化的解释的前言,这一章考察民主的政权是在什么地方、什么时间迅速增长起来的。它提出了民主形式的某些变化模式用于进一步的解释。它把 18 世纪晚期的西欧和北非作为民主政权在国家层面发展的关键地区。但是它主要阐明了我们必须解释的内容:民主是怎样在几个世纪里上升、下降并且怎样改变其特征的。

在公元前 300 年到公元 19 世纪之间,许多欧洲政权采纳了希腊模式的变种:相对平等的公民中享有特权的少数人以排除大多数人的代价统治着他们的国家(即当某些暴君尚未攫取权力时),像威尼斯、佛罗伦萨和米兰之类的商业城邦国家都是依靠那些排除在外的从属的阶级的劳动而生存的。在 1512 年佛罗伦萨的政治骚乱后,尼科洛·马基雅弗利(Niccolo Machiavelli)失去了他以前的官员和外交家的职业,他开始撰写著作对政治进行了伟大的分析，这些分析使得他的著作至今仍为必读书目。他的《罗马史论》表面上考虑的是古代罗马的国家体制，但是实际上范围覆盖他自己时代的意大利政治。

回溯到雅典的亚里士多德奠定了部分基础的传统，马基雅弗利承认在他之前的许多作者区分了三种主要的政府类型：君主制、贵族制和民主制。而且他们常常认为君主制会演变为暴政、贵族制会演变为寡头政治、民主制会演变为"放荡"。(Machiavelli 1940：111—112)但是马基雅弗利认为，最好的体制平衡这三种成分(君王、贵族和人民)于一种公共的体制中。传奇的立法者莱克格斯(Lycurgus)给予长期存在的斯巴达正是这样一种体制，而同样传奇的雅典立法者梭伦(Solon)却错误地建立了独一无二的大众的政府(popular government alone)。

然而，在解释了希腊和罗马的政权之后，马基雅弗利提出了只在公国和共和国两种模式之间进行选择的理由。在公国中统治者在贵族制支持下进行统治并且用优异的工作安抚平民(理想的图景是在更为仁慈的梅第奇家族统治下的佛罗伦萨)，在共和国中贵族们实际上进行着统治，但是却任命一个执行政府(an executive power)并且策略地(judiciously)和平民百姓打交道(理想的图景是在他被放逐前长期服务的佛罗伦萨共和国)。

马基雅弗利描述的是什么？意大利的城邦国家没有奴隶，但是在其他方面它们和希腊的城邦国家惊人地相似。尽管首都城市本身通常都创立了拥有财产的成年男子的全体大会，但是它们很少咨询他们，除非在紧急状况下。小部分的成年男子有资格成为管理议会的成熟的公民成员，甚至更少的成年男子能够任重要的公职。所有的城邦国家都管理着附庸(tributary)地区，它们从附庸地区获取税收但是并不赋予它们政治权利。当然，妇女、儿童和仆人同样没有政治身份。不管是公国还是共和国，它们都远远达不到广泛的、平等的、有保护的和相互制约的协商。

直到这个时间，也没有在国家层面上的民主政权存在于欧洲的其他地方或者地球上的任何其他地方。欧洲在两个方面成了民主的先驱：它创造了我们在希腊的和意大利的城邦国家中可以看到的与众不同的(如果说是有限制的)公民权的制度(institutions of citizenship)；其次它为了广泛的、平等的、有保护的和相互制约的协商展开了斗争。但是直到18世纪在此方向上才有重大的进步，直到19世纪才在西欧和它的殖民地建立了部分民主，直到20世纪才看到了某些像充分公民权的东西扩展到了许多欧洲妇女身上。

在此，毫无疑问许多读者会抱怨说，这种立场是欧洲中心主义的或者现代主义的，或者两者兼而有之，或者比两者更糟。就在西欧之外，牧民的、狩猎与采集者的、自耕农（subsistence peasants）的、渔民的和武士团体（warrior band）的简单民主怎么就不算在内呢？撇开几乎所有上述社群内政治生活中妇女的附属地位不说，我可以立即声明，在18世纪前某些民主的因素小范围地存在于全世界。个别地看，某种形式的广泛参与、大致上的平等、制约的协商和（较少的）保护有时支配着地方的和地区的政治。在人类居住的所有大陆上，在民主之光出现在欧洲之前的几千年里，部族头领偶尔会召开会议以大致平等的方式做出重大的集体决定。如果，在民主的标题之下，我们只是寻找对集体决定的协商同意，那么民主就可追溯到历史的迷雾之中。

但是在此我必须再次强调本书探讨的问题：国家和服从它们统治的人口之间的关系是在什么条件下而且是怎样变得更加——或者说，就事论事，更少——广泛的、平等的、保护的和协商的？在国家的层面上，民主化和去民主化是如何发生的？它们是如何影响政治生活的质量的？对这些问题，大量的相关经验最早来自西方国家以及它们在19世纪的殖民地，在20和21世纪传播到全世界。民主是一个现代的现象。

第一节 民主的先驱

在19世纪前的欧洲，四种主要的环境（settings）最大程度地包含了广泛的、平等的、保护的和相互制约的协商的因素：(1)商业寡头制度，(2)农民公社（peasant communities），(3)宗教教派，(4)革命期间。意大利的城邦国家就是那些一直繁荣到18世纪的城市类型（genre）的早期范例。尽普(像在普大利城邦国家的市民　样)荷兰市民从被剥夺了公民权的城市居民以及在附属地区的农民和工匠的劳动中获取财富,他们通常也形成了公民团体,他们轮流承担行政事务、做守夜人、管理行业协会并且集会来商讨城市的政治决定。在整个商业的欧洲,城市的政治寡头进行了民主的模拟。(te Brake 1998,Mauro 1990,Tilly and Blockmans 1994)但是他们仍然是政治寡头。事实上,他们从来没有成为城邦国家层面上的国家政府的明确典型。(Park 1999)

欧洲的某些农民公社形成了某些喜欢矛盾修辞法(oxymoron)的人称之为平民的寡头制度(plebeian oligarchies)。他们实行了通过选举或者抽签来决定的职位轮流、保护得很好的参与权、有制约权力的全体大会(general assemblies)和评价对个人或者对公社的过失的裁决程序。(Barber 1974;Blickle 1997;Cerutti,Descimon,and Prak 1995;Luebke 1997;Sahlins 2004,Wells 1995)但是上面所说的公民几乎普遍地是由所有成年男子或者由在中心公社的所有拥有财产的成年男子组成。而且,我们再次看到,农民公社经常控制着附属地区及其人口,在那些地区毫无公民权存在。

高地的(highland)瑞士通常符合那些模式。在一本名为《格瑞森的早期现代民主》(*Early Modern Democracy in the Grisons*)的书里,伦道夫·黑德(Randolph Head)描述了在不同时期的瑞士,在称为格劳宾登(Graubunden)、格瑞森(Grisons)、格里琼尼和瑞提安自由州(Grigioni or the Rhaetian Freestate)的行政区内乡村的实践中:

> 每一个可行的政治实体必须要做出(它的成员中优势者接受的)合理的决定,必须以可预期的方式分配利益和负担。瑞提安自由州(the Rhaetian Freestate)的农村、政治公社(Political Communes)发展出了这些问题的与众不同的(尽管绝不是唯一的)解决办法:合理的决定由男性成员集会中的大多数做出,政治利益在成员中按比例分配,可能时进行分割,不能分割时则在符合条件的成员间采取轮流的方式。这两个原则反映了中世纪晚期农村公社的社会实践和概念上的原则。实际上,农村由一群自耕农组成,每个自耕农都在集体的管理下在自己的土地上劳作。大多数来自公社的物质利益是在成员

之间进行分配而不是作为共同的东西保存,这一事实说明了这一点。尽管从概念上来说,农村公社是平等的成员们的一个联合。这种平等表现在所有成员参与农村集会和分担公共负担的责任。(Head 1995:74)

在这些农村里,拥有农庄的男子(偶尔是他们的遗孀)有资格成为公民。雇工、仆人和儿童不是公民。欧洲许多农村的这一模式的变种远未达到广泛的、平等的、有保护的和相互制约的协商。

某些宗教派别,特别是那些保持着虔信派的和原始基督教传统的派别,在他们的教会内实行着某种民主。不管信徒们是否共享财产,他们相互平等对待、轮流承担教区事务的职责、使自己行为符合团体戒律并且组织全体大会来做出集体决定。(MacCulloch 2003)早在欧洲的其他地方的普通百姓有权利结社之前,在北欧国家,宗教团体(religious congregations)和那些或多或少实行民主的组织(associations)一起繁荣,成为改良主义运动(reformist movements)的核心;因此,教会支持的组织也成了世俗活动的典范。(Lundqvist 1977；Ohngren 1974；Seip 1974，1981；Stenius 1987；Wahlin 1986)看上去可能就是这样的改良主义组织在 18 世纪的挪威、丹麦、瑞典和芬兰的流行,为北欧的社会运动和民主机制的早熟发展创造了背景条件。

早在 18 世纪之前,欧洲的革命运动(revolutionary mobilizations)(特别是那些带有虔信派和原始基督教传统的色彩的)有时宣扬集体赞同和激进的平等主义的观点。在英格兰,尽管天主教徒和英国国教教徒不会借民主之火取暖,形形色色的不满的新教徒(包括教友派信徒和公理会教徒)迫切要求平等主义的计划。有人呼吁由成人投票选举的议会来领导。教友派信徒走得更远些,他们在其教会(congregations)里建立起女性和男性的大致平等。

在奥利弗·克伦威尔(Oliver Cromwell)的革命的新模范军(New Model Army)内,激进分子通过那些被生动地称为煽动者(Agitators)的当选的人们得到代表(established representation)。在这个军队的议会(General Council)(1647 年 10 月到 11 月)的伟大的普特尼辩论(Putney debates)期间,克伦威尔的女婿亨利·艾尔顿(Henry Ireton)为紧急状态的独裁控制的情况做了辩护。科洛纳尔·托马斯·雷恩伯勒（Colonel Thomas Rainborough）以引人注目的民主的（如果说还具有男子气概的）观点回答了艾尔顿的挑战：

> 真的，我认为在英国最贫穷的人和最伟大的人一样要生活；因此老实说，先生，我认为，这很清楚，每一个要在政府统治下生活的人首先要他自己同意将他本人置于那个政府统治之下；而且我确实认为，在英国最贫穷的人根本不受制于（在严格意义上说）那个他没有选择置身于其下的政府。而且，如果一个人怀疑这些事情，我……怀疑他是否是一个英国人。（Gentles 1992：209）

与此同时，军队中和伦敦的平等派（Levellers）正在激进地要求一个成文宪法，一个人民的协议。这协议包括通过选举按人口比例重新分配议会席位、两年一度的议会选举和国会下院的最高权威（Gentles 2001：150）。平等派声称是为英国人民说话。但是，当然，他们失败了。

大约一个世纪之后，民主的革命党人开始获胜。美国革命（1765—1783年）始于抵制英国皇家税收和商业控制。这些税收和商业控制是英国皇室为了补偿其在七年战争（the Seven Years War）（1756—1763年）中遭受的巨大财政损失而实施的。但是，主要围绕着没有代表权就不交税的主题而组织的美国革命，很快转化成了民主的计划。他们不仅组织了联系所有殖民地反对独裁专断的英国政权的通信委员会（Committees of Correspondence），他们还要求国王和议会批准的代表权。而且，英国国内独裁统治的反对者，如托马斯·潘恩（Thomas Paine）和约翰·威尔克斯（John Wilkes），也加入到他们的事业中。他们开始阐述人民主权学说。（Brewer 1980，Maorgan 1988，Tilly 1995，第四章）

在18世纪晚期，我们也听到了一致要求广泛参与荷兰当地和省级政府的呼声。R. R. 帕默（R. R. Palmer）影响深远的著作《民主革命的时代》（1959年，1960年）把18世纪80年代的荷兰爱国者起义（Dutch Patriot Revolt）和美国革命相提并论，作为民主革命潮流的重要代表。荷兰军队间接地参与了美国革命战争，遭到了强大的英国海军的沉重打击。灾难性的海军交火还在持续，某种小册子战争又在荷兰人之间爆发。奥伦治王子（Prince of Orange）的支持者批评了阿姆斯特丹（Amsterdam）和荷兰省(province Holland)的领导,对立的爱国者(主要在荷兰)做出了相同的回答,双方都指责对方应对这个国家的危急状态负责。

爱国者明确地借鉴了美国的例子,他们呼吁一场(最好是和平的)革命。在18世纪80年代请愿运动艰难地开始了:首先要求承认约翰·亚当斯(John Adams)为有争议的实体(美利坚合众国)(the United States of America)的合法代表,然后提出对整个一系列国内政治问题的纠正。市民委员会(可能是模仿美国通信委员会)伴随着荷兰许多城镇的市民民兵开始很快形成。在一个高度分割的政治体制内,他们对地方的和地区的政权的不断施加的压力实际上起了很大的作用。

在1784年到1787年之间,爱国者党派成功地在荷兰的许多城市建立起新的较少贵族化的宪法,甚至在上艾瑟尔(Overijssel)整个省。然而,奥伦治王子(Prince of Orange)及其追随者仍然抛弃了两个有利条件:英国的财政支持和来自王子妹夫(brother-in-law)普鲁士国王弗雷德里克·威廉(Frederick William)的军事支持。1787年底,一场普鲁士的侵略引发了荷兰爱国者革命。(te Brake 1989,1990;Schama 1977)

在1793年法国对英国和荷兰宣战之后,亲法国的爱国者(Franco-phile Patriots)重新恢复了他们的敌意。1795年法国人入侵建立了所谓的巴达维亚共和国(Batavian Republic),在这个共和国里选举出来的国民大会从1796年统治到了1798年,直到法国军队政变赶走了激进的民主党人。从那时开始到拿破仑战争结束,荷兰开始是在拿破仑的兄弟路易斯(Louis)统治下的名义上独立的王国,后来成了不民主的法国的组成部分。尽管美国的民主党人获得了胜利,荷兰的民主党人却失败了。直到19世纪,荷兰再也没有出现大的民主化。

第二节 法国的民主化和去民主化
(1600—2006 年)

荷兰在18世纪80年代到19世纪30年代的经验给世人一个重要的

教训。甚至在它最近的历史里，民主一直是不稳定的和可逆的统治形式。要了解民主的近代性、不稳定性和可逆性，我们可以考察法国 1600 年以来的历史。在此我可以利用我对法国政治历史研究了一生的工作。（特别是 Shorter and Tilly 1974；Tilly 1964，1986，1993，第五章，2004，第四章）法国对民主和去民主的常见解释提出了迷人的挑战。它有力地反驳了任何把民主化解释成渐进的、深思熟虑的、不可逆的过程或者解释成一套权宜的政治发明，当它准备好了，一个民族只要按部就班行事就行了。相反，它展示了斗争和震荡对于民主以及不民主的关键性的重要作用。

在 20 年的北美和荷兰革命之后，早期法国革命(1789—1793 年)创立了一个在历史上最有影响的民主的国家政府的模式。早期的革命者以马基雅弗利(Machiavelli)可能会悲叹的雅典人的姿态，用普通公民选举出来的议会代替了至高无上的国王和他的议事会(council)。他们通过了广泛的试验和包括内战在内的斗争，才回到了中央执行政府，与此同时拿破仑 1799 年开始掌权并一直扶摇直上，登上权力的顶峰。(Woloch 1970，1994)但是，在拿破仑的统治下，民主伴随着国家能力的上升而下降。

拿破仑的独裁政权并没有结束那些斗争和民主的逆转。（要了解法国的宪政和选举的简洁概要，请参看 Caramani 2000：292—373，2003：146—148)在 19 世纪，从 1815 年到 1848 年法国不仅经历了(或多或少拥护宪法的)波旁王朝复辟(Restoration)和七月王朝的君主制(July monarchies)，而且在路易·拿破仑·波拿巴(Louis Napoleon Bonaparte)统治的独裁政权(1851—1870 年)之前又经历了一次民主革命。在巴黎公社(Communes of Paris)以及其他大城市之间一年左右的斗争之前，发生了一场相对平和、相对民主的革命(1870 年)。

巴黎公社只是把我们带到了从 18 世纪 90 年代的大革命到我们今天所知的法国政权的半路上。（除了排除妇女外相对民主的)长命的第三共和国(Third Republic)在 19 世纪 70 年代形成并且一直持续到了 1940 年纳粹占领法国。然而，直到战后大的斗争(1944—1947 年)结束，法国或多或少地持续的民主政权才得以稳定。妇女终于(1945 年)在法国获得了选举和当选公职权利。[即使到此时，我们可以把 1954 年到 1962 年激烈的阿尔及利亚内战和 1958 年戴高乐(Charles de Gaulle)由于战争重新执政看成民主的衰退,把 1968 年广泛的反对戴高乐的运动又看成另一次民主的危机。]根据我们计算较小的逆转的方法,从 1789 年到现在,法国至少经历了四个实质性的民主化时期,但是也至少经历了三个去民主化时期。

为了更加清晰,让我们回到政权的能力-民主空间。我们仍然用民主来指政权在国家行为上反映广泛的、平等的、保护的和制约的和公民协商的程度。我们仍然用国家能力来指国家机构对现存的非国家资源、活动和人际关系的干预改变它们的分配或分布(distributions)以及那些分配或分布之间关系的程度。用这些术语,插图 2.1 描绘了法国从 1600 年到现在的复杂轨道。尽管为了便于我们后面的分析,这曲线图有许多转折,实际上它已经有了很大的简化。以 17 世纪中叶为例。在 1600 年,这曲线图大致上把法国确定在民主和国家能力的一个低点上,当时它刚从 16 世纪很大的宗教战争(Wars of Religion)中出来,百孔千疮。在破碎的王国中存在一些罕见的微弱的广泛、平等、保护、相互制约的协商和国家能力。之后国家能力在侵略成性的国王统治下有点恢复,但是对大量的法国人

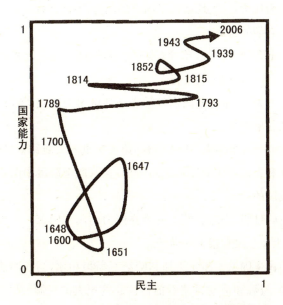

插图 2.1　1600—2006 年法国国家政权的发展轨道

民来说,在朝着任何稍微有点像民主的方向上没有任何进展。

1648 年到 1653 年的时期带来了这样一个法国,它已经部分地从亨利四世(Henry Ⅳ)和路易十三世(Louis ⅩⅢ)等国王统治下的政治混乱中恢复过来,回到了同样的低能力和最少民主的无政府状态的区域。投石党(the Fronde)内战使法国不断地遭到分裂。年青的路易十四世(Louis ⅩⅣ)及其谋士们在 17 世纪 50 年代只是刚刚开始重新获取对广大地区的控制权,并且成功地征服了在 17 世纪 80 年代开始的大片的天主教国家内的自称自治的新教地区。

追踪法国政治史中从 1600 年到现在的每一个转折对我们帮助并不大。这里是从该图表中得出的主要信息:

● 在 17 世纪的上半叶法国政权整个地停留在民主区域之外,但是以令人头晕的速度一会儿增强一会儿减弱其能力。

● 只有当国王和他亲密的同盟者能够征服或者收买其国内在很大程度上自治的对手时,国家能力才有了很大的提高;由地方富豪领导的叛乱和要求不断地阻碍(reversed)了国家能力的增长。

● 在同一世纪的下半叶,路易十四世(Louis ⅩⅣ)日益巩固的统治以更加远离民主为代价,大大地增强了国家的能力;地区强权和地方割据也大大地失去了它们的自治。

● 直到 1789 年的法国革命(当时法国开始了民主形式的非凡的试验)没有发生大的方向上的变化。

● 然而不久,革命者和国内外敌人战斗的努力导致了以民主为代价的国家能力新的增强。

● 从拿破仑战争结束(1814 年)到第二次世界大战结束,这个国家经常在民主化和去民主化的冲刺之间转换;在这两个阶段中国家能力通常却是向上发展的。

● 在战后时期,法国建成了一个高能力的民主国家,(至少到目前为止)在方向上似乎没有很大的逆转。

高能力民主国家? 和牙买加和哈萨克斯坦相比,当代的法国对其领土上的人民、资源和活动行使着值得注意的更大的控制。尽管——或者宁愿说由于——在权利和义务上的不断斗争,法国公民行使着相对于国家而言的非常广泛的和平等的权利。他们行使着广泛的公民权。通过选举、民意测验、新闻、社会运动以及直接和官员们接触，他们在公共政治事务上展开相互制约的协商。尽管法国公民常常抱怨"不安全"，但是整体上，他们比牙买加公民们和（特别是）哈萨克斯坦的公民们得到了更多的免受专断的国家行为侵害的保护。那些制度是在经过了两个世纪的法国公共政治中的充满冲突的变化才形成的。

插图 2.1 对这一系列相同变化提供了另一种看法。我曾经把从 1648 年到现在的法国历史中的每一个转折点解释为"革命的形势"，在这些转折点上某些群体拿起武器并且得到了许多公民的支持，控制了这个国家的大部分地区和（或者）大部分的国家机构长达一个月之久或者一个月以上。（根据这个观点，革命的结果包括实际上权力从现在的统治者转移到新的统治集团。）这个年表增加了我以前解释中缺乏的成分：在 17 世纪后半叶路易十四世（Louis ⅩⅣ）最终成功地扩张了国家的能力，作为对此的反应，达到革命程度的起义不断地发生。

在这半个世纪皇家的许多努力都用于筹集新的税收来支持中央政府机构以及（特别是）它的战争事业（pursuit of war）。大的起义典型地始于对税收的各自分散的抵抗，但是之后在地区当权者的领导下加强为更加持久的反抗。1702 年到 1706 年的法国新教徒（Camisard）的激烈起义标志着一个例外：他们起义是由路易十四世（Louis ⅩⅣ）企图消灭新教徒的信仰和自治（Protestant pockets of faith and autonomy）而激起的。在上述两种情况下，国王和他的日益强大的武装力量通过降低对中央统治的反抗来增强国家的能力。到了 18 世纪初，法国皇家已经成为欧洲最强大的。

但是，全面革命的形势持续到 18 世纪并且在 19 世纪得到了加速。直到第二次世界大战结束，这个国家始终没有避免在对其人民、资源和领土的控制方面，存在大量的（如果说时断时续的）分裂。如果我们把对法国本土（Metropolitan France）革命形势的考虑延伸到海外领土，阿尔及利亚的和越南的战争就会大大地延长这个预示革命的分裂时期。这个年表甚至比能力-民主图表更多地揭示了革命斗争在什么程度上导致了法国民主化。

表 2.1　法国本土的革命形势(1648—2006 年)

1648—1653 年　投石党(The Fronde)
1655—1657 年　塔尔达尼扎特(Tardanizat)起义(Guyenne)
1658 年　制鞋工人(Sabotiers)起义(Sologne)
1661—1662 年　贝诺热(Benauge)起义(Gunenne)
1662 年　吕斯蒂克吕(Lustucru)起义(Boulonnais)
1663 年　奥迪若斯(Audijos)起义(Gascony)
1663—1672 年　安热勒茨(Angelets)游击队战争(Roussillon)
1675 年　印花税、红色贝蕾帽(Papier Timbre,Bonnets Rouges)托尔邦(Torreben)起义(Brittany)
1702—1706 年　塞文纳(Cevennes)和朗格多克(Languedoc)的法国新教徒(Camisard)起义
1768—1769 年　科西嘉人起义
1789—1799 年　多次法国革命和反革命
1815 年　百日王朝
1830 年　七月革命
1848 年　法国革命
1851 年　路易·拿破仑政变(Louis Napoleon coup d'etat),起义
1870 年　国家崩溃,德国占领,共和党人革命
1870—1871 年　众多公社起义
1944—1945 年　抵抗运动和解放运动

那么这段从 1600 年到现在的动荡历史需要我们解释什么呢? 法国民主化和去民主化的经验的三个主要特点迫切需要得到分析。首先,在1789 年之前,法国的政权从未接近民主的范围。然而从那时开始法国不断地产生出相对民主的政府形式;为什么会有这么大的转变? 第二,尽管法国开始了革命,但是发生了多次对民主化的大的逆转,每次都非常迅速。如何解释去民主化比民主化的步伐更快? 第三,诸如 1848 年的广泛的革命和普法战争(the Franco-Prussian War)的惨败等政治冲击在加速法国民主化中起了不成比例的作用。是什么把民主化和革命以及其他政治冲击联系在一起?

第一个问题把我们的注意力引导到在 1789 年之前政权和公民间的相互作用是如何逐渐改变的? 正如我们在后面会详细地看到,国家能力的增长,在它们和公民们就公民已经控制的国家经营的资源进行协商的程度上,在不同的政权之间有非常大的差异。在一个极端,如果国家本身控制着石油、黄金、钻石和其他珍贵物品的开采,掌管着我们自己时代的矿产资源丰富的国家的人们和他们的公民就很少需要协商。

在另一个极端，基本上是在农业经济中，能力的增长仅仅通过直接把农业产品或者货币收益移交给国家来实现。建立起这种移交就必然使得国家陷入和那些控制土地的人协商，并且创造出负责实际上移交农业收益的机构。在这两个极端之间，我们看到了建立在高度商业化的经济之上的国家——荷兰提供了重要的案例——在这种经济之中，统治者不能简单地拿了货物就跑，但也不需要和农民、地主进行太多的协商。在这种经济中，和商人的协商通常会产生出足够的赞同来保持国家事业的运行。（Adams 2005，Tilly 1992）因此这就是商业寡头政治对欧洲的半民主统治的关键的重要性。

这一类的广泛的协商在两个关键的方面为民主化确定了条件：它使得统治者依靠来自公民的广泛的服从，另外也确定了等同于相互制约的协商的权利和义务。与此同时，它也使得去民主化成为可能：一群公民的服从，经常会损害那些以前通过从那些相同的公民处获取资源和支持来维持自身的精英们的利益。国家得到时，地主常常失去。这种见解引导我们去寻找在国家-公民就国家支持的资源进行协商方面的大的转变，并把这种转变看成一个政权（不仅在法国，而且在全世界）进入民主斗争的原因。

第二个问题（为什么去民主化通常比民主化发生得更加迅速）开辟了一个全新的视角。正如插图 2.1 已经向我们表明，在 1789 年之后、1848 年间和第二次世界大战结束后，法国以惊人的速度迈入民主的疆土。在这些案例中，在统治者和被统治者之间的斗争已经进行了很长时间：把 1789 年前就半代表机构的税收、权利和自治而开展的斗争、19世纪 30 年代和 40 年代皇室和它的反对者之间的持续战争、第二次世界大战后期对德国占领和对维希（Vichy）傀儡政权的抵抗连锁到了一起。

在每一个案例中，去民主化都比其之前或者之后的民主化发生得要快许多。而且，在所有这些案例中，大规模的大众的动员总是领先于民主化的加速。在逆转的案例中，统治者联合中的大的分裂促进了这些联合中的部分成员为了保持或者恢复他们的权力而采取激烈的行动。简而言

心，迅速的去民主化不是由于大众对民主的不满，而主要是由于精英的
背叛。

面对 20 世纪的民主的逆转，南希・伯米奥（Nancy Bermeo）提出了相
似的（如果说更窄些的）观察描述：

> 尽管公民的消极使得民主更容易解体，但是不可否认的是，这里
> 研究的民主都是由它们自己的政治精英搞垮的。精英的行为遵循着
> 各种各样的轨道。在一个极端，政客们（有时是君主们）有意选择独
> 裁。他们自己成为独裁者，或者有意地使反民主的人物成为政府首
> 脑。在另一个极端，政治精英们由于自己的愚蠢（ineptitude）而导致
> 独裁：他们犯了一系列导致政变联盟产生的错误。他们的错误惊人
> 地相似，尽管在我们的案例中有很大的差异：他们总是造成了包括军
> 人精英在内的政变联盟。（Bermeo 2003：237）

除了在伊比利亚（Iberia）、拉丁美洲（Latin America）和巴尔干半岛（the
Balkans），"包括军人精英在内的政变联盟"在 20 世纪前比在 1900 年到
20 世纪 80 年代之间在民主的逆转中起着更小的作用。而且，不同于纯粹
的独裁主义的（authoritarian）统治者，"独裁者（dictators）"直到 20 世纪才
盛行起来。然而，伯米奥的观察概括得恰到好处：从 19 世纪开始，发现民
主化对其有威胁的掌权者比普通百姓更容易脱离半民主的和民主的
协定。

它把我们带到了第三个问题：加速的民主化和革命以及其他冲突的
联系。最终我们将会看到不仅仅革命而且国内冲突、军事征服和殖民地
化都和民主化保持着显著的联系。它们不是以任何方式自动带来民主，
但是在民主化的某些因素已经在运转的地方常常加速民主化。为了后面
的研究，我们先考虑这样的假说，那些冲突事关重大，因为所有的冲突都
会破坏控制国家的自我再生系统，从而削弱那些民主化造成其损失最大
的精英们。它们打开了普通百姓就新出现的统治体制进行磋商是否赞
同的空间。总体上看，普通百姓从民主化中能得到某种实惠，从去民主
化中遭受很大损失。法国的普通百姓以艰难的方式不断地接受这种
教训。

第三节　民主的浪潮

正如法国 1848 年革命的特点所证实,民主化和去民主化通常并不是同时发生在一个政权内。在 19 世纪中叶,比利时、匈牙利、德国、波希米亚、奥地利、意大利和瑞士都经历过走向民主化的革命机遇(bids),其中的大多数都很快出现了逆转。相邻的或者相互联系的政权会相互影响。约翰·马可夫(John Markoff)(我从他的著作《民主的浪潮》借来了这部分的标题)是这样表述的:

> 在民主的浪潮中,政府的组织以广泛认为更为民主的方式被改变——有时被和平地改革,有时被激烈地推翻。在这样一个民主浪潮中,有大量的有关民主的优点的讨论,社会运动常常要求更多的民主,处于权威地位的人们总是宣布他们的民主意图。在反民主浪潮中,许多政府以广泛认为不民主的方式发生变化,各种社会运动宣布他们废除民主的主张,不少政府官员傲慢地表达他们对民主的敌意。
>
> (Markoff 1996b:1—2)

我们怎样能具体地确定这样的浪潮? 不管他们是否遵循宪法的、实质性的、程序的和过程取向的民主定义,研究众多民主化和去民主化案例的大多数人们都用直截了当的方法简化他们的工作。他们确定一个边界,把不民主放在一边,把民主放在另一边,然后询问政权在什么时间、怎样、在什么条件下、由于什么原因朝着另一方向跨越这条边界。他们采纳了程序的标准。(甚至过程取向的马可夫也使用不同种类的选举权的存在或不存在作为他的主要的分类方法。)尽管我有时会直接把一个政权称为民主的或者不民主的,但这种方法不大适合本书的解释目的。

为什么不行? 首先,因为我们不是试图去解释在不民主和民主的条件之间是与不是(yes-no)的切换。我们试图去解释民主的程度和变化。第二,因为要这样做我们就必须考察广泛范围的过程:从那些可能使像哈萨克斯坦的国家成为更加民主的政权的过程,到那些可能在法国长期的民主化中引入一个逆转的过程。为了达到这些目的，最好确定下了在了民主-民主维度上发生重大变化的具体时期和地方，并且询问在那些时期究竟发生了些什么。

为了达到更加不同的目的，塔图·温汉南（Tatu Vanhanen）在这个问题上为我们提供了基本的粗略的工具。温汉南以 10 年为单位计算了1850 年到 1979 年的许多国家的"民主化指数"。这个指数把：(1)除了最大的政党外，所有政党在国家的选举中获得选票的份额乘以(2)整个人口参与投票的比例。因此，从 1901 年到 1909 年，当澳大利亚较小的党派获得了 61.8%的选票并且有人口的 18.9%参与投票。澳大利亚的指数就是 61.8%×18.9%＝11.7%的民主指数。

采用温汉南的数字，我当然又回到了投票的过程标准。这种测量没有告诉我们任何在保护上的变化，只有在广泛性和平等上的粗略表示(gestures)并且仅仅间接地含有相互制约的协商。它忽视了较低层次的民主化，那些民主化通常出现在温汉南主要研究的全面的国家选举制度之前。这个抓手是粗略的，就像用来提起一件易碎物品的打结的绳子。然而，跨过了几十年，它至少表明在什么地方和什么时间发生了竞争的选举活动的较大的扩展。

我曾经把温汉南的数据分成三段：1850 年到 1899 年、1900 年到 1949年、1950 年到 1979 年。在 1850 年到 1899 年这个时期，美国没有在此名单上；根据这个指数，在 1850 年之前它已经度过了民主化的主要时期。同样缺席的加拿大直到 1867 年仍然是一群英国殖民地，但是，这个新统一的政权后来上升到主权国家地位，有着比较民主的制度。这种情况在19 世纪的晚期变化相对不大。相反，在同一时期几乎整个非洲都处于殖民统治之下，而亚太地区被分裂成殖民地和很少有或者几乎没有民主化迹象的地区。简而言之，如果我们想在 19 世纪后半叶寻找民主化过程，我们应该把我们的目光盯住西欧和拉丁美洲。

在 1900 年到 1949 年半个世纪里，投票权特别是女性投票权的扩大——把许多较老的民主国家，包括美国和加拿大，带回到这个名单当中。但是在温汉南的指数上的增加也记录了在第一次世界大战的浩劫之后在欧洲加速的民主实验(有许多许多逆转)。欧洲和美洲继续在民主化的地图上独领风骚。但是我们看到在欧洲内部民主向东和向南运动以及在拉丁美洲的范围内扩展。我们甚至看到民主化在日本和埃及闪现。

表 2. 2　民主化比较快的地方(1850—1979 年)

1850—1899 年
亚太地区:无
欧洲:奥地利、比利时、丹麦、法国、希腊、意大利、荷兰、挪威、葡萄牙、西班牙、瑞典、瑞士、英国
美洲:阿根廷、玻利维亚、智利、多米尼加共和国、厄瓜多尔、乌拉圭
非洲:无
1900—1949 年
亚太地区:澳大利亚、日本、新西兰
欧洲:奥地利、丹麦、芬兰、法国、德国、希腊、匈牙利、意大利、荷兰、挪威、葡萄牙、罗马尼亚、俄罗斯、瑞典、瑞士、英国
美洲:阿根廷、玻利维亚、巴西、加拿大、智利、哥伦比亚、哥斯达黎加、古巴、多米尼加共和国、厄瓜多尔、洪都拉斯、墨西哥、巴拿马、秘鲁、美国、乌拉圭
非洲:埃及
1950—1979 年
亚太地区:印度、以色列、黎巴嫩、韩国、泰国、土耳其
欧洲:希腊、葡萄牙、西班牙
美洲:哥伦比亚、哥斯达黎加、多米尼加共和国、萨尔瓦多、危地马拉、尼加拉瓜、巴拉圭、秘鲁、委内瑞拉
非洲:埃及、摩洛哥、赞比亚
来源:Vanhanen 1997:251—271。

在 1949 年后的 30 年里实质上民主化的案例比以前的半个世纪要少许多。然而在这 30 年里民主化在地理上和特征上呈现了很大的变化。在拉丁美洲军事政权仍然一会儿增加一会儿减少,但是拉丁美洲的国家日益朝着相对民主的文官统治发展。与此类似,在欧洲,希腊、葡萄牙和西班牙成了重建民主化的地方,它们都增强了武装力量对文职政府的服从。尽管拉丁美洲政权继续引人注目,在亚洲和非洲我们现在也看到了民主化的冲刺。欧洲和日本的殖民主义的衰落为民主在其长期以来的家园——美洲和欧洲之外带来了新的机遇。

自从 1850 年,民主化明显是以波浪式到来的,西欧领先第一波,然后是从 1900 年到 1949 年的对这一波的回应。在此之后,当亚洲和非洲开始走向民主时,拉丁美洲开始了第三波。由于温汉南的统计数据终止于 1979 年,这个年表未能展示在那个时间之后进一步的民主化在后殖民地地区是如何迅速地发展。(Bratton and Van de Walle 1997, Diamond 1999,

Geddes 1999，Lafargue 1996，Markoff 2005，Przeworski et al. 2000，Whitehead 2002）自由之家（Freedom House）的一份 1979 年以来脱离（transitions from）独裁统治的清单中把这些"政权"列为已经转向"自由的"区域（Karatnyky and Ackerman 2005）：

亚太地区：蒙古、菲律宾、韩国、中国台湾、泰国；

欧洲：保加利亚、克罗地亚、捷克共和国、爱沙尼亚、匈牙利、拉脱维亚、立陶宛、波兰、罗马尼亚、塞尔维亚-蒙地内哥罗、斯洛伐克、斯洛文尼亚；

美洲：阿根廷、巴西、智利、萨尔瓦多、圭亚那、墨西哥、巴拿马、秘鲁、乌拉圭；

非洲：贝宁、佛得角、加纳、马里、塞内加尔、南非。

以上所列的使我们想起欧洲的国家社会主义政权在 1989 年崩溃以来，这个地区出现的巨大的民主化浪潮；不仅要关注这些一时的变化，它也提醒我们注意在拉丁美洲的持续的民主化（现在看上去比以前更为明确）。但是最显著的是，它把亚洲和非洲确定为 1979 年之后开始发生重大民主化的地区。

这个年表告诉了我们某些更加重要的东西。它的教诲不亚于我们已经从法国在民主和不民主之间的长期摇摆中得出的教训。大量的政权从长期没有民主变化转化为在民主化和去民主化之间来来往往的不稳定运动。以欧洲 1900 年到 1949 年的时期为例，在此期间，17 个政权经历了至少一个加速民主化的时期。在这 17 个政权中，有 12 个——奥地利、芬兰、法国、德国、希腊、匈牙利、意大利、葡萄牙、罗马尼亚、俄罗斯、西班牙以及（如果我们把纳粹占领也计算在内）荷兰——也经历了至少一次更加迅速的去民主化。

欧洲的政权在说明民主化和去民主化方面比它们在 18 世纪变得更加有用。当拉丁美洲的政权在 19 世纪的第 1 个 10 年里宣布从西班牙的统治中独立出来时，它们在说明两个方向的运动时变得同样有用。历史为第二次世界大战后亚洲和非洲的非殖民地化配备了一个并联开关。例如，菲律宾、泰国和塞内加尔看上去都像最新的很可能回到去民主化的民主政权，因为有权力的精英们感到了进一步民主的威胁。我们显然会更加仔细地考察这种历史开关的定时、位置和运作。

这个证据回应了另一个来自法国经验中的结论。一旦一个政权进入了民主化和去民主化的不稳定的地带，大体上来说，离开民主的运动（伴随着更少大众参与并且处于更大的精英影响下）比走向民主的运动发生得更加迅速。确实，在自由之家的专家们所研究的最近的转变中，大部分反对独裁政权的广泛的非暴力的大众动员（mobilizations）已在逐渐推动那些政权走向民主。相反，从上而下的改革相似政权的努力产生的效果更小。（Karatnycky and Ackerman 2005）看看缅甸、尼泊尔和泰国，在所有这些国家对国家权力的挑战都带来了大规模的镇压和去民主化。（Schock 2005，第四、五章）大众的动员常常失败。然而，在我们的时代，普通百姓正日益参与到迫切要求民主化的运动中去。

第四节　后社会主义的民主化

当民主政权从苏联和南斯拉夫的社会主义国家的崩溃中形成时，出现了许多反对独裁统治者的大众动员的最引人注目的例子。看一看2004年的乌克兰。人权监视组织"人权观察"（Human Rights Watch）在那一年的12月这样现场介绍：

> 多年来，在列昂尼德·库奇马（Leonid Kuchma）总统的领导下，政府对媒体报道（media coverage）实施了更加严格的控制，它不断地设法操纵选举过程，而且不理睬广泛的大众不满。这样做破坏了人们以有意义的方式来表达他们不满的合法渠道。政府操纵总统选举使其有利于总理维克托·亚努科维奇（Viktor Yanukovich）的无耻企图——尽管大众明确地选择反对派候选人维克托·尤先科（Viktor Yushchenko）——使得许多乌克兰人相信群众街头的抗议是他们声音被听到的唯一希望。（Human Rights Watch 2005：441）

库奇马的特务用二恶英（dioxin）来毒害尤先科。来自附近国家的活动者、来自西方国家的人权组织成员和大量的乌克兰人集中到首都基辅（Kiev）。公民们涌上街头。他们冒着冬夜的严寒一遍遍地唱着圣歌，并且封锁了政府大楼的入口。他们上演了一场"橙色革命"（the Orange Revolution）。乌克兰的抗议者重演了 2000 年在塞尔维亚（Serbia）和 2003 年在格鲁吉亚（Georgia）发生的相同的一幕。他们加入了群众抗议选举舞弊的浪潮，这一浪潮遍布原苏联的国土及其相邻地区。

在 1989 年那些政权中没有一个是有点民主的。但是从那时以后，发生了很大的变化。插图 2.2 用自由之家在政治权利和公民自由方面的等级来图解在 2006 年的后社会主义政权的分布。（记住，在政治权利或者公民自由上 1 是可能的最高的等级，7 是最低的。）大致上说，政治权利对应于广泛的、平等的和相互制约的协商，而公民自由特别是指保护。因此自由之家的等级提供了 1989 年以来的后社会主义的民主化的程度和方向的信息。

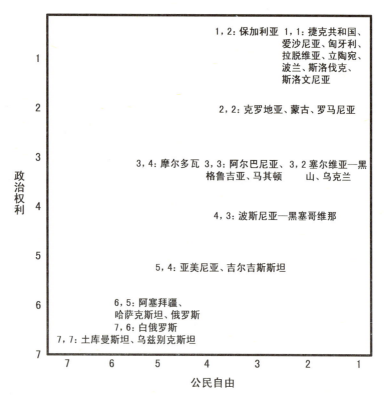

插图 2.2　后社会主义政权在政治权利和公民自由上的自由之家评分（2006 年）

来源：Complied from Freedom House 2006.

正如图中数字表明,所有的后社会主义政权绝没有明显地(signifi-cantly)离开不民主政治。在插图的左下角有土库曼斯坦(Turkmeni-stan)、乌兹别克斯坦(Uzbekistan)、阿塞拜疆(Azerbaijan)、哈萨克斯坦(Kazakhstan)和俄罗斯(Russia),不远处还有亚美尼亚(Armenia)、吉尔吉斯斯坦(Kyrgyzstan),在政治权利上得分5和公民自由上得分4。

然而在右上角——在两个方面可能的最高等级——我们看到捷克共和国(Czech Republic)、爱沙尼亚(Estonia)、匈牙利(Hungary)、立陶宛(Lithuania)、波兰(Poland)、斯洛伐克(Slovakia)和斯洛文尼亚(Slovenia)。在1989年后的17年里,它们都建立了有目共睹的民主政权。

然而,并非所有的后社会主义政权都走向了民主。(Bunce 2001;Fish 2001,2005;Khazanov 1995;McFaul 1997;Suny 1993;Tishkov 1997)再次使用自由之家的衡量,插图2.3展示了4个后社会主义国家从1991年到2006年的轨迹。(自由之家首先在1991年开始把白俄罗斯、克罗地亚、爱沙尼亚、俄罗斯和它们以前的社会主义联盟分开。)根据这些等级,这4个国家中的每一个都经历了政治权利和公民自由的早期的下降。但是在其内战结束之后,从等级上看,克罗地亚大步地迈向民主。爱沙尼亚起初限制政治权利,但是随着公民自由的增加作了个U形转

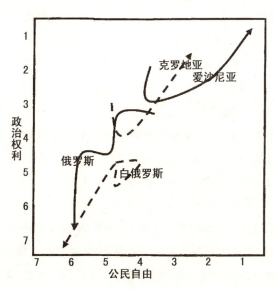

插图2.3　4个后社会主义政权的自由之家评分(1991—2006年)

折,然后政治权利扩大;甚至这个政权轻微地歧视其大量的俄罗斯少数民族也没有妨碍它处于 1,1 的等级——与此同时,欧洲在民主方面一路领先。

与此同时,俄罗斯和(特别是)白俄罗斯朝着较少政治权利和减少公民自由方向向下发展。在俄罗斯,叶利钦-普京(Yeltsin-Putin)在北高加索(Northern Caucasus)的战争和这个国家对反对派声音的压制把这个备受困扰的国家从米哈伊尔·戈尔巴乔夫(Mikhail Gorbachev)在 20 世纪 80 年代开创的部分民主化中拉了回去。叶利钦和普京把精力集中在恢复俄罗斯的国家内部能力和外部地位。当他们这样做时,他们牺牲了公民自由——或者,总而言之,牺牲了民主。普京运用国家对石油和天然气的重要贮备的控制来平息公众对政府的不满。阶级和民族的不平等在俄罗斯公共政治中变得更加突出;当保护、广泛性、平等和相互制约的协商明显地减少了时,俄罗斯公民更加决然地把他们百孔千疮的信任网络和公共政治断开。(Fish 2005)

白俄罗斯甚至滑得更远。白俄罗斯总统阿列克桑德尔·卢卡申科(Aleksandr lukashenka)在 1994 年的普选当中作为反腐败的监察人员赢得胜利。但是当卢卡申科一站稳脚跟,就立即建立了审查制度,解散了(smashed)独立的工会,规定了选举,并且镇压了立法机构,从而破坏了这个国家以前取得的小小的民主成果。他从俄罗斯的帮助中获得了很大的好处,特别是以补助价格的形式获得俄罗斯的天然气和石油。像当今世界的许多独裁的统治者一样,卢卡申科能够通过使用矿产收益来支持国家能力从而避免和他的人民进行协商。

然而,卢卡申科并没有忘记内部压制。根据凯瑟琳·米赫利斯科(Kathleen Mihalisko)所说:

> 当上总统后不到一年,1995 年 4 月,在所谓的政权暴力的一次早期表现中,防暴警察根据卢卡申科的命令在最高议院(the Supreme Council)的台阶上殴打了人民阵线党(Popular Front)的代表。从那时到现在,内务部的特种部队(OPMON)就成了卢卡申科喜欢怎样处理危机的最明显的提示,这部队被用来反对和平示威,其频繁的程度逐步升级。在两年之内,安全部队的数量据估计已经上升到 18 万,

或者说使武装部队数量翻了一番。(Mihalisko 1997：237；也可参见 Titarenko et al. 2001)

使用特种武装力量来建立政治控制是以前东欧的惯用伎俩。到 2006 年的总统选举时，卢卡申科没有塞尔维亚、格鲁吉亚和乌克兰风格的"橙色革命"的风险。事实上，白俄罗斯的克格勃(KGB)头目通过指责反对派"计划在星期天的选举之后发动由美国和格鲁吉亚支持的政变"证明了镇压的正当性。(Myers 2006：A3)镇压起了作用：在选举当夜，当政府宣布卢卡申科赢得了 82.6% 的选票时，只有几千抗议者在场。(Myers and Chivers 2006：AⅡ)尽管数量逐渐减少的示威者继续冒着严寒坚持了几天，在第 6 天防暴警察袭击了留下来的几百人。(Myers and Chivers 2006)1991 年后去民主化的后社会主义政权摇摆于独裁和内战之间。

插图 2.3 加强了插图 2.2 所显现的要点。政权集中在对角线上，通常有大体上相似的政治权利和公民自由的等级。而且，当任何个别政权的政治权利和公民自由发生变化时，它们都倾向于在相同方向上共同发生变化——不是精确平行，但是大致同步。用本书的说法，相对广泛的、平等的和相互制约的大众协商的建立促进了防止政府机构的专断行为的保护的加强。扩大了的保护接会促进更广泛的、更平等的和更多制约的政治参与。民主化的到来并不是完完全全地，但是确确实实地伴随着政治权利和公民自由的同时增长(正如白俄罗斯、俄罗斯、爱沙尼亚和克罗地亚的不规则的路线所告诉我们的那样)。这种增长，正如我们已经看到，常常在激烈冲突之后的时期以惊人的速度出现。

第五节　要解释什么

显然，我们已经把我们的解释工作做了交待。至少在表面上，我们所考察的民主化和去民主化的历史本身适宜于完全矛盾的解释。例如，我们也许会把民主看成某人(希腊人?)发明的观念，引起几个世纪的努力来实现这个观念。我们也许会采取相反的行动方针(tack)，主张只有工业资本主义的条件能够支持国家和公民之间的广泛的、平等的、保护的和相互制约的政治关系。我们也许会认为政府的竞争模式，一旦为国家精英们所熟悉，就会吸引不同种类的统治阶级，它们中的部分人选择了独裁，而其他人则选择了民主。我们把这三种解释的路向称为理想主义的、结构主义的和工具主义的。你会毫不费力地在大量的最新的关于民主的文本中找到每一个路向的例子。①

当把三个路向分开来看时，它们中没有一个能接近为我们所考察的历史提供清晰的解释。在每一种情况，我们发现自己在问"怎样?"和"为什么?"民主的观念是怎样转化为具体的关系和实践? 工业资本主义是怎样产生出要求民主化的压力的? 利己主义的统治者是怎样构建民主制度的? 为什么要花这么长的时间?"怎样"和"为什么"的问题在我们的历史考察的每一步都会涌现出来。

这里是我的主张:我将对民主化和去民主化进行彻底的过程取向的(process-oriented)分析，以期为这类问题提供清晰的答案。现有的理想主义的、结构主义的和工具主义的解释并没有提供充分的解答。我们还必须更加深入地研究政治过程。后面几章将强调三类政治过程，即那些改变国家公民相互作用和(1)人际信任网络;(2)种类的不平等(categorical inequalities);(3)自治权力中心之间关系的过程。后面几章还将考察像国内的斗争、革命、征服和殖民地化等冲突在刺激和加速那些过程方面的作用。

而且，仔细地考察这种冲突的作用将会理清大众斗争(而不是领导的明智的深思熟虑)推进民主化的广泛性。然而，在挖掘出我们的

① 例如，Acemoglu and Robinson 2006；Alexander 2002；Andrews and Chapman 1995；Arblaster 1987；Boix 2003；Collier and Levitsky 1997；Collier 1999；Cruz 2005；Dahl 1998；Diamond et al. 2004；Di Palma 1990；Engelstad and Qsterud 2004；Geddes 1999；Gurr, Jaggers, and Moore 1990；Held 1996；Hoffmann 2003；Huntington 1991；Kurzman 1998；Lijphart 1999；Linz and Stepan 1996；Markoff 1996b；Morlino 2003；O'Donnell 1999；Ortega Ortiz 2001；Przeworski et al. 2000；Putnam, Leonardi, and Nanetti 1993；Rueschemeyer, Stephens, and Stephens 1992；Skocpol 2004；SQrensen 1998，Whitehead 2002；Yashar 1997。

答案之前,我们需要一幅有关将要探索地带的更加清楚的地图。下一章将使我们更加深入到民主化和去民主化的实际过程。进一步的探索将有利于我们去考察那些基本过程是如何发生的以及它们为什么会发生。

第三章

民主化与去民主化

让我们从真正困难的案例——印度开始。自从 1947 年独立以来，印度在我们的能力-民主空间的高能力、高民主象限占据了某个位置。在 60 年里能力和民主都有点波动，但是在总体上印度的国家政权，和牙买加或哈萨克斯坦的政权相比，已经更像加拿大的政权。然而这个 11 亿人口的国家对任何民主化和去民主化的分析都提出了问题。这些问题以几种不同的方式出现：

● 尽管在其人民中有广泛的贫困和不平等，印度的经济正在成为世界上最大的举足轻重者之一。

● 它的 25 个邦（其中许多比大多数欧洲国家面积更大、人口更多）在富裕程度、社会构成和政治特色上有巨大的差异。

● 它的公共政治是带有宗教色彩的仪式的生动展示。

● 印度教教徒、穆斯林、锡克教教徒以及其他宗教的武装人员时常相互残杀并且相互袭击对方圣地（sacred symbols）。

● 在这个国家的边缘（例如，在克什米尔和种族分裂的东北）分裂主义集团经常用武力袭击政府人员，国家安全人员经常部署残忍的镇压。

● 在这国家的中部地区，毛主义的游击队员［通常称为纳萨尔派（Naxalites），他们在印度所有政治区划的大约四分之一都有某种政治的存在］同样运用残忍的手段对付政府力量和不合作的村民。

● 自从 1947 年独立，这个政权一直在紧急状态和片刻安定之间翻来覆去。

● 最后,印度至今仍是世界上人口最多的民主政权。

我们如何理解所有这些复杂性?

来自印度的新闻报道常常把这个国家描述成摇摆于宗派主义的崩溃边缘。其实它并非总是如此。独立的印度形成于1947年。当时从巴基斯坦划分出来,使得印度教人口在这个国家占了优势。(现在大约80%的印度人至少在名义上是印度教教徒,另外12%是穆斯林。)贾瓦哈拉尔·尼赫鲁(Jawaharlal Nehru)领导的新的政权从它的英国殖民地最高统治者那里继承了纪律严明的文官制度和一支高效的军队。在这两个方面,这个国家可以算作高能力的。而且,不像它的邻居巴基斯坦,尼赫鲁的政权保持它的军队始终处于高效的文官控制之下。这个政权的领导人大部分来自相同的精英集团。这些精英们曾经运用有争议的英国风格的政治从英国那里赢得了独立:来自上流世袭阶层富有家族的人们常常在英国受教育。

后殖民地的印度也继承了联邦制度,这种制度容纳了英国在进行殖民地征服时集中起来作为下属单位的许多地区之间的巨大差异。在正常的情况下,各邦保持着大量的权力和责任,尽管中央政府和法院在紧急状态时能够限制那些权力。广泛的庇护网络(patron-client networks)(明显地在国大党不同派别的内部)把印度的大部分地区和中央联系起来。

然而,对它的所有中央集权的组织而言,甚至自夸的文官制度也不能够免于政治和财政的影响。相反,印度的体制频繁地从一个位置到另一个位置的变化把政治和财政的压力带给了每一次变化:地区的政客们在用更好的职位回报他们的支持者和通过给予更有吸引力的工作来获取报酬之间寻找平衡,而公务员们本身会运用各种手段来获取有利于他们事业的好的职位、安置他们的亲属或者提供更大的获取收益的机会。

经验丰富的观察者迈伦·韦纳(Myron Weiner)挖苦地评论道:

> 考虑到印度精英的补充(recruitment)体制,尽管把苏联的官僚特权集团(nomenklatura)和印度的政治、管理精英们相提并论可能不太适宜,但我们应该注意到,在印度行使政治权力的人们属于高度特权阶层。政府官员享有实际上免租金的住房、低利息的贷款、孩子

到政府的特殊学校上学的特权津贴、在飞机和火车上优先的座位、政府交通工具的私人使用、政府提供资金的医疗保健和丰厚的养老金。在国家管理经济的时代，官员们控制着外汇拨款，控制着包括钢铁、煤炭、纸张和肥料在内的大量商品的分配，并且决定着什么能够进口、什么不能进口。印度有一个由当选的政治家和官员们共同控制的微妙的庇护体系（elaborate system of patronage）。这种体系决定了谁能获得电力、油井、学校、区域学院、火车站、灌溉工程、道路、公交线路、健康中心和在政府的工作。选民们需要入政府的医院或者他们的孩子想进地方的大学，就得求助于政治家。（Weiner 2001：204）

印度政治家们操纵着一个典型的庇护体系（类似的可以参看，例如，Auyero 2001，Bax 1976，Bearman 1993，Kettering 1993，Montgomery 1998，Schmidt et al. 1977，Willerton 1992）。

确实，它也许已经成为世界上最大的庇护（patron-client）体系。拉吉夫·甘地（Rajiv Gandhi）本人在 1985 年抱怨道："几百万的国大党普通工作人员是不幸的（handicapped），因为在他们背上骑着有权有势的中间人（brokers），这些中间人通过施舍庇护关系（patronage）把群众运动（mass movement）转化成封建的寡头政治——腐败不仅是可容忍的——而且甚至被认为是领导权的标志"。（Kohli 1990：5）而且联邦的结构促进了平行的庇护关系网在每个邦的层面上展开。（Manor 2004）一个邦的政治常常明确地和中央的相反。尼赫鲁操纵了一个复杂的微妙平衡的政治体制。

尽管在克什米尔（Kashmir）几乎和巴基斯坦直接开战、加上解放运动的领导人莫罕达斯·甘地（Mohandas Gandi）被一印度教极端分子刺杀（两件事都发生在 1948 年），尼赫鲁成功地控制了宗派主义者的冲突，直到他 1964 年去世。依赖于尼赫鲁的威望和他的政治机构（表现在国大党内），他的女儿英迪拉·甘地（Indira Gandhi）在 1966 年成了总理。

英迪拉·甘地近 20 年的掌权正巧遇上了（在某种程度上说，引起了）印度公共政治特色上的一个深刻转变。在尼赫鲁领导下，种族的和宗教的狂热分子很少有活动空间，而为穷人和受压迫者利益说话者却有很大的影响（leverage）。雷卡·雷（Raka Ray）和玛丽·芬索德·卡曾斯坦（Mary Fainsod Katzenstein）谈到了：

> 那个巨大的摇摆，即从左面——从国家、政党和（围绕着民主社会主义来组织的）运动在独立后的早期的共生共存（symbiosis）摇摆到右面——到它们从 20 世纪 60 年代中期到 80 年代的分离以及其制度镜像（institutional mirror image）的上升。然而，现在类似的国家、政党和运动的相互促进关系（synergistic nexus）是围绕着宗教民族主义和市场来组织的。（Ray and Katzenstein 2005：3）

一旦国家的创建者尼赫鲁从政坛消失，在印度就出现了新形式的分裂和斗争。把国家、国大党和广泛的庇护关系结合在一起的丑恶的（seamy）体系就开始出现断裂。（Kohli 1994）

在控制宗教的和种族的武装人员方面，甘地和她的家族肯定没有她父亲那么多运气（或技巧）。1984 年甘地自己的锡克教（Sikh）保镖刺杀了她。1991 年，一个代表斯里兰卡的泰米尔民族主义者的自杀性爆炸者炸死了她的儿子——接班人拉吉夫·甘地。直到这时，尼赫鲁的国大党通常统治着国家的议会并且起着政府授权者的主要渠道作用。在拉吉夫·甘地死后，他的意大利出生的遗孀索妮娅（Sonia）不情愿地成了四分五裂的国大党的首领。这个党衰落了。在 1996 年的议会选举中，印度教民族主义的印度人民党（Bharatiya Janata Party）（BJP）上升为印度议会最大的独立的参选政党。

到 1998 年，一次新的普选给了印度人民党（BJP）赢得控制政府的第一次机会。在选举的准备期间，平常很冷静的《纽约时代周刊》这样报道：

> 不管选举如何进行，很少印度人会怀疑它将代表一个历史的转折点——甘地夫人的参与、选举发生在印度独立 50 周年的巧合使得所有这一切显得更加重要。如果印度教民族主义者赢得选举，他们的批评者说，它将会是对印度作为一个独立的国家在它的上半个世纪所代表的许多东西的一次抛弃。（Burns 1998：Y6）

结果是，印度人民党一路领先并组成了联合政府。然而它不能够也没有立即转向印度教民族主义的计划。它依然忙于维持手中的权力。印度确实在继续斗争，但是这个国家并没有崩溃。不知什么原因，自从独立以来,也许早在独立之前,印度民族国家及其公民们就从未远离相对广泛的、平等的、有保护的和相互制约的协商。甚至印度教民族主义的耸人听闻的展现、克什米尔的内战以及无休止的起义也没有使印度离开相对高能力的民主。我们也许可以把印度看成一个奇迹或者一个谜。

扑朔迷离的印度为本章说明了四个问题。第一,考虑到像印度这样的实体的纯粹复杂性,我们怎样能够把这样一个政权作为一个总体放到从不民主到民主的连续体上? 第二,即使我们能在高能力民主领域的某个地方确定这个政权 1947 年以来的位置,我们怎么能确定印度的民主化和去民主化的阶段? 第三,即使我们这样做了,我们能否在两个相反的过程中,不仅仅在印度而且在全世界,找到任何经验的规则? 第四,即使我们在民主化和去民主化中找到了规律,我们怎么解释它们? 本章忽略了第四个问题——解释,为的是澄清什么是我们必须解释的。它集中在衡量上(在这个字的广义上);而不是作为把案例在所分析的相关连续体中进行仔细定位的精确数字。这种定位使得我们能够考察案例内部的变化和案例之间的差异。

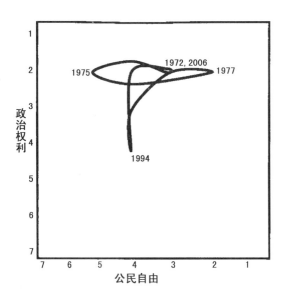

插图 3.1　印度的自由之家评分(1972—2006 年)

资料来源:根据自由之家 2002、2005、2006 年资料编制。

自由之家能够帮助我们再次确定我们必须解释什么。插图3.1追溯了印度1972年在政治权利和公民自由方面的转变,作为自由之家一年一度的评价的开始。它戏剧性地展现了一系列大的转变:

1975年:国大党方面被指控选举大量舞弊,英迪拉·甘地宣布实行紧急状态;在紧急状态中,政府监禁了近千名政治反对者并强制实施了控制生育的计划;自由之家将印度的政治权利仍然排在2上,但将其公民自由从3降到5(非常低)。

1977年:部分放松紧急管制,甘地举行了普选,但国大党惨败并失去了权力;自由之家做出了反应,把印度放在政治权力2和公民自由2的记录上的高等级位置上。

1980年:在国大党内的一次分裂之后,甘地恢复了权力,领导着他自己的党派;自由之家把印度的等级降到公民自由3。

1992年:在拉吉夫·甘地被一个泰米尔武装分子刺杀(1991年)以及印度教活动分子耸人听闻地在北方邦的阿约提亚(Ayodhya, Uttar Pradesh)毁坏了一座清真寺之后,紧接着遍及印度的印度教教徒和穆斯林之间的暴力(1992年),政府加大了镇压措施;自由之家把印度的等级降到政治权力3和公民自由4;这一变动把印度从自由类改变到部分自由的中间类。

1994年:进一步的印度教教徒和穆斯林之间的冲突(显著地在孟买和加尔各答,1993年)死亡了1 200人;自由之家把它对印度政治权力的估计降到最低纪录4,因为等级最低为4,4。

1994年:国大党选举大范围的失败(1996年)使全国政治陷入了混乱;自由之家把印度的等级政治权力提为2(它在这些年里最常见的等级),但公民自由仍然留在4。

1999年:在印度人民党组成其联合政府(1998年)之后,印度进行了受到广泛谴责的核试验,但是也做出了和巴基斯坦寻求和平的姿态并且抑制了反穆斯林活动;自由之家评论道:"观察员们把1996年、1998年和1999年的议会选举评价为印度历史中最公平的",并把印度放回到它最常见的评价——2,3——从而把这个政权放回到自由的类型;印度保持着那个位置直到2006年。

插图 3.1 的花形图说明了自由之家的政治权利和公民自由的评价（它们通常彼此相关而且随对方发生变化）不必亦步亦趋地前进。根据民主等级机构的资料，印度的政治权利在二十世纪九十年代早期的印度教教徒-穆斯林冲突中垂直向下减少，但在其他时间仍然是广泛的。从英迪拉·甘地 1975 年的镇压的紧急措施开始，公民自由（图中的水平维度）的波动要大得多。根据自由之家的等级，甚至在 1992 年的阿约提亚（Ayodhya）的毁寺及其血腥后果之后的中央控制的加紧也比不上 1975 年的镇压。

我们能否把印度 1972 年以来的年份用民主化和去民主化来表达？要这样做的话，我们必须假定自由之家的政治权利的衡量大致上和我们对广泛性、平等和相互制约的协商的评价一致，它的公民自由的衡量大致上和我们对保护的考虑一致。用这些说法，我们就能合理地把 1975 年（英迪拉·甘地的紧急状态）和 1991 年到 1994 年（拉吉夫·甘地被刺、加深了的印度教教徒和穆斯林的冲突、中央政府的镇压）看成迅速地去民主化时期。然后把在上述每个危机之后的年份看成较慢的重新民主化时期。

在某种（任何其他现存的民主中无法想象的）程度上，当印度政权感觉到三种巨大力量之间的紧张时，它就发生摇摆。这三种力量包括：（1）从英国殖民地统治那里继承的、通过和巴基斯坦分裂而加强的、由尼赫鲁巩固的、通过强大的（如果常常是贪赃枉法的）公务员制度充实人员的令人生畏的中央政权；（2）有着巨大影响的庇护网络的运行，最明显的是在国大党的不同派别内部；（3）在地方和地区范围内，高度好战的政治和有分裂倾向的（fissiparous）政治的结合在一起。（Ganguly 1999）

尽管第二种因素——错综复杂的从地方到地区再到国家层面的庇护（patronage）网络给印度的自下而上的政治增添了许多复杂性，国家统治者通常会努力从上而下来协调对庇护关系的利用和对行政权力的控制。正如保罗·布拉斯（Paul Brass）所评论的那样，这种策略带来了一个深度的两难困境：

这两难困境只不过是：在这样一个多样化的国家，在联邦议会的体制框架内,长期保持国家政权的稳定结构是不可能的。在这个国家建立国家权力是一个极端困难的、长期的(prolonged)、吸引人的任务,而且就在国家权力显得已经巩固了的时刻,它实际上已经开始了瓦解过程。这个任务是如此地吸引人,即使有着世界上最好的意愿,国家领导人要把注意力集中在完成经济发展的目标和满足人民的基本需要上是不可能的。确实,这些目标本身必须服从维持如此艰难地建立起来的政权的迫切需要。(Brass 1994：344；也可参见 Brass 2003：372)

像其他地方的统治者一样,印度的统治者把维持秩序和保护他们自己的权力看得同样重要,这是可以理解的。他们在这个两难困境的两个方面进行权衡:维持权力还是对公众意志做出回应。这个两难困境是真实的,因为中央权力(国家能力)的严重削弱也会减少运用国家干预的手段来实现公众意志的可能性。

在战后时期,印度的政权从没有离开我们政权空间的高能力、高民主的象限;它只是在该象限内变换位置。在较早时期我们看到许多政权,比如 18 世纪的法国从一个阶段(对任何种类的民主化都存在可怕的障碍)进入另一个阶段(沿着民主-不民主坐标轴的易变的运动变得不仅可能而且可能性很大)。作为印度教和穆斯林的领导人挑战英国当局统治的长期过程的一个结果,印度很可能似乎早在 1947 年独立之前就已迈过了那个门槛。伴随着统治者对巨大的庇护网络的依赖,这个新建国家的强大的能力支撑着这个政权的不完善的但是仍然给人深刻印象的民主。

我们现在开始确定印度的后殖民地历史和民主化、去民主化的更加一般的过程之间的联系。正如我们在第二章所考察的案例所暗示的那样,民主化和去民主化并非以严格对称的方式运行。从总体上看,去民主化发生在统治者和精英们对他们感觉为政权危机(特别明显地表现为威胁他们自己的权力)的事件做出反应的过程中。民主化通常发生在国家在危机缓和之后对大众要求做出回应(不管如何地不愿意)之中。结果去民主化通常比民主化发生得更加迅速,有更强大的中央支持。

随着我们寻求解释的工作进一步发展,我们将会遇到对这些概括的例外，最显著的是在那些武力征服或者革命直接迅速导致了强制的民主化的案例中。但是从总体上看，我们将会发现，民主的理论家们是正确的：民主化和去民主化提出了中央权力对公众意志的两难困境。没有强大的国家能力，公民表达的集体要求就不能转化为社会生活的改变。然而，有了强大的国家能力，统治者必然会感觉到想运用那能力去扩大他们的权力地位、去实现他们喜爱的计划、去回报他们的支持者的冲动。民主包括在行使集中的国家权力中的协商一致（negotiated consent）。由于这个理由，民主总是包括大众的动员。但是是什么条件使得这种一致成为公开的、制约的并且是根据政府行为而变化的？

第一节　民主化和去民主化的标志

这样，印度艰难的案例把我们带回到了本书所肩负的总的使命。从最广的含义上说，我们正在描述和解释国家根据其公民表达的要求采取行动的程度的差异和变化。为了使得这描述易于处理，把我们的考察分成四个组成部分是有益的：公民表达的要求起作用的范围有多大？不同群体的公民的要求转化为国家行为的平等程度如何？要求的表达本身在什么程度上受到了国家的政治保护？转化过程涉及双方（公民和国家）的程度如何？这四个部分直接关系着我们的暂时的定义（working definition）：当一个政权的国家和公民之间的政治关系具有广泛的、平等的、有保护的和相互制约的协商的特点时，在这个程度上我们说它是民主的。因此民主化指的是朝着更加广泛的、更加平等的、保护更多的和更多的相互制约的协商的方向的净运动，而去民主化则是朝着范围更小的、更不平等的、更少保护的和更少相互制约的协商的方向的净运动。

但是在实际上，我们怎么能够知道这样的变化在发生呢？这个问题分成两个部分：检测的原则和使得我们能够运用那些原则的现有的证据。为了集中精力于原则，我们先把第二个问题（现有的证据）搁置一边。在一个信息无限的世界里，我们如何根据这些原则来检测民主化和去民主化？表3.1提供了所讨论的用于检测那些过程的指导方针的一个概括。

表3.1 描述民主、民主化和去民主化的原则

1. 集中观察公民和国家之间的相互作用。例如，观察当公民投诉国家官员时，国家官员要压制其敌人或者对手时会发生什么情况。
2. 发明或者采用集中于许多公民-国家相互作用或者从大范围的相互作用中取样的测量手段；例如，分析官员和普通公民之间的通信和会议。
3. 寻找在国家-公民协商在广泛性、平等、保护和相互制约方面的变化；例如，分析官员们没有按照正当程序来拘留不同政见者在频率上的变化。
4. 假设在广泛性、平等、保护和相互制约的协商方面的变化同样影响民主化和去民主化，在此基础上求出那些变化的平均值。例如，在把代表广泛性、平等、保护和相互制约的协商方面的变化的等级纳入民主或去民主化的总的评级之前，求出它们独自的等级。
5. 如果变化是显著不同的(一个指标朝相反方向变化，或者一个比其他的变化大得太多或小得太多)，将其标示以特别注意。例如，如果广泛性、平等、保护都增加，而相互制约的协商却下降，那就要调查朝着善意的专制变化的可能性。
6. 确定一个清楚的案例比较的范围，在其中案例从最小民主到最大民主排列，比较案例的范围，根据分析目的，包括曾经存在的所有政权到非常小的单位。例如，要研究第一次世界大战对民主的影响，就要一年一年地比较从1915年到1925年的所有最终参战国。
7. 使案例中的变化在扩大的范围内标准化；例如，当考察1915年到1925年的德国时，相对于在此时期任何受战争影响的政权所能达到的最高的为(1)和最低的为(0)民主等级，以此为其民主程度评定等级。
8. 用考察国家执行国家-公民协商结果的程度上的变化来完善政权间的比较。例如，从1915年到1925年，一年一年地比较德国国家的表现和通过选举、社会运动等活动表达的要求。
9. 如果这种分析揭示了执行方面的变化，就考查是否国家能力的变化引起了那些变化。例如，确定是否战后的恢复、通货膨胀和重建削弱了德国国家回应公民要求的能力。

我在前面对法国、后社会主义政权和印度的所有分析，不管如何不正规，都适用于这些原则。分析组织的想法是简单的：从公民-国家的相互作用出发；集中于动态分析(dynamics)而不是静态的比较；大致平衡在广泛性、平等、保护和相互制约的协商方面的变化，确定分析案例的范围；对那个范围上的变化进行标准化处理；使那些偏离变化相关联系的异常能为我们揭示出重大的解释困难。例如，在印度的例子里，这些原则提醒人们特别关注1975年到1977年、1991年到1994年的民主危机。

然而，不要把你的期望提得太高。在本书后面的所有分析都没有达到由表3.1中的例子所建议的雄心勃勃的测量标准。我常常会提出一个基于广泛信息做出分析的叙述(narrative)，像我解释法国和印度那样，记

在表 3.1 的原则但是不确走具体数字，甚至个确定是和哪个政权进行精确的比较。我将（正如在印度的案例中）反复地依靠自由之家每年的关于政权的政治权利和公民自由的等级，把政治权利的等级作为广泛性、平等和相互制约的协商的大致近似，把公民自由的等级作为保护的近似。这些衡量（measures）非常缺乏精确性，它们既不能用来证实也不能用来驳倒本书的论点。但是它们具体化了我关于某个政权的观点，从而敞开我的分析让专家们来证实、修正或者反驳。

比较案例的选择明显地会影响我们对从低到高的民主的范围的理解。例如，假设我们想模仿亚当·普热沃斯基（Adam Przeworski）※ 及其合作者——他们研究了 1950 年到 1990 年的 141 个独立政权。普热沃斯基和他的同事以非常简单的方式估计了在民主程度上的变化。他们在最近的民主化的定量分析中几乎毫无差别地采取了最常见的策略：他们在每一个具体的年份里把政权分成独裁的或者民主的。一个政权没有资格称为民主的除非它具有选举出的行政机构、选举出的立法机构、至少有两个竞争的政党和在权力上的某些变化。（Przeworski et al. 2000：18—36）然后他们考察：(1)独裁的和民主的政权在政府表现方面是否有系统的区别；(2)政权在什么条件下朝着相反的方向跨越独裁和民主之间的界限；以及(3)如果一个政权跨越了独裁和民主的界限，它的表现会有什么不同。

在所研究的 40 年里，这些政权的绝大多数都进行了形式上的选举（不管怎样舞弊）。可以得出两个结论。第一，在 1950 年到 1990 年的研究中，这个范围基本上包括虚假的选举到充分竞争的选举制度，但是没有涉及超越那些界限的进一步的区别。第二，为了把普热沃斯基和他的同事的成果用于表 3.1 的进程，我们必须假定选举的特性和广泛性、平等、保护和相互制约的协商的其他特征密切相关。相反，假设我们正在考察所有可以收集数据的 1750 年到 1800 年之间的西方政权。在法国、荷兰共和国、英国、新生的美国和其他地方，把比较建立在国家的选举特点上是行不通的。事实上，到这个世纪末，我们看到在美国和英国只有有限的

※ 美国著名的政治学家。——译者注

选民参与选择国家立法机构的成员。在18世纪90年代的某些时刻,我们会观察到某些类似的事情发生在法国。但是,任何把选举的特点作为民主化和去民主化的基本标准的衡量都会整个地扭曲这个范围,从而破坏从1750年到1800年这个时期的比较。我们必须确定其他种类的权利、其他形式的政治参与和其他类别的免受任意的国家行为伤害的保护。我们会在公民-国家相互作用的更为一般的政治历史中找到它们(正如我前面对法国的解释那样)。

自然,在下一个世纪,选举标准将开始被规范地应用于西方政权之间的任何比较。以三个简单的标准为例:建立在大部分人口同意基础之上的议会代表权、成年男子选举权和妇女选举权。每个标准确定为1分,我们就可以建立一个从0(3个中一个都没有)到3(3个全部有)的民主的大致的测量。我们可以动态地把一个因素的增加或者减少想象成为朝着民主或者背离民主的运动。利用丹尼尔·卡拉马尼(Daniele Caramani)宏大的编撰资料(2000,2003),插图3.2图示了用于构建这样的测量的十几

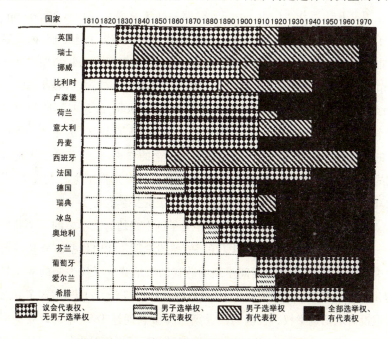

插图3.2 几个欧洲政权中的代表权和选举权

资料来源:根据 Caramani 2000:52—53 编制。

个欧洲国家从 1800 年到 1979 年的数据。

对这 18 个政治实体(在 1815 年并非它们全都是作为自治的国家存在,在那之后它们全都曾超越界限至少一点点),卡拉马尼提供了大量的有关选举权的信息。他把通过等级(estates)和类似机构(institutions)的所有阶级的代表和总的议会的代表区别开来,后者意味着选民们(不管多少)选择代表参与国民议会。把较早的试验,例如 1789 年的法国国民议会,先搁置一边,插图 3.2 区分了四种情况(configurations):(1)议会代表权存在但没有成年人选举权;(2)成年男子选举权存在,但是持续的议会代表权尚未开始;(3)从此时刻开始议会代表权和成年男子选举权都存在;以及(4)妇女选举权加入到成年男子选举权和议会代表权。

当然我们可以怀疑卡拉马尼的日期是否准确。直到 1905 年挪威没有从瑞典获得独立——因而没有真正独立的国民议会。尽管芬兰确实在 1906 年通过了一个民主的宪法,但是直到 1917 年它仍然是沙俄帝国的一部分,并且直到 1917 年至 1918 年的内战之后,它也没有作为一个独立的民主国家开始运作。(Alapuro 1988)路易斯·拿破仑(Louis Napoleon)用了许多手段来削弱革命议会在 1848 年通过的成年男子选举权,因此我们也可以把法国有效的成年男子选举权归于早期的第三共和国(Third Republic)。同样直到 1870 年意大利也没有成为统一的国家,因此把它的持续的议会代表权从 1848 年的皮德蒙特(Piedmont)改革时算起似乎是草率的。我们也许想知道 20 世纪在意大利、德国、西班牙、法国及其他地方的独裁政权掌权时期是否彻底中断了议会的作用,以致在第二次世界大战后需要重新开始。然而,正如选择任何具体日期都难免有人置疑,卡拉马尼的日期只是大致上标志着在代表权上的持续的进步。

在持续的代表大会之前就有成年男子选举权的为数不多的三个案例中——法国、德国和(最引人注目的是)希腊都源于 19 世纪 40 年代的革命中的某些时刻,在那些时间里新的政权暂时地建立了代表制的立法机构和普遍的成年男子选举权,但是过后独裁政权接管了过去,削弱了立法权但没有取消选举权。在法国路易斯·拿破仑通过 1851 年的政变削弱了国民大会(the National Assembly),但是却不敢恢复对成年男子选举权的财产资格要求。

在德国,人们也许会把议会政府的时间确定为从1808年开始,因为当时普鲁士建立了通过广泛的(但是仍然有财产限制的)男性选民选举国家议会代表的选举。在1848年暂时的统一中,一个德国联邦议院(a German Union Bundestag)正式通过了独立的成年男子的选举权,尽管德国个别州仍然保持着对"独立的"和"成年的"的解释权。然而,卡拉马尼仍然合理地把作为一个整体的持续议会起作用的德国,定在从1871年的德国统一开始。

在希腊,在19世纪20年代,从奥斯曼帝国获得了独立的革命者们暂时地建立起代表制议会,这个议会是通过一群精英选举人为中介的由成年男子投票来选择代表的。但是后来独裁政权很快就撕去了大众选举权的所有伪装。1843年的希腊革命者们恢复了成年男子选举权并且召开了一系列的实际上毫无权力的议会。考虑到之后的政变和革命的摇摆的历史,确实,当我们要确定在希腊的持久的议会作用的起点依然是随意的,但是卡拉马尼选择1926年大致上标志这个时刻即在(1924年)废除君主制后第一个议会通过普选开始掌权。

插图3.2中的时间表标志了几个重要时刻:

● 绝大多数西欧国家开始了有限选民的议会代表权。

● 成年男子的选举权通常都是在议会代表权建立几十年后才确定。

● 尽管少数国家同时建立了完全的男性和女性的选举权,但是总体上妇女要比男子晚几十年获得选举权。

● 代议制政府(representative government)建立得越晚,有限的选举权持续时间就越短。

● 不同国家的过渡期比较集中,特别集中在19世纪40年代(1848年的革命及相应的改革主义运动)和20世纪10年代(第一次世界大战及其战后影响)。

1848年革命期间的代表权的扩大主要是普遍要求新的权利的结果。然而,第一次世界大战后的革新集中反映了有些不同的情况:承受着沉重的战争负担的公民们(包括女性公民)就他们以前没有的权利和经受战争重创的国家进行谈判,而他们的服兵役和为政府的服务证明这些权利显然是正当的。

正如由议会代表权和选举权的重大标志所图示的，欧洲的民主化进行得断断续续，特别集中在国际动乱时期。类似的节奏也支配着工人的组织权利和罢工权利的建立；两者都集中围绕着 1848 年革命和第一次世界大战。（Ebbinghaus 1995）类似的变化也发生在公民自由（言论、新闻、集会和结社）方面。（Anderson and Anderson 1967，第六章）在所有这些方面，政权的危机和由下而上的动员（mobilization）都集中到迫使现有的权力执掌者做出让步。

至少对欧洲来说，现有的政治历史提供了执行表 3.1 的原则的某些手段：集中观察公民和国家之间的相互作用；发明或者采用把注意力集中在许多公民-国家相互作用的测量法，或者从大范围的相互作用中进行抽样；寻找在广泛性、平等、保护和国家-公民协商的相互制约方面的变化；在假定广泛性、平等、保护和相互制约的协商的改变都有助于民主化和去民主化的基础上求出这些变化的平均值；如此类推到所有 9 个原则。

然而，我们的第 6 和第 7 原则（确定比较案例的清晰范围并且使这范围标准化）并没有直接告诉我们去采用什么测量方法。它们并没有标示出直接测量民主化和去民主化的清晰的道路。表 3.2 的进程中的第 2 条（发明或者采用把注意力集中在许多公民-国家相互作用或者从大范围的相互作用中取样的测量手段）暗藏了许多路边炸弹（wayside bomb）。（Bollen and Paxton 2000，Inkeles 1991，Paxton 2000）

显然，我们无法采用包括人们认为民主体制所必需的所有成分（如有竞争的选举或者新闻自由）的对照表。这种对照表会使我们回到寻求区别所有民主体制和所有不民主体制差别的是-否的比较。相反，我们需要能标志一个政权朝着更大或者更小民主方向发展的程度的东西。至少像塔图·温汉南所测量的那样，我们需要在新闻自由的量上的变化和参与有竞争的选举的程度上的变化。但是即使那些更加有力的测量也会限制我们对有某种全国性报纸并且进行有竞争的选举的政权的注意力。

在观念上，我们需要有能够适用于从非常不民主的政权到非常民主的政权的整个范围的指标（indicators）。这里就是这类可能有帮助的指标：

广泛性：人口中拥有向高级官员投诉政府行为的可行的合法权利的人数的增加（减少）。

平等：确定人口中不同部分对国家的权利和义务的截然不同的法律分类的数量的下降（上升）。

保护：人口中没有法律判决或者没有法律援助而被监禁的比例减少（增加）。

相互制约的协商：公民中关于没有得到法律规定的利益的申诉（这些申诉最后导致这些利益得以兑现）人数的增加（减少）。

尚无现存的数据包含这些可用于大量政权的测量方法。然而，当自由之家的评价者们把政治权利和公民自由划为 1 到 7 个等级时，他们实际上是在处理有关此类变化的信息。（Gastil 1991）在本书的后面部分，我没有试图去创造一套新的数字的评价，而是决定采用来自自由之家这样的资源，把政治历史综合进我自己关于在民主-不民主的等级上变化的判断里。

第二节　令人惊讶的瑞士

现在我们来看看，比如，我们是否能够把瑞士的难驾驭的政治历史转变成某种一整套规范的关于民主化和去民主化的观察。我们作为相对无知的民主化和去民主化的实验者走近瑞士。对 18 世纪晚期到 19 世纪中期的瑞士历史的仔细考察，有助于我们澄清在本章中到目前为止已出现的那些问题：我们怎样能够追踪在民主化-去民主化维度上的运动？进入民主的可能性区域的政权是否会变得更加可能民主化和去民主化？民主化和去民主化是否典型地以不同的速度发生，并且有着国家权力和公民权力之间不同的对立形式？

瑞士的经验在所有这些方面有某些惊人之处，这主要是因为通常假设瑞士人只不过是把古代阿尔卑斯山的地方民主重新塑造了（refashioned）国家政权，也因为瑞士享有宁静的、自我感觉良好的和有秩序的国家的盛誉。事实上，瑞士走向民主的道路使得这个国家接近彻底分裂并且经历了近20年的内战。

　　法国革命一方面动摇了瑞士和法国的经济的和政治的联系，另一方面使瑞士人民接触到了全新的法国模式和法国学说。自1789年开始，革命运动在瑞士的几个地方开始形成。1793年，日内瓦（非联邦成员，但是和瑞士联系紧密）经历了一场法国模式的革命。由于在1798年早期法国入侵威胁的增加，巴塞尔（Basel）、沃州（Vaud）、卢塞恩（Lucerne）、苏黎世（Zurich）以及其他瑞士地区也走上了革命的道路。例如，巴塞尔从只有首都公民能选择他们州的参议员的宪法转向了赋予城市和农村人口平等的代表权的宪法。

　　1798年，扩张的法国在瑞士的革命者合作下征服了瑞士。在法国人的监管下，瑞士人当时采取了公民权有重大扩大的更加集中的政府形式。新的政权以和以前的州平等的条件兼并了圣加伦（St. Gallen）、格瑞森（Grisons）、图尔高（Thurgau）、提契诺（Ticino）、阿尔高（Aargau）、沃州（Vaud）等州的领土，但是沿用了法国革命的做法，把这些州降格为管理和选举的单位。

　　中央政府依然是脆弱的；仅在1800年和1802年之间就发生了4次政变。1802年法国军队撤离时，瑞士爆发了众多的起义。当时的瑞士迅速地走向内战的边缘。只是拿破仑的干预和1803年新宪法的强制实施才保持这个国家的完整。

　　1803年的政权，在瑞士历史上称为调停政府（the Mediation），恢复了对州的大量的权力，但是绝没有重新建立旧的政权。瑞士重建的联邦有着国家议会、多种官方语言、州与州之间相对的平等以及公民从一个州迁移到另一个州的自由。尽管有某些领土的调整，一个软弱的中央立法机构、司法的和行政的机构在拿破仑战败之后幸存了下来。然而，幸存仅仅发生在又一次和内战擦肩而过之后，这次是由于1813年到1815年的大国干预才得以幸免。

　　在1815年的战争议和时，奥地利、法国、英国、葡萄牙、普鲁士、俄罗斯、西班牙和瑞典接受了22个州［加上瓦莱（Valais），纳沙泰尔（Neuchatel）和日内瓦］之间的称为联邦协定（the Federal Pact）的条约，它们承诺保证瑞士的永久中立及其边界不受侵犯。然而,正如和法国霸权时期相比,这个联邦协定大大地削弱了中央集权的国家能力;联邦协定下的瑞士没有永久的官僚机构、常规军队、统一的货币(common coinage)、标准的度量衡和国旗。它必须和众多的内部关税壁垒、流动的资本(a rotating capital)、州代表[他们没有权利偏离家乡委托人(constituents)的指令]之间无休止的争吵作斗争。在国家层面,瑞士人生活在一种易于否决难于协调变化的制度下。

在法国 1830 年 7 月的革命影响下,反教权主义在瑞士的激进主义中变得更加突出。19 世纪 30 年代的瑞士的历史学家谈到一种用"宣传、结社和群众游行"的方式进行的改良运动。(Nabholz et al. 1938 Ⅱ,406)大量的新刊物和宣传册如雨后春笋伴随着 1830 年到 1831 年的政治混乱。(Andrey 1986:551—552)在个别州里,掌握权力的自由主义者开始实行标准的 19 世纪的改革,如限制童工和扩大公立学校。然而,在那动荡(the mobilization)期间实施的新的州宪法更加强调自由和博爱而对平等则强调很少。

在 1830 年到 1848 年间,瑞士经历了一系列矛盾的政治过程。尽管这个时代的斗争毫无疑问唤起了许多相信民主的民主党人,他们相互争吵讨论民主的不同概念。一般地说,在一方面,我们看到了高地自由的辩护者:每个村庄、城市和州——或者至少其拥有财产的成年男子——应该自由地控制他们集体的命运。在另一方面,我们发现在国家层面的代议制民主(representative democracy)的倡导者,他们反对高地(赞成扩大国家能力、扩大遍及整个瑞士的平等、由联邦政府提供的保护以及能够约束这个国家所有方面的全国协商)的观点。

在这两个方面分裂的后面隐藏着宗教、阶级和融入资本主义组织的更深层面的分裂。这个国家比较富裕的、更加倾向于新教的州挣扎着走向民主。那些州建立了代表制度而不是在高地的社区、州省长期盛行的男性公民的直接民主。在进行了改革的州里的激进主义分子于是用武力把他们没有改革的邻居逼向民主。他们开始是用跨越边境进行袭击的方式这样做,后来则是进行公开的(如果说是短命的)内战。

这个政治问题变得尖锐,因为 19 世纪 40 年代中期的国家联盟使得比较富裕的自由主义的新教占优势的州省和 10 个较穷的保守的天主教占优势的州，在一次每个州省只有一票的会议上进行竞争。有讽刺意味的是，以直接民主（瑞士风格）为自豪的高地的州省竟然最猛烈地反对可能包括在国家层面基于人口的代表权的民主化。因此自由主义者运用了国家层面的爱国主义和多数人统治的花言巧语，而保守主义者则反之以州省的权利和对宗教传统的保卫。三个层面的公民权（市的、州的和国家的）相互竞争。

从 1830 年到 1840 年，这种争论不断地发生，并且常常伴有尖锐的（vitriolic）暴力冲突。当 1830 年到来时，在沃州和提契诺已经在进行改革运动，确实，提契诺领先于法国在 1830 年 7 月 4 日就采用了新的宪法。（Sauter 1972）然而，法国的 1830 年的 7 月革命以及同年在比利时的响应鼓励了瑞士的改革者和革命者。当法国和比利时的革命如火如荼之时，在瑞士阿尔高、卢塞恩、圣加伦、沙夫豪森（Schaffhausen）、索洛图恩（Solothurn）、图尔高（Thurgau）、沃州（Vaud）和苏黎世的城镇和州省也发生了小规模的革命。此后，共和主义者和激进分子不断地组成军队并企图用武力接管某些州的首都。这样的军队在卢塞恩（1841 年）失败了，但是在洛桑（Lausanne）、日内瓦（Geneva）（1847 年）和纳沙泰尔（Neuchatel）（1848 年）成功地促使了新政府上台执政。

最大的军事行动发生在 1847 年。瑞士的联邦议院（federal Diet）下令解散一些天主教的州两年前形成的相互保护联盟（Sonderbund）；当那些天主教的州拒绝这样做时，联邦议院派出了军队到弗利堡（Fribourg）和楚格（Zug），后来到了卢塞恩（在此发生了短时间的战斗）。那个独立联盟（The sonderbund）有大约 7 万 9 千武装人员，联邦有大约 9 万 9 千武装人员。

这次独立联盟战争（The Sonderbund War）比在它之前的较小规模的战争伤亡人员更少。历史学家乔吉姆·雷马克（Joachim Remak）把他有关此主题的书命名为《一场真正的内战》（A Very Civil War）（1993 年）。这场战争以天主教军队中死亡 33 人和进攻者中死亡 66 人宣告结束。那些参加独立联盟的州的失败，巩固了自由主义者在瑞士的整体优势，并且导致了一部谨慎的自由主义宪法（建立在有些像美国模式的基础上）在

1848 年被采纳。长期的议和谈判从两个外部因素中获益：欧洲的大国们由于自己的 1848 年革命而分心以及奥地利、普鲁士和法国不愿意让任何自己的竞争国家在瑞士获得政治优势。

后来的时期就像美国的重建时期（Reconstruction）（美国自己的内战之后麻烦时期）——怨恨共存、坚持试验，但是没有走向明确分裂的道路。1848 年的爱国者领导了这个国家许多年。例如，领导联邦军队打败独立联盟的吉勒姆·杜福尔（Guillaume Dufour）将军[他曾经在图恩（Thun）军事学校教过路易斯·拿破仑]在战后 10 年的大部分时间里指挥着瑞士的军队。从 1849 年到 1870 年，瑞士所有的州都终止了它们世纪之久的用于瑞士之外的军事服务的雇佣军的出口。此后，只有教皇卫队和少数仪仗队在瑞士本土之外代表瑞士的军队。从此开始，整齐的村庄和秩序井然的城镇的形象替代了不断的军事冲突的痛苦的回忆。

瑞士从 1790 年到 1848 年的复杂历史对民主化和去民主化的描述提出了严重的挑战。我们的能力-民主空间有助于回应这个挑战。插图 3.3 追踪了瑞士从 1790 年到 1848 年的惊人的轨迹。尽管在许多村庄和高地州省有成年男子的直接民主，这个政权在总体上是从很低的国家能力和很少的民主开始它的旅程的。法国 1798 年来的干预不知何故增进了能力和民主，但不是永久性地。1815 年的和平协议（peace settlement）后，瑞士政权既出现了去民主化又丧失了能力。19 世纪 30 年代的强有力的全民动员为这个政权在总体上恢复了某些民主但是没有扩大中央的国家能力。

不久瑞士的分裂在演变成国家对独立联盟的内战之前，首先演化成州与州之间的、州内部的内战。到 1847 年瑞士的国家能力和民主后退到了整个时期的最低水平。但是，在军事上战胜了主张自治的保守的力量之后，1848 年的和平协议确立了一个具有没有先例的民主和国家能力的国家政权。自然，19 世纪晚期的瑞士在中央能力上没有接近毗邻的法国、普鲁士和奥地利。但是它成了欧洲的非中央集权（decentralized）民主的典范。

在 1798 年之前，瑞士在国家层面上从未达到较大的能力和民主。在那一年法国的征服同时带来了更多中央集权的国家政府，并且使瑞士的国家代议制政府的倡导者和强有力的法国同盟者联系在一起，在这个时刻，瑞士转向了一个在民主化和去民主化之间迅速地而且常常是暴力地交替的较长阶段。准确地说，由于政权的非中央集权结构、多样性和尖锐的分裂，瑞士在 1798 年到 1848 年间的经验使得我们难于把其国家政治清楚地在"国家"和"公民们"之间划分。

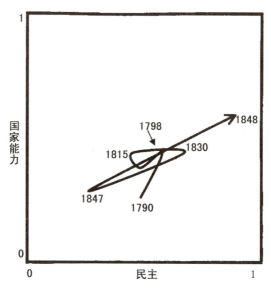

插图 3.3　瑞士国家政权的波动(1790—1848 年)

　　瑞士的激进主义分子为了解决那个分裂斗争了半个世纪。然而在我们已经考察的其他案例上得出的两个概括也适用于此：在总体上，瑞士的去民主化比瑞士的民主化发生得更快、更激烈，而且有特权的精英们通常支持和大多数公民所表达的意愿相反的去民主化。天主教的保守的独立联盟的形成(1845 年)及其直接参与反对自由主义武装的内战(1847 年)给瑞士带来了精英反动的危机。在瑞士，和其他地方一样，民主化和去民主化都是不对称的过程。

　　让我在此做一个方法上的总结。正如对民主化、去民主化、国家能力的增强和国家能力的降低进行数量上的测量一样愉快，在现有的知识状态，我们刚刚考察瑞士得出的类似的详细的分析的叙述，为民主化和去民主化的总体解释提供了更大的希望。它们给了我们更多的希望，因为它使得我们能够把政治参与者关系的详细变化和他们声称的事业中的改变联系起来。尽管在后面几章里我会反复地依靠自由之家提供的等级评定，使论证和证据一致的关键的努力将会以分析、叙述的形式出现。

第三节　接下来是什么

因此该转向解释民主化和去民主化了。我们几乎无意地积累了一系列紧迫的解释问题。对这些问题的任何回答，如果正确的话，都会为今后对民主的研究带来很大的好处（major payoffs）。（作为一个民主的研究者，如果你渴望名声和权势，并不一定渴望财富，那就准确地回答其中的一个或几个。）尽管我用宽泛的历史的术语表述了这些问题。实际上大多数学者最近正在探索相同问题，不过是以他们自己说法表述这些问题而已。表3.2概括了我们到目前为止所遇到的重大问题。

自然，这个清单没有穷尽当代研究民主化的学者感兴趣的所有有趣的问题。例如，近来许多人问道，在一个政权下的公民中广泛传播的宗教的原教旨主义（fundamentalism）是否会破坏或者抑制民主化？在民主化中是否有某个点，在这个点上防倒转的棘齿各就各位，使得去民主化不大可能或者可能性不大？但是总的来说，这里13个问题总结了那些问题，为了寻找这些问题的答案研究民主化和去民主化的学者愿意相互授予大奖。

我把问题1到问题12留到后面几章，先转到问题13：必要和充分条件。一旦你通过定义排除了属于民主化和去民主化的条件，那么我认为，就没有任何民主化和去民主化的必要条件，更不用说充分条件存在。正如我们已经看到，把发生了民主化或者去民主化的案例和其他类似的但没有发生民主化或者去民主化的案例相比较，就能够讲清楚我们必须解释的是什么。但是这样做并不会确定普遍条件。至少迄今为止没有人确定过这样的条件。

表 3.2　民主化和去民主化研究中的决定性问题

1. 城邦国家、武士集团、农民公社、商业寡头集团、宗教派别和革命运动的简化的民主制度以什么方式为更加广泛的民主形式提供了范式？考虑到它们的实用性，为什么它们没有成为在国家层面民主的直接模板？
2. 为什么西欧引导着走向民主的道路，美洲国家紧随其后？
3. 像法国那样的国家是怎样从反对国家民主制度的绝对免疫转向在民主化和去民主化之间频繁交替？
4. 为什么在总体上去民主化的浪潮发生得比民主化的浪潮更加迅速？
5. 我们怎样解释支持、参与民主化和去民主化的不对称模式？
6. 为什么民主化典型地以波浪式发生，而不是每个政权分别以自己独特的步伐进行？
7. 怎样解释在 19 世纪和(特别是)20 世纪民主化和去民主化从其西欧的发祥地传播到世界其他地方？
8. 为什么(埃及和日本部分地例外)在第二次世界大战后民主化仅在亚洲和非洲出现？
9. 我们如何用民主化和去民主化解释后社会主义国家非常不同的经历？
10. 在什么条件下？在什么范围？国家能力的增长如何促进一个政权的民主化和去民主化的可能性？
11. 在什么范围？一个不民主的政权和民主政权的相互作用如何促进那个政权的民主化？
12. 一个国家的资源(例如，农业、矿藏或者商业)的形式和来源怎样影响其政权对民主化和去民主化的敏感性？
13. 有没有民主化和去民主化的必要条件或者充分条件存在？或者(相反)有利条件是否根据时代、地区和政权类型不同有很大的差异？

　　然而，我确实认为某些必需的过程会促进民主化，而那些过程的逆转会促进去民主化。为了使论证的思路更加清晰，让我们暂时忽略去民主化，把注意力集中在民主化上。民主化要在任何政权内发展，变化必须出现在三个领域：信任网络、种类不平等和自治的权力中心。

　　信任网络(trust networks)是个人之间的错综复杂的联系，主要包括很强的联系，在那些联系中人们把宝贵的、重大的、长期的资源和事业置于其他人的渎职、失误和失败的风险之下。贸易伙伴(trading diasporas)、宗族群体(kinship groups)、宗教会派(religious sects)、革命同党(revolutionary conspiracies)以及信任圈(Credit circles)通常构成信任网络。在大多数历史时期，信任网络的成员们总是小心翼翼地避免参与到政治权力中去，因为他们担心统治者会侵占他们宝贵的资源或者使他们服从国家计划。

　　然而，只要它们保持整个地游离于政权之外，信任网络就构成了民主化的障碍；它们会阻碍其成员参与民主的集体事业。当信任网络明显地融入政权，从而促使其成员参与相互制约的协商[公民们对国家建议的或者实施的计划有条件的同意]时,民主化才有可能。(Tilly 2005b)因此有两个大的过程影响信任网络并成为民主化的基础:(1)单独的信任网络解体或者被整合;(2)政治上相互联系的信任网络的建立。在瑞士,1830 年到 1847 年的激烈的斗争和 1848 年的停战协定促进了这两个过程。(Tilly 2004:187—190)

在这两个过程中出现了一系列周期性的机制,例如:

● 现有单独的信任网络的瓦解(例如,庇护者为被庇护者提供实物和庇护的能力的衰退,促使了被庇护者从庇护关系中撤离);

● 没有有效信任网络来支持其较大的长期的风险事业的人口种类的增多(例如,在农业地区没有土地的打工者的增长,增加了没有有效庇护关系或者相互帮助关系的人口);

● 现有信任网络不能处理的新的长期的风险机会和威胁的出现(例如,战争、饥荒、疾病的大量增加,盗贼行为明显超越了庇护者、伙伴和地方民团的保护能力)。

在瑞士,在 1750 年到 1848 年间所有这三种机制改造了信任网络。家庭纺织业的密集性增长领先于 19 世纪包括苏黎世在内的低地国家的重新集中。两阶段的工业改革扩大了瑞士的无产阶级人口,因为它动摇了地主和教区教士的庇护和控制。(Braun 1960,1965;Gruner 1968;Gschwind 1977;Joris 1994;Joris and Witzig 1992;Rosenband 1999)法国连续的侵略、1815 年的大国的调停和 1830 年到 1847 年的斗争本身具有双重效应:它们在州省的层面上动摇了信任网络和公共政治之间的旧的关系,但是(至少对新教徒和世俗的自由主义者来说)创造了新的人际信任网络和(出现在国家层面、新教徒和自由主义者联盟内部的)新的半政权(half-regime)性质的联系。

上面列举的三种机制中的每一种都会促进单独的信任网络的解体和政治上联系的信任网络的建立。下一章将详细考察影响信任网络和公共政治分离和融合的过程和机制。

什么是种类不平等?这个术语指社会生活围绕着按人群整体差异分门别类的界限来组织,这种分类常见的有性别、种族、等级(caste)、国籍和宗教,有时也按社会阶级分类。就这种不平等直接转化为在政治权利、义务上的种类差异而言,民主化仍然是不可能的。任何民主化的过程并非必然地取决于种类不平等的减小,但是取决于把公共政治和种类不平等隔离开来。两个主要过程有助于这种隔离:使这些种类在某些方面平等化(equalization)以及淡化(buffering)那些种类对政治的影响。

下面是在平等化和淡化的大致过程中起作用的某些机制:

● 在整个人口中资产和福利跨越各种种类的平等化(例如,农产品需求的迅速增长会扩大农民中产阶层);

● 减少或者政府抑制私人控制的武装力量(例如,富豪私人军队的解散会减少贵族对平民的控制,从而削弱贵族把贵族和平民的差别直接转化到公共政治的能力);

● 采纳把公共政治和种类不平等隔离开来的建议(例如,无记名投票;官员们付款;以及候选人自由平等地接触媒体有利于超越种类的联盟形成)。

这些机制以及类似的情况明显地出现在我们考察过的瑞士的历史中。在瑞士,1848 年形成的政权在公共政治和种类不平等之间建立了有效的屏障,在以前的 17 年间瑞士的激进分子就是因为这种种类不平等而相互残杀。

自治的权力中心运行在公共政治的控制之外和正常的公民-国家相互作用之外。它们包括人与人之间的所有联系。这种联系为政治参与者们提供了改变(或者,就这一点而言,维护)政权管辖的现存资源、人口和活动分布的手段。有时自治的权力中心就存在于国家内部,最明显的是当军队掌握着国家或者独立于文官政府*而行事时。在某个政权中家族、宗教会派、经济组织、有组织的社区和军事力量的配置(configuration)深深地影响着该政权是否会走向广泛的、平等的、有保护的和相互制约的协商的可能性。之所以如此是因为这种配置决定了容易找到什么样的政治参与者,也因为它影响着公民中的哪些部分容易直接参与公共政治。只要权力中心(特别是那些控制着自治的强制手段的权力中心)仍然和公共政治分离,民主化就仍然是困难的或者说不可能的。

---

* civilian authorities 或译“民政当局”。——译者注

涉及自治的权力中心的促进民主的过程包括：（1）政治参与的扩大；（2）接近政治资源的途径和国家之外的机会平等化；（3）在国家内部和外部禁止自治的和任意的强制权力。尽管这三种过程的重要性和时间的选择在民主化的案例中不尽相同，它们在某种程度上都必须出现，民主化才会发生。

这些过程的内部机制有：

● 部分统治阶级和通常排除在权力之外的自发的政治参与者联盟的形成（例如，得到来自被剥夺了选举权的（disfranchised）工人支持的持不同政见的中产阶级中的新成员）；

● 中央选择或者消灭以前自治的政治中间人（例如，地方豪强参与管理联盟，从而进入到国家计划中）；

● 超越不平等种类和不同信任网络联盟之间的沟通（brokerage）（例如，反对国家夺取地方资产的宗教联盟的形成，从而促进了这些联盟在其他政治斗争中发挥作用）。

在瑞士从巨大的分裂转向低能力部分民主的过渡中，所有这些机制以及其他的机制都起了作用。最重要的是，1847年到1848年的军事胜利和停战协定决定性地制止了长期以来的社区和州省自主部署其（继续存在的）武装力量的能力。

显然社会生活方面更大的变化隐藏在这些信任网络、种类不平等和非国家的权力方面的关键的改变后面。在后面的讨论中，我们会把注意力放到经济组织、公众舆论、人口流动和教育的改变上。我们最终会看到四种强有力的政治过程（国内冲突、军事征服、革命和殖民地化）有规律地加速信任网络、种类不平等和公共政治的改变，而且在这样做之后，这些过程有时会产生迅速的民主化或者去民主化。

在我们详细探讨之前，所有这些变化仍然是神秘的，也许还是不确定的。然而，为了给后面几章做个准备，我先简单地以一系列直截了当的要点展示一下我的论证：

1. 某些政权在我们能力-民主空间中的轨迹对该政权民主的前景及其民主的特色（如果它达到的话）有很大的影响；

2. 从长远的观点来看，国家能力的增长和民主化彼此促进，因为一方面国家的扩张导致了抵制、协商和暂时性的解冲，而在另一方面，民主化鼓励了扩大国家干预的要求从而促进了国家能力的增长；

3. 在极端情况下，如果国家能力比民主化发展得更快更远，走向民主的道路（如果存在的话）就要经过独裁主义；如果民主化比国家能力发展得更快更远并且政权还在的话，民主的道路就要经过能力增长的危险区域；

4. 尽管正在民主化的政权采取的组织形式（选举、任期、区域代表、协商会议等等）常常是模仿或者借鉴在村镇、城市、区域管辖或者邻近国家政权的有大量先例的制度，它们几乎从来没有从那些制度中直接演化；

5. 民主化取决于三个方面（种类不平等、信任网络和公共政治）的变化以及这些变化之间的相互作用；

6. 民主化的规律性并不包括标准的总的结果或者充分条件，而是包括经常发生的因果机制，这些机制的不同组合和不同的先后次序在种类不平等、信任网络和非国家权力方面产生了变化；

7. 在能够列举的条件下，革命、征服、殖民地化和国内冲突会对那些关键的因果机制中的某些部分起加速和集中的作用；

8. 几乎所有促进民主的关键的因果机制都包含作为相关因素、原因和结果的群众斗争（在政治上组织起来的参与者对其他包括政府代理人在内的参与者提出公开的集体的要求）；

9. 尽管在民主制度的特定形式（如立法机构）和不同的因果因素的相对影响（如民主政权的国际承认）上有重大的变化，促进民主化的基本过程在民主的几个世纪的历史中仍然相同。

这些论证围绕着一个中心思想。如果没有这三个大的过程（把人与人之间的信任网络融入公共政治；使公共政治和种类不平等隔离；以增强普通百姓对公共政治的影响和增加公共政治对国家行为的控制的方式，消除控制着强制手段的自治的权力中心或者使其中立化）的至少部分地实现，民主决不会出现。信任网络实际上脱离公共政治，在公共政治中扩大种类不平等，加大强制的权力中心的自治，所有这些都会促进去民主化。尽管这些过程的作用(作为过去遗留制度的函数)会出现延迟,这三个大的过程和它们的逆转总是支配着走向和脱离民主的运动。为了说清楚这些论证,后面几章以明显的顺序展开。下一章(第四章)讨论信任和不信任;第五章转向平等和不平等;第六章讨论公共政治和自治的权力中心的关系。然后我们转向两个综合。第七章分析通向民主和不民主的另类道路,而第八章阐述总的结论。

第四章

信任与不信任

没有有意的计划,19 世纪美国国家建立了一个庞大的(如果说是叮当作响的)机器来把信任融入公共政治。也许我应该说美国的州,因为由各州举行的国内选举和其他政治活动的协调为(高度集权的体制可能会禁止的)地方的和地区的融合提供了机会。结果,美国政治生活的三种因素联系到了一起:(1)简单多数表决(first-past-the-post)选举。在这种选举中胜者赢得战利品而输者则放弃任职的好处;(2)庇护者-被庇护者联系(patron-client chains)转向了工作的分配、政治的支持和因政治支持得到的回报;以及(3)以移民、种族区分、宗教、血缘、友情和工作为基础的信任网络。特别是美国的选举运动把这些因素全部融进了党派性的生动展示。

这三种因素代表了出现在公共政治的每个地方的更加广泛的现象:政治参与的现有形式;参与者之间的社会关系;以及信任网络和公共政治之间的多种多样的联系。它们的重叠非常重要,因为大多数历史上的政治参与、社会关系、信任网络和公共政治的联系是阻碍而不是促进民主化的。只有这三种因素的某些结合才使得民主政治成为可能。下面三章主要考察那些结合是如何形成的以及它们又是如何产生作用的。这一章主要集中在民主政权形成中的信任与不信任上面。

我们先停下来回顾一下 19 世纪美国政治生活中的第三种因素:信任网络。对那些认为信任是个人态度的人们而言——乔是一个相信他人的人,简往往不信任每个人——信任网络听上去有些古怪。事实上,我们能够把信任看成一种态度或者一种关系。为了研究民主化和去民主化的目的，我们把注意力集中在关系上，而把什么样的态度可能会激发、完善或者来自信任的关系暂时放一放是有益的。诸如亲属、密友、同乡（paisano）、宗教会友（fellow believer）、行业同事（co-member of a craft）的标签展示了信任关系的最初迹象。

但是我们通过其参与者的实践更加确定地了解信任的关系。相互信任的人们相互借钱不需要抵押、提供帮助不需要立即回报、相互照看对方的孩子、相互告知有风险的秘密、相互保管珍贵物品以及在紧急关头能依靠相互间的帮助。

因此，信任包括把重要的结果置于他人的渎职、失误或者失败的风险之中。（Tilly 2005b）信任关系包括那些在其中人们经常承受此类风险的关系。①尽管某些信任关系仍然是纯粹二元的，但是它们主要是在更大的相似的关系中运行。信任网络，说得更加正式一些，包含着纵横交错的个人与个人之间的联系，主要包括牢固的联系，在那些联系中人们把珍贵的、重大的、长期的资源和事业置于他人的渎职、失误或者失败的风险之中。

---

① 对于考察和具体研究信任支撑的习惯、关系和制度，参看 Alapuro and Lonkila 2004；Anderson 1974；Anthony and Horne 2003；Auyero 2001；Bates et al. 1998；Bayat 1997；Bayon 1999；Besley 1995；Biggart 2001；Biggart and Castanias 2001；Buchan, Croson, and Dawes 2002；Burt and Knez 1995；Castren and Lonkila 2004；Clark 2004；Cook 2001；Cordero-Guzman, Smith, and Grosfoguel 2001；Curtin 1984；Darr 2003；Diani 1995；DiMaggio 2001；Dimaggio and Louch 1998；Elster 1999；Elster, Offe, and Preuss 1998；Feigh 1997；Fernandez and McAdam 1988；Fontaine 1993；Gambetta 1993；Gould 1995, 1999, 2003；Granovetter 1995；Grimson 1999；Guinnane 2005；Guiso, Sapienza, and Zingales 2004；Haber, Razo, and Maure 2003；Havik 1998；Heimer 1985；Hoffman, Postel-Vinay, and Rosenthal 2000；Landa 1994；Ledeneva 1998, 2004；Levi 1997；Levi and Stoker 2000；Light and Bonacich 1988；Lonkila 1999a, 1999b；Maclean 2004；Marques, Santos, and Araujo 2001；Meisch 2002；Morawska 1985, 1996, 2003；Muldrew 1993, 1998, 2001；Ogilvie 2005；Ohlemacher 1993；Opp and Gern 1993；Ostergren 1988；Ostrom 1990, 1998；Passy 1998, 2001；Pastor et al. 2002；Paxton 1999；Piipponen 2004；Portes 1995；Poster-Vinay 1998；Powell 1990；Powell and Smith-Doerr 1994；Rotberg 1999；Shapiro 1987；Singerman 1995；Solnick 1998；Stark 1995；Tilly 1990, 2000, 2005b；Tsai 2002；Uslaner 2002；Warren 1999；Weber and Carter 2003；White 2002；Wiktorowicz 2001；Wuthnow 2004；Yamagishi and Yamagishi 1994；Zelizer 2002, 2004, 2005a, 2005b。

当我们遭遇或者进入一个信任网络时，我们怎么能认识它？首先我们会注意到许多由相似的关系直接或者间接地联系着的人们。其次，我们会看到仅仅这种关系的存在给予了一个成员要求其他成员关注和帮助的重大权利（significant claims）。第三，我们会发现这个网络的成员是集体从事较大的长期的事业，比如生产、长途贸易、跨大陆移民、工人的相互帮助或者信奉地下宗教。最后，我们会了解到在这个网络内的联系的配置把这个集体的事业置于个别成员的渎职、失误和失败的风险之中。在19世纪的美国，许多宗教派别、手艺人团体和移民潮维持了那些后来在美国公共政治中发挥了重要作用的信任网络。和其他两个因素（竞争的选举和庇护关系网）联系在一起，那些信任网络给19世纪的政治斗争打下了独特的烙印。

在1866年（南北战争结束之后不久）的国会选举运动中，这三种因素交织在俄亥俄州的第13选区。国会的一个雇员乔治·琼斯（George Johns）在帮助共和党候选人哥伦布·德拉诺（Columbus Delano）组织竞选活动。在其他地方团体中，他想谋取爱尔兰劳工的选票，他们大多数属于或者支持芬尼亚兄弟会（the Fenian Brotherhood）（1858年创立的爱尔兰民族主义革命团体）。由于他们以前曾经稳定地投票支持民主党，争取芬尼亚成员就可能使俄亥俄的选举转向共和党人。琼斯特别希望得到帕特里克·拉姆（Patrick Lamb）（一个酒吧老板，有时做民主党的代理人）的帮助。琼斯到那酒吧去找到了拉姆。正如他后来记载道：

> 我问了和我一块的先生们，他们是否要喝点什么。有人送来了一杯淡啤酒，我付了一张5美元的钞票。拉姆不在，只有这个小男孩，他找不出钱。我和他说那就下次找吧，不久拉姆来了，他给我找了钱。这次我和他没有深谈，但是我曾经听他说起过"芬尼亚"，也听他们说过他是"芬尼亚成员"。后来在晚上，在和巴特勒（Butler）见面结束之后，他在这个城里的休斯和尼科尔斯的（Hughes' & nichols's）糖果店的酒吧和我见了面；他领着我走到外面并且说，他有大量的朋友，他们是劳工，可以争取他们投共和党的票。我想他提到的数字是在80到120之间，他自称有一大串他们的名单——但是需要花精力、注意力和时间让他们来投票。他说如果给他50美元来补偿他付出的时

间、劳动和相关开支,他可以沿运河上下去找他们。(Bensel 2004：70)关于第一次和琼斯见面,拉姆有不同的说法。但是对于他们交易的性质,他们两人都十分一致:金钱换选票。拉姆为德拉诺拉到了大量的芬尼亚的选票。拉姆和琼斯交易的公开和直率也许会使 21 世纪的敏感人士(sensibilities)震惊。但是它却引人注目地说明了 19 世纪的美国选举过程中是如何把信任网络融入公共政治的。在这件事中,由移民、种族区分、宗教、行业和政治谋划形成的联系汇聚起来把俄亥俄的爱尔兰劳工联系在一起。他们的这种联系使得他们能为拉姆的掮客行为所用。并非所有投票者都得到了报酬或者都响应了像帕特里克·拉姆那样的掮客的要求。但是在美国政治的竞技场,信任网络经常形成了人们参与政治的基础。政治和信任网络的联系并没有使得 19 世纪的美国政治变得温和。相反,当一个有组织的团体寻求威胁或者排除其他团体时,政治动员中对种族区分、宗教、种族、移民来源和行业的突出常常带来暴力。选举规定了最高目的——或者,取决于你的视角,最低目的。[使得民主党的富兰克林·皮尔斯(Franklin Pierce)(最终的获胜者)和辉格党的温菲尔德·斯科特(Winfield Scott)对决的]1852 年的总统选举就发生在关于奴隶制、新州加入联邦以及移民问题的斗争使这两个党分道扬镳的时候。确实,在后来的 4 年间辉格党迅速扩张,共和党人作为反对奴隶制的党开始兴起。

在所有这些问题上的种族的结盟变得更加明显。在 1852 年的圣路易斯的选举中,第一行政区(the First Ward)支持民主党的德国人直接阻止了所有辉格党人参与投票:

> 选举进行得就像通常的混战和恶作剧,可能包括[辉格党人的煽动者]邦特兰(Buntline)撕掉民主党的海报、某些人乱扔石块。接着枪声响起——辉格党的支持者认为来自诺伊迈耶(Neumeyer)的酒馆和住房。在开始的枪战中以及邦特兰的人向酒馆靠近时,约瑟夫·史蒂文斯(Joseph Stevens)被击中要害,其他几人受伤,后来邦特兰的人攻下了酒馆并将其点燃。地方当局迅速采取行动来平息这场战斗、控制火势并且在深夜阻止了骚乱人群破坏德国人报纸的活动。(Grimsted 1998：230)

在圣路易斯、俄亥俄州的第 12 区和其他地方，选举为建立在种族、宗教、移民来源和行业基础上的动员不断地提供了机会。每一选举时，建立在信任网络之上或者融入了信任网络的地方组织为动员提供了基础。

第一节　信任网络与救火

以 19 世纪志愿消防公司的声名狼藉的事情为例。像在 19 世纪的美国盛行的私人民兵一样，消防公司通常从单一的当地的、城市的、工人阶层、种族团体中招募人员。它们经常相互竞争和打架：

> 打架在消防队员中是历史悠久的传统。不同的公司争夺的目标不同。消防水龙带公司（Hose companies）争夺离火源最近的消火栓，而消防公司争抢主要的水龙带位置。最早赶到火场带来了很大的荣耀，但是扑灭大火的荣耀常常是通过打走其他竞争者来得到的。到火场去包括和狂热的竞争者（为了赢得比赛，他们常常砍断拉绳、用扳手堵塞马车的轮辐）作战。因此，从任何意义上看，消防公司是第一序列的基层组织和竞争单位。（Laurie 1973：77）

在 19 世纪 40 年代，在南华克（Southwark），然后在费城的郊区，有 7 个不同的消防公司在运营，它们的驻地之间只相隔几条街道。美国共和党的希夫勒消防水龙带公司就得名于一个学徒皮革工人乔治·希夫勒（George Shiffler）。希夫勒是第一个当地出生的，死于 1844 年在费城的天主教徒和新教徒之间的巷战的美国人。正如公司名字的其他部分所暗示的，这个消防水龙带公司是和后来形成的本土主义的、反天主教的、反奴隶制的共和党相结盟的。希夫勒公司从当地出生的美国本地人中招募员工。它和（爱尔兰天主教的和民主党的）莫亚门辛（Moyamensing）消防水龙带公司及其黑帮同盟"杀手"（the Killers）进行了激烈的战斗。"杀手"的人常常在南华克纵火，然后等待希夫勒公司的人赶赴现场来救火时进行伏击。但是，希夫勒的人也不甘示弱，他们赶赴火场时常常戴着面罩和手枪（duck guns）。结果，"杀手"的人和希夫勒的人常常带着枪伤离开

火场。(Laurie 1973：79—82)

　　最终,志愿消防公司热衷于相互争斗而不是救火的偏向,以及它们狂热的成员频繁纵火来寻求救火的冒险刺激,导致了美国的市政府使消防队伍职业化。但是,几十年来,(从民族隔离的行业中招募成员的)志愿消防公司不仅起了公共安全的保护者的作用,也成了工人们互助的社团。

　　在纽约的波基普西(Poughkeepsie),克莱德(Clyde)和萨莉·格里芬(Sally Griffen)对19世纪晚期的消防公司的成员身份的仔细说明,揭示了它们的成员很大部分集中在当地的某些行业,特别是一些20多岁和30出头的雇佣劳动者,他们在自己的熟练工岗位或者体力劳动者岗位上几乎没有晋升的前景。(唉,可惜格里芬夫妇没有直接分析那些消防公司的民族构成,但是那些公司的地理分布使得它们看上去可能主要分为爱尔兰人、德国人和美国佬几部分。)"它们的成员在未来前景中所缺乏的东西,"格里芬夫妇写道:

> 在当前的兴奋中得到弥补。消防公司频繁地长途跋涉到其他城市,每次都是当地报纸肯定会详细描述的充满欢乐的盛会。一个公司远行到纽黑文(New Haven),在那里"篝火照亮了他们游行路线的每一个角落……他们受到了市长的盛情款待和欢迎"。第二天那个城市的消防队把他们护送到去纽约的汽船上……在1868年的一封写给《日报》(Daily Press)的信中,作者抱怨了大范围的"消防队员到处访问,享受着包括焦油桶(tar-barrels)、火把、茶点、演讲、丰盛的宴会、漂亮的姑娘和所有诸如此类的东西"。(Griffen and Greffen 1978：42)

消防公司给普通人提供了公开游行、庆祝和娱乐的机会。它们也创造了自己的包括殡葬保险在内的互助形式。由于城市居住的民族隔离的特点,消防公司往往具有民族的单一性,这为它们招募投票人和政治活动者提供了大量的人选(inviting pools)。它们在把信任网络融入围绕着行业和种族区分来组织的美国公共政治中起了一定的作用。政党和工会通过区域分会(ward committees)、商店协会(shop committees)和全市性的组织,融入市、州和国家的政治中去。

　　为了避免这一论证在有关自发结成帮派对美国民主的重要性方面听

上去像托克维尔（Tocqueville）的陈词滥调，我基本赞同贾森·考夫曼（Jason Kaufman）对19世纪晚期以来的兄弟会和类似组织的分析（Kaufman 2002）。考夫曼相反的研究记录了在19世纪的后几十年里在美国城市里参与拉帮结派的程度（intensity）。但是它强有力地指出：

1. 在第一次世界大战后结成帮派的现象减少了；

2. 减少了的拉帮结派是为狭隘的利益服务而不是为总体利益服务；

3. 在很大程度上，它们依靠排斥异己、社会交往和提供保护得以兴旺，例如，通过为最近从某一地区来的移民提供互助；

4. 因此它们导致了美国政治生活、社会生活的分隔；

5. 因此从平衡来看，拉帮结派的现象减少了是个好事。

第一点对罗伯特·帕特南（Robert Putnam）和西达·斯考切波（Theda Skocpol）提出了挑战。前者正确地看到了美国自愿参与的下降，但是他把这放到了1950年之后。后者看到了从19世纪晚期开始的巨大的组织潮流，这包括创建全国联盟、建立全国联盟的地方分会、把以前的地方协会吸收进全国联盟或者和它们建立附属关系，以及全国联盟作为建立在利益之上的政治渠道的作用日益增强。（Putnam，Leonardi，and Nanetti 2000；Skocpol 2003；skocpol and Fiorina 1999）第二点、第三点和第四点使得托克维尔的现代欣赏者大惑不解，他们把市民社会和自愿结盟看成美国政治传统的民主的关键的财富（assets）和显著的特点。最后一点宣告了对当前呼吁复兴自愿捐助主义的惊人的判断。它暗示了自愿结盟的新的繁荣可能会推进狭隘的（parochial）利益而不是为民主服务。

兄弟会、工人的互助社团、私人民兵、消防公司以及类似的19世纪的组织在它们推进民主之前确实是为狭隘的利益服务的。在19世纪50年代的纽约城，某些民族的街区创建了自己的民兵组织：

> 到1852年，6 000成员中有4 000人出生于国外，其中有：2 600爱尔兰人在埃米特卫队（the Emmet Guards）、爱尔兰长枪队（the Irish Rifles）、爱尔兰裔美国卫队（the Irish-American Guards）和第9和第69兵团（the Ninth and Sixty-ninth Regiments）；1 700德国人在他们自己的兵团里；还有意大利人的加里波第卫队（the Italian Garibaldi Guard）和附属于第12兵团的法国人的拉法耶特卫队（the

French Garde Lafayette)。在另一个端,纽约下东区(the Lower East Side)的 2 000 "美国"居民加入了诸如美国长枪队(the American Rifles)和美国卫队(American Guard)的本土主义的民兵团体。(Scherzer 1992:199)

与此同时,在边疆密尔沃基(Milwaukee),由于禁酒问题把冷静的美国佬和其他人鲜明地分开,公共政治集中在美国佬、德国人和爱尔兰人之间的有组织的敌对状态之上。(Conzen 1976,chapter 7)

不像包罗万象的工会和政党具有集合效应,仅仅建立在民族、宗教、阶级和行业差别之上的政治实体,阻碍了超出团体的意见一致,也阻碍了团体之外的由更加专一但是更加宽泛的组织发起的集体行为。但是这些基础狭窄的政治实体产生了其他类组织很少达到的两个效果:它们把以前隔离的信任网络至少部分地融入了公共政治,它们为结社生活的新参与者提供了组织活动交往的经验。就这个范围来说,它们促进了美国的民主化。

第二节　基　本　概　念

为了理解在 19 世纪的美国发生了些什么,我们现在需要使基本的国家-公民关系以三个不同的方式重新复杂化:有关联系公民与国家的政治资源、有关中介在国家-公民关系中的位置和有关信任网络的政治联系。

第一,政治资源包括影响人们参与公共政治的利益和惩罚。政治资源大致上分成强制、资本和参与(commitment)。强制包括所有协调的行为手段(这些手段通常会给个人、财产带来损失或者伤害,或者能维系社会参与者的社会关系)。它的特征手段有如武器、武装力量、监狱、有害信息和有组织的强加制裁的做法。强制的组织有助于确定政权的性质。所有强制积聚很低的政权是脆弱的,而所有有着很高程度的强制积聚和集中的政权是强大的。和 20 世纪的类似者相比,19 世纪的美国国家没有广泛的强制资源可用。而且,那些资源中有许多都分散到各州和地方机构

(如民厐和治安长官)名下。

资本指的是有形的可转移的(和投资努力结合起来会增加使用价值的)资源,加上对此类资源可实施的主张。掌握着大量资本的政权——例如,来自统治者对自然资源的直接控制,其本身常常由强制得以加强——在某种程度上,会用对其他资源和服从的购买来替代对所统治人口的直接强制。作为一个蒸蒸日上的资本主义政权,19世纪的美国国家有充裕的资本可用,但是必须和大资本家们合作。

参与(commitment)意味着个人、群体、机构或地位之间的关系,这些关系促使他们相互关注。例如,共同的语言强有力地联系着人们和团体而无需运用强制或者资本。地方组织的参与和强制、资本的机构有很大的差异。参与的形式可能采取共同的宗教或者民族、贸易联系、工作产生的团结、共同爱好团体以及更多的其他种种联系。这些种类的参与把统治者和被统治者联系到一起,在这个程度上说,它们部分地替代了强制和资本。但是参与也能转而反对政府,正如在美国南北战争前夕时北方和南方中所发生事情那样。

第二,中介。在大部分历史中,很少有公民保持着和他们国家的直接接触。他们常常通过有特权的和部分自治的中介(如地主、军阀、牧师和宗族首领)来和国家当局接触。新的美国国家机构通过诸如邮政服务及其收税人员队伍建立了某些和公民的直接接触。但是甚至在19世纪的美国,大多数的公民-国家相互作用通过两种中介:为他们公认的(putative)利益说话的正式的实体和传递(brokered)政府影响的精英阶层的成员。

第一类里有工会、政党、特殊利益联盟、教会和(比较临时的)社会运动参与者团体。第二类包括经理、官员和许多技术人员(operatives)——例如,乔治·琼斯(George Johns)——他提供优惠作为政治付出的回报。根据这两类中介,我们开始看到政权并不是严格地还原到公民和国家,而是必然地包括许多部分自治的政治参与者。一个政权包括在国家、公民和认可的政治参与者之间的有规律的相互作用。

第三,信任网络的政治联系。在整个人类历史中,国家-公民的相互作用大部分是间接的,人们经常依靠信任网络从事宝贵的冒险的集体事业，如秘密宗教派别、长途贸易和宗族的维系。信任网络的成员通常尽自己最大努力远离国家政权。（Tilly 2005b）他们知道，获得对信任网络控制权的统治者，或者使那些网络服从于他们自己的国家事业，或者就是通过夺取其重要资源（土地、资金、劳动力、信息以及更多其他资源）来削弱它们。

　　然而，偶尔信任网络也会融入公共政治。表4.1列举了历史上和信任网络远离公共政治的相反的例外。这些例外的形成有下面三种方式：间接地通过庇护人、保护者和其他强有力的中介；较直接地通过参与者公开代表其集体利益；更为直接地通过诸如神权政治、法西斯主义和社会保障等国家控制的制度（arrangements）。

　　民主必须把信任网络部分地融入公共政治。如果公民在追求他们的较大的集体事业时所运用的基本的信任网络仍然和公共政治隔离，那么公民就很少有动机参与政治，但是却有很强的动机要求保护他们的社会关系免于政治干预。这些条件使得把公民表达的集体意愿有效地持续地转译到政府行为中去几乎不可能，至少不是在革命的时候。但是以神权政治、宗族联系的寡头政治和法西斯主义方式的完全融入也排挤掉了民主的可能性。它这样做，正如表4.1中的清单的第1条到第5条所暗示的，是通过禁止把公民的集体意愿协商地转译到国家行为中去来达到的。

表4.1　历史上与信任网络脱离公共政治不同的几大例外

1. 采取宗教派别、亲属群体或者商业网络等形式的信任网络有时建立它们自己的自治的统治系统；
2. 有的政权有时征服其他已经由信任网络管理的政权；
3. 当信任网络（例如宗教）有时在已经公认的政权中夺取权力时，政治参与者会组织起来；
4. 一旦掌权，统治者常常创造出他们自己的信任网络，这些网络常常采取皇室联姻和内部庇护体系等形式；
5. 至少是暂时地，极权主义者和神权政治的政权设法把现存的信任网络广泛地合并进了独裁主义的统治体制；
6. 民主政权把信任网络部分地有条件地融入公共政治。

　　那么，我们怎么能知道信任网络正在融入公共政治呢？着眼于我们自己时代的指标，表4.2列举了那种融合的可能的迹象。它们包括有意寻求国家对包含信任网络的有组织的保护或者授权、信任网络的资源和成员对国家服务的参与、而且——甚至更有风险地，根据历史经验——恳

求国家对信任网络的运行直接干预。总之，这些流争表明人们不再努力使信任网络逃避国家监督和干预，他们正在更多地依赖国家机构来追求他们的宝贵的、长期的、高风险的集体事业，他们以实际的方式展示了对政府的更大信任。

表 4.2　信任网络融入公共政治的标志

> 在当代世界，如果我们看到许多人在某个政权中做如下事情，我们就会观察到信任网络对公共政治的融入：
> · 创建公众认可的联合、互助会、党派、联盟、集会和社群或者寻求对曾经作为地下组织存在的类似组织的承认；
> · 在此类组织内部建立友谊、亲缘关系、共同的信念、安全和高风险的事业；
> · 允许家庭成员在国家军队和警察部队中服役；
> · 把孩子送进国立教育机构学习；
> · 促进家庭成员在公共服务机构（包括政府机关）中工作；
> · 寻求（至少是容忍）政府对重大事件（如出生、死亡和婚姻）的登记注册，然后运用这登记注册来验证合法交易；
> · 通过人口普查、调查和申请服务把私人信息提供给公共组织和政府；
> · 把私人合同委托给政府强制执行；
> · 要求政治机构惩治或者防止他们自己家族群体、宗教派别或者经济网络中某些成员的不法行为；
> · 使用政府发行的法定货币进行相互之间的交易和储蓄；
> · 用维系人际关系的资金（例如，嫁妆）购买政府的有价证券；
> · 依靠政治参与者和政府机构来获取重要的服务和长期的安全。

在欧洲的经验中，我们开始看到在 17 世纪的荷兰共和国那样的地方信任网络的融合。马乔伦·特·哈特（Marjolein 't Hart）指出，新的荷兰国家不像其欧洲的对手，它在 17 世纪已经享有极好的声誉。荷兰在 17 世纪对西班牙的反叛，使得这个极度商业化的政权内的公共财政在经济上和组织上有了改善。在此过程中，荷兰的市民开始拼命地投资政府的有价证券，从而把他们家庭的命运和政府的命运绑在了一起：

> 荷兰的部分成功大概可以用这一事实加以解释，即主要的投资者本身就是文职官员和政治家。他们和那些本身就向他们协议贷款的地方收税官非常接近。有时，他们的政治领导人会敦促他们投资以刺激其他购买者。联邦的结构也暗示了很大程度的地方政治控制。其他的安全的投资在土地和房产方面，但是到 1700 年投资在政府债券的资本超过了所有其他的方面。（'t Hart 1993：178）

特·哈特提醒我们，荷兰共和国的分层结构推动了同时占据了市、省和国家的权力位置的经纪人的工作。它们促进了荷兰共和国在其精英信任网络的融合方面的早熟。（Adams 2005，Davids and Lucassen 1995，Glete 2002，Prak 1991）两个世纪后，普通的欧洲人和北美人才开始把他们的大部分储蓄投资到政府的有价证券上。

然而，迟早这会大面积地发生。普通百姓面临着风险，即使当他们可用的信任网络未能给予他们足够的保护时，他们也从事着有风险的长期事业。在这些情况下，那些能够支持现存网络或者创建新的网络来替代它们的政府或者政治参与者成为更具吸引力的——或者至少较少不引人注目的——同盟者。正如荷兰的例子说明，某些额外的条件增加了和政治联系的信任网络对广大公众的吸引力：创造政府参与的外部保证，正如当一个和平协定或者一个占领政权支持被打败的政府的财政时那样；降低风险或者补偿损失的政府资源的增加，正如当商业扩张产生新的税收时那样；以及看得见的政府履行有利于人口中大量新增部分的义务，如没有公民身份的人不仅有资格享受社会福利并且实际上已经享受。

第三节　民主的两难困境

此类联系是如何影响民主的？罗伯特·帕特南（Robert Putnam）对意大利和美国的研究工作把信任和民主之间的联系突出地放在民主理论的进程上，但没有实际地给出一个清晰的论证，来说明关于信任和民主之间的因果联系。帕特南的《使民主运转起来》一书提供了意大利一个地区的非政府的市民联合的参与范围和在同一地区所感觉到的政府机构的效率之间的重大关系的证据：参与率越高，效率越高。

然后在帕特南的每一个论证结尾的地方都出现了一个理论的滑坡。在政府机构方面，帕特南滑向了把较有效率的政府解释成较民主的政府。在市民参与方面，帕特南开始把组织网络、社会资本、互惠的规范和信任的结构看成紧密联系的或者甚至是同等的要素。这个双重滑奏法导致了他的著作的最后的句子："建立社会资本并非易事，但是它是使民主起作

用的关键。"(Putnam, Leonardi, and Nanetti 1993, 185)

同样,在美国,帕特南仓促地从市民参与转向了民主:

> 现代社会充满着免费搭车和投机主义的机会。民主并不要求公
> 民们都是无私的圣人,但是它以许多最适度的方式,确实假定我们大
> 多数人在大多数时间会抵制作弊的诱惑。越来越多的证据表明,社
> 会资本使我们的自我变得更加完善、更加充实。我们的民主机构的
> 行为(以可以测量的方式)取决于社会资本。(Putnam, Leonardi,
> and Nanetti 2000: 349)

因此我们从帕特南的分析中可能得出更为谨慎的结论:在已经相对民主
的政权内,参与市民组织(或者仅仅在为了公共利益的组织内)的人们,最
可能履行他们集体的义务、要求更好的政府行为以及信任他们的同胞公
民。(Bermero 2000)此类论证也许十分有效,但是它在民主和信任之间
的因果联系方面没有告诉我们太多的东西。

最近的研究民主的理论家们在关于民主承载信任方面提出了如下四
个主要的主张:

1. 正如玛格丽特・列维(Margaret Levi)对有条件的同意的分析
   (1997 年)表明,建立在参与而不是强制基础之上的和政府的合作
   取决于对其他人会承担政府负担(缴税、服兵役,等等)的公平的
   份额的期望;

2. 一般认为,民主政权比其他种类的政权需要更高程度的信任,因
   为自愿地把权力委托给代表们和官员们只能发生在广泛信任的
   基础上;

3. 不同派系的权力轮换取决于当前非在任者相信他们的机会要到
   了,或者至少在职者会尊重他们的利益;

4. 从大多数政治参与者的视角来看,民主本来就是比其他体制更具
   风险、更具偶然性的体制;因此只有对民主政治的结果非常信任
   的参与者才会和这种体制合作。

所有四个主张说明了某种程度的信任是民主的必要条件。它们暗示
了在信任上的重大下降会威胁民主。所有四个主张也暗示了独裁主义的
和以庇护关系为基础的政权比民主政权更能幸存于很低程度的信任。

　　马克·沃伦(Mark Warren)通过指出公共政治和信任之间的矛盾把这四个主张巧妙地结合在一起。在沃伦看来,政治把利益的冲突、联合起来采取集体行动的压力和做出对集体有约束力的决定的努力结合在了一起。(Warren 1999:311)所有这些过程——利益冲突、集体行动和对集体有约束力的决定的承诺——更为广泛地发生在民主政权的公共政治中。但是恰恰这些过程威胁着自然积累起来的信任:利益冲突产生纠纷、集体行动使得我们与他们的界限分明、对集体有约束力的决定意味着不平等地实现个人和群体的利益。因此民主政权比其他种类的政权要求更大的信任——至少在涉及政治斗争的结果方面。我们也许可以把沃伦的表述称为信任的民主的困境。

　　沃伦确定了解决民主的困境的三种理论方法:新保守主义的、理性选择的和协商的(deliberative)。以弗朗西斯·福山(Francis Fukuyama)为代表的新保守主义观点宣称减缓这种困境的唯一途径就是最小化由政治机构做出的集体决定的数量,和最大化在这种或者那种信任已经存在的地方(自然的社群和市场)提出的集体决定。以拉塞尔·哈丁(Russell Hardin)为代表的理性选择的途径把信任看成一种信念,即他者(一个人或者一个机构)关心其自己的福利;因此能保证有利行为的机构有助于解决民主的困境。

　　沃伦本人喜欢协商解决的方法,通过使民主协商和信任相互补充来消除差距:真正的协商过程产生信任,而信任的存在又加速了协商。新保守主义理论断言在民主和信任之间没有必然联系,而理性选择和协商理论则认为信任是民主唯一不可或缺的东西。

　　我的论证同样针对民主的困境,但是重新改造了它并提出了第四种解决方法。这种方法把信任看成一种关系,在这种关系中至少一方把重要的事业置于另一方的错误、失败或者渎职的风险之中。这种方法认识到,这种关系在不同的网络中盘根错节,特别是在重要的事业的持续时间和投资增加的时候。尽管从历史上看,大多数信任网络成长于公共政治之外,有时它们起源于大的政治参与者内部(例如工会)或者政府本身(例如退伍军人的养老金制度)。然而我们不应当相信此类的联合就控制着民主参与。相反,我们应当意识到,信任网络和公共政治之间关系的种种形式也举足轻重。它们支配着有条件的同意的可能性，从而支配着把公民们表达的集体意愿有效地转化为国家行为。

令人惊讶的是，某种不信任因而成了民主的必要条件。有条件的同意意味着不愿意给统治者(不管是如何公正当选的)开空白支票。它意味着一种威胁，即如果他们不根据公民们表达的集体意愿来采取行动，公民们不仅要把他们赶走而且要从诸如服兵役、法律义务和税收等政府经营的有风险的活动中撤回他们的服从。在艾伯特·赫什曼(Albert Hirschman)的条件中，民主政权下的公民也许会在意识到国家危机时表现忠诚，但是在平时他们会运用发言权，而这发言权是以威胁要退出政府活动为后盾的。(Hirschman 1970)

根据这种观点，民主的困境关心的是，如何把那些重要的事业以及支持它们的信任网络和公共政治联系到一起，同时不损害信任网络和公共政治。这种联系只有伴随着代表信任网络成员的有条件的同意才能很好地起作用。一个国家从强制向资本、参与的结合的转移会促进有条件的同意。因此民主化的轨道有很大的不同，在很大程度上取决于以前的信任网络和统治者之间的关系是独裁主义的、神权政治的、庇护关系的还是直接侵略的关系。

例如，作为脱离独裁主义的一个出口，民主化依赖于脱离强制的运动，依赖于政府对看得见的信任网络控制的放松。相反，从庇护关系(patronage)出发，民主化就依赖于庇护者干预的削弱和更加直接地把信任网络融入公共政治。马修·克利里(Matthew Cleary)和苏珊·斯托克斯(Susan Stokes)提供了一种"程式化的方案(stylized scenario)"说明了庇护关系体系的运作和局限：

　　一个贫穷的阶级分化的社会实行民主化。贫困和不平等诱使政党们采取一种庇护主义的策略：给选民以少量的私下的贿赂换取选票和政治支持。庇护主义只有当选民和政治经纪人都深陷私人网络时才起作用，这种网络允许经纪人惩罚背叛了其默认协议的个别选民——使他们"一直要对他们的选票负责"。因此，庇护主义必然是政治的高度私人化的形式。它也要求选民们采取庇护党派不能充分监视的行动，如投他们候选人的票以交换施舍品。为了促进服

从，政党会培养和其追随者的友谊和信任关系。（Cleary and Stokes 2006：10）

克利里和斯托克斯正确地指出了这样的体制为了忠诚而牺牲了责任（accountability）。然而，如果我对美国19世纪的经验的分析是正确的话，它在把以前隔离的信任网络和公共政治联系起来中起了关键的作用。

在广泛性、平等、相互制约的协商和保护中，把信任网络融入公共政治最直接地影响了相互制约的协商。就人们把信任网络融入了公共政治而言，人们要依靠政府的行为来维持信任网络。他们也通过以这些网络为中介的和政府的联系获得（个人的和集体的）权力。他们在政府的行为中获得了牢不可破的利益。政治赌注（stakes）事关重大。缴纳税收、购买政府债券、把私人信息交给政府官员、依靠政府获取利益、免除信任网络成员服兵役，这些行为巩固了这种利益并且促进了就其实现的条件而积极地讨价还价。

一般来说，获益的公民更加积极地参加选举、公民投票、游说议员、利益集团、社会动员、直接和政治家们接触——也就是，参加协商。相反，不管以任何理由将其信任网络从公共政治撤回的部分人口会削弱他们在政府行为中的利益，从而他们参与民主的公共政治的热情也会相应下降。而且，就富裕的有权的人们可以收买公共官员或者找到那些最直接服务于他们利益的政府部门而言，他们从两方面削弱公共政治：通过撤回他们自己的信任网络和通过损害不幸公民的协商效力。

把信任网络融入公共政治有三个重要过程：解散相互隔离的信任网络、整合以前相互隔离的信任网络以及创造新的和政治相互联系的信任网络。这些过程可以称为民主化的必要动因。它们是必要的，因为如果没有它们，公民们就会缺乏面对民主政治的逆境的动机，当事情不利时他们就很容易离开公共政治。已经融入的信任网络鼓励公民们选择发表意见和忠诚而不是离开。

这些过程的逆转导致信任网络从公共政治撤离。回忆一下我们在前几章遇到的对民主化和去民主化之间差异的分析：通常去民主化的速度比民主化的速度更快以及掌权者对去民主化的影响不成比例。这两者在很大程度上都源于有权人更容易把他们自己的信任网络从对公共政治的直接参与中撤回。他们能够通过一些手段来做到这一点,比如建立私人对国家部门的控制、购买诸如教育和保护等服务而不是使用那些提供给公众的服务、收买国家官员的合作而不是追求通过建立政治机构来影响他们。

然而,把信任网络融入公共政治并不是民主化的一个充分条件;毕竟,独裁政权和神权政治同样融入信任网络。为了充分解释民主化,我们还必须考虑其他两组过程:(1)把公共政治和种类(例如,阶级、性别和种族)不平等(categorical inequalities)隔离开来;(2)通过(a)扩大政治参与;(b)实现政治参与的平等;(c)提高对政府的集体控制;以及(d)禁止政治参与者(包括政府代理人)滥用强制权力等途径来转化非国家权力。信任网络的融入、种类不平等的隔离和非国家权力的转化合在一起,在构成民主体制的公民和国家之间产生出广泛的、平等的、制约的和保护的关系。

第四节 回 到 美 国

自然,当我们仔细地考察 19 世纪的美国政治,我们发现大量的种族主义、本土主义、偏见、暴力、残酷的竞争和腐败。正如克利里和斯托克斯(Stokes)所建议的,美国的基于客户的(client-based)政治在很大程度上依赖于个人关系、为了忠诚而牺牲了责任(accountability)并且对以政治为基础的集体行为施加了等级限制。它也停留在(常常是强制地)把非客户(non-clients)排除在外的阶段。

在结束他对 19 世纪晚期有竞争的选举的极好的考察时,理查德·本塞尔(Richard Bensel)意识到美国政治参与的严格限制。他指出,当时典型的选民,

> 是北方的、农村的、当地出生的、白种人的、新教徒的男性。这些男性公民在选举中几乎没有任何障碍,他们参与投票的比例比在美国历史中任何群体都高得多。其他人面临着这样或那样的正式的障碍或社会歧视。例如,南方和边境各州的白人由于被怀疑为不可靠常常被视为有缺陷的。黑人(无论南方的还是北方的)被看成精神上

和文化上有缺陷的。西方的摩门教徒被看成不道德的异端邪说者（尽管他们在犹他州扭转了局面）。城市的移民没有完全同化，从而对美国的机构和理想持有不正确的理解。即使他们中的许多人是天主教徒也无济于事。当这些群体要求投票权时（他们确实都要求过），投票变得充满激情并且时常充满暴力、欺骗和恐吓。（Bensel 2004：287）

本塞尔断定，使用暴力行为从选举中排除竞争者和社会底层（pariahs）危及着民主的自由。（Bensel 2004：290）然而他所描述的充满冲突的过程相反地增加了选举的风险、刺激了代表被排除群体的有组织的努力，并且在这些群体的信任网络和公共政治之间建立起密切的联系。

尽管在整个 19 世纪大量地把奴隶和妇女排除在选民之外，在美国政治参与的程度有很大的增加。在这个世纪的上半叶，对投票者的财产和缴纳税收的要求随着美国的州的迅速增加而急剧下降（Keyssar 2000：50—51），但是有资格参加选举的人们的参与也随着选举的次数增加。插图 4.1 提供了一个大致的图示。它用图示说明了参与总统选举的人口总数和整个人口的比例。（from U. S. Department of Commerces 1975：Ⅰ，8 and Ⅱ，1073—1074）在 1824 年的选举之前，各州计算选票的程序有很大差异，以致不能精确计算当时普选的投票人数。但是从那以后，我们就有比较合理的计算。1824 年，安德鲁·杰克逊（Andrew Jackson）在普选中击败了约翰·昆西·亚当斯（John Quincy Adams），亨利·克莱（Henry clay）和克劳福德（W. H. Crawford）得票远落其后。但是由于竞选者都没有得到选举团中必要的多数，众议院挑选了亚当斯而不是杰克逊。

在 1824 年，大约有 356 000 人参加投票，大约是 10 400 万总人口（男性和女性、成人和儿童）的 3.5%。到 1828 年的选举（还是杰克逊对亚当斯，这次杰克逊获胜），参加选举的人数增到了 3 倍多，达到 120 万或者说是总人口的 9.4%。从此开始，随着人口迅速增长，参与总统选举的投票人比例全面上升，在 19 世纪 70 年代接近 20%。（当然，奴隶的解放极大地增加了有资格投票的成年男子的数量，但是事实上，由暴力支持的歧视使得大多数黑人男子远离选举投票长达几十年之久。）投票人数扩大的较大例外发生在1864年的内战时期。当时南方邦联的阿拉巴马州、阿肯色州、佛罗里达州、佐治亚州、路易斯安那州、密西西比州、北卡罗来那州、南卡罗来那州、田纳西州、得克萨斯州和弗吉尼亚州显然没有参与联邦投票,而且在之后的1868年,密西西比州、得克萨斯州和弗吉尼亚州还未正式进入联邦。

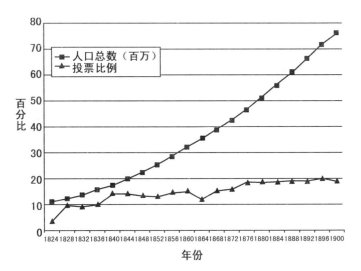

插图 4.1　美国总人口及参加总统选举投票人数(1824—1900 年)

这些数字说明了什么? 甚至到19世纪之末,非常少的成年男子参加选举美国总统。而且,正如俄亥俄州1866年的选举所说明的,那些成年男子中的许多人是用选票交换优惠而不是深刻地考虑总统候选人的品质。政治经纪人(brokers)变得非常擅长于为其政党筹集选票,而且并不必要给委托人以好处。然而,美国民主两个非常重要的变化开始出现。首先,对公共政治的总的参与(不管消息是如何不灵通)增加了;第二,恰恰由于他们直接利用工作场所、种族、宗教和家族关系,政治组织和政治经纪人开始把信任网络融入美国公共政治。

例如,纽约城的意大利人通过创立意大利人的互助社团和天主教教区开始了在这个城的有组织的生活。但是不久他们通过组织政治俱乐部和公共政治联系了起来。"到世纪之交,"塞缪尔·贝利(Samuel Baily)写道:

　　组织严密的和高效的政治领导集团——其领导在某种程度上愿

意容纳(accommodate)这个城市的不同的社会的和经济的团体——开始在政治中起着日益重要的作用。隶属于那些领导集团的意大利人的政治俱乐部的形成,是意大利人融入纽约的政治体系的长期过程中的一个重要的开始步骤。以类似于民族教区在教会中所起作用的方式,随着时间的过去,意大利人的政治俱乐部被证明是招集意大利人进入政治体系的最有效的机制。(Baily 1999：210)

叮当作响的(clanking)美国政治机器忙于依靠整个的地方联系把移民的信任网络融入国家政治。

这个过程有时会颠倒过来。在19世纪50年代,常常是同时存在的反对奴隶制的、反对天主教的、反对移民的自由劳动的倡导者和他们的民主党反对者的分裂阻碍了融入的过程。例如,到1854年一个称为"无知"(Knowing-Nothings)的本土主义团体拥有100万个成员。(Keyssar 2000：84)内战本身割裂了南方的信任网络对民族国家的融合,而只有重建(Reconstruction)才把它们痛苦地重新组合到一起。在内战之后,在南方和北方受到威胁的精英们经常试图扭转黑人、有组织的工人和移民对美国公共政治的日益增加的参与。在南方,始于19世纪90年代,他们在很大程度上成功地剥夺了黑人的公民权。居住要求、人头税(poll taxes)、因小过失而被排除、针对黑人(Jim Crow)的威胁都破坏了黑人男子的合法的投票权。在此过程中,许多贫穷的南方白人也丧失了他们的权利。(Keyssar 2000：111—113)

逆转也发生在我们的时代。在《缩小了的民主》一书中,西达·斯考切波(Theda Skocpol)很有说服力地争辩说,在过去的几十年里,美国的公民生活变得贫乏了,因为通过已准备好接受你的钱而不是你的直接参与专门筹集资金和施加影响的组织,公司经理们取代了群众参与。"只要集中的、专业管理的机构、支持群体和政府、媒体保持着特殊的渠道,只要支持群体和民意调查人(pollsters)比其他的参与者能为谋求职位的政治家提供更多的东西,美国的公民(civic)民主就不会变为更大包容的——而且地方自愿的努力将仍然远离国家权力中心"。(Skocpol 2003：281)尽管她用了不同的措词,斯考切波是在描述把信任网络和国家公共政治隔离。正如她所说,这种隔离削弱了民主。

第五节　在阿根廷的信任与不信任

　　尽管两个政治体系有很大的差别,某些相同的过程也发生在阿根廷。由于这个国家的首领(caudillos)、上校(colonels)和压制的政权的政治历史,我们也许会期望阿根廷比美国更像希腊、智利或葡萄牙。事实上,这个国家的中心和周边之间的非常不稳定的关系为民主活动的安全岛留下了空间。至少在布宜诺斯艾利斯(Buenos Aires),民主政治的成分在很早就依稀可见。阿根廷1853年的宪法就暗示了普遍的成年男性的投票权,后来四分之一世纪的立法一般地规定了当地出生的21岁以上的男子(加上更年轻的国家卫队成员和19岁以上的已婚男子)拥有选举权。

　　比美国更多的是,服兵役在把农村的和移民的人口融入国家公共政治方面起了重大的作用。费尔南多·洛佩斯·阿尔弗斯(Fernando Lopez-Alves)将此过程的日期确定为,从胡安·麦纽尔·德·罗萨斯(Juan Manuel de Rosas)(布宜诺斯艾利斯省的统治者,有时是独裁者)1829年到1852年的总统任期开始。它在后来的几十年里持续下去:

　　　　和在乌拉圭和哥伦比亚发生的情况相反,到20世纪早期阿根廷的精英清楚地把军队看成为融合较低阶层的工具。1895年,当时四分之一的人口具有外国血统,那个时代的人(contemporaries)宣称义务征兵会促进国家的建设并且会"民族化"第一代阿根廷人(他们是"那些使这个国家充满了外国文化的移民的孩子")。(Lopez-Alves 2003:205;也可参见 Forte 2003:146—162)

阿根廷没有实行普遍的兵役制,但是它确实间接地通过服兵役把大量的穷人吸引进了国家政治。

　　普通百姓也更为直接地参与了公共政治。到18世纪60年代,布宜诺斯艾利斯的选举常常类似于美国的杂乱无章的选举。选举在教区的教堂里举行,它们成了支持相互竞争的候选人的充满敌意的政治社团和教

区社团成员之间激烈竞争的场所。正如目击者弗莱列克斯·阿姆斯托
(Flelix Armesto)所记载的,1863 年 12 月在拉默塞德(La Merced)教区教
堂举行的地方选举是这样进行的:

> 某个政党"拥有"选票,虽然力量强大,它并不排除任何手段(不
> 管它们具有什么样的欺骗性)来赢得选举……
>
> 落选者十分愤慨,他们还以暴力袭击(这在当时是司空见惯的做
> 法);但是获胜者……招来了他们自己的党员们,一部分占据教堂的
> 塔楼,其余人则占据屋顶向进攻者投掷石块进行报复。
>
> 手枪和其他火器是由富人们垄断的,左轮手枪也是如此,虽然那
> 时还很不完善。因此战斗是用简单原始的石块进行的,由于大多数
> 战斗是远距离的,刀子只用于面对面的遭遇战。
>
> 围攻者(比里面的人多得多)用铺路的石头、从贝乔(the Bajo)
> [河边]带来了成堆的石头,而里面的人则从墙上瓣下砖头、用任何可
> 以到手的东西;圆圆的屋顶片瓦无存……
>
> [附近的建筑]成了敌方势力的掩体,从那里,以及从教堂的塔
> 楼,每个党派都能对他方勇士的脑袋和眼睛进行准确的打击……这
> 个街区周围,没有一块窗户玻璃完好无损,而且没有一位参战者身不
> 受伤。(Sabato 2001:38)

然而,和美国相反,整个人口中只有比例很小的而且日益减少的人数实际
参与投票。随着大城市人口的迅速增长,参与投票者从 19 世纪 20 年代
和 30 年代的大约总人口的 7%的高峰下降到 19 世纪 70 年代期间的 2%
或 3%。(Sabato 2001:64)

当然这个下降的很大部分是由于移民的激增以及由此导致的没有公
民权的人口的膨胀。例如,在 19 世纪晚期,只有 4%的西班牙移民(移民
潮中的主流,连同意大利移民)获得了公民权。(Moya 1998:305)在整个
出生于国外的人口中,到 1895 年只有 0.2%获得了公民权,到 1914 年这
个数字只是上升到 2.3%。(Baily 1999:198)贝利(Baily)报道说,和纽约
相反,在布宜诺斯艾利斯的意大利移民确实参与了公共政治,但是几乎完
全是通过他们参加工会组织来实现的。阿根廷没有建立和在相同时期的
美国几乎一样有效的机制来把移民的信任网络融入公共政治。

然而,阿根廷的协会的政治护人」。1889 年,布宜诺斯艾利斯的学生形成了一个称为青年公民联盟的组织(Union Civica de la Juventud)反对政府政策。这个组织很快吸引了非学生的追随者并且演化成总的公民联盟。1890 年这个联盟举行了有 3 万人参加的布宜诺斯艾利斯大游行。同年晚些时候,在一次失败的起义中,一支和该联盟联手的市民武装袭击了政府的军队,结果发现怂恿这次袭击的主要的政治家们在幕后达成了改组政府的交易。19 世纪 90 年代,建立在组织基础上的大众政治登上了国家舞台,但是是以阿根廷的独特的军人和强人操纵(maneuvering)为背景的。与此同时,大量来自欧洲的移民(1914 年,80% 的布宜诺斯艾利斯的人口由移民及其子女组成)改变了社会生活和大众政治。

在 1890 年和 1914 年之间,有组织的生活(associational life)在阿根廷非常盛行。一个自称为激进党人(Radicals)的广泛的半阴谋性质的群众运动,把许多地方的中产阶级的政治社团和林立的政党联系了起来。他们采取了标准的社会运动手段,包括群众集会和游行。几个无政府主义联盟在布宜诺斯艾利斯组织工人。在他们自己的诸如五一节和元旦等时间的游行之外,无政府主义者在 1899 到 1910 年间还在布宜诺斯艾利斯及周边组织了 6 次总罢工。然而,当他们威胁要破坏 1910 年的阿根廷独立 100 周年纪念的庆典时,政府开始把无政府主义者作为私设公堂者(vigilantes)逮捕,并且捣毁他们的集会场所。

与此同时,阿根廷的社会主义者开始了标准的社会运动,争取工人阶级的信用、住房、离婚、女性的选举权和 8 小时工作制。他们创建于 1894 年的社会党,集合了工人、专业人员和一些小制造商人。到这个党在 1904 年选举出它在阿根廷的众议院(Argentina's Chamber of Deputies)的第一位代表时,民主政治的成分已经在这个国家深深扎根。这些民主成分领先于鲁斯·贝林斯·科里尔(Ruth Berins Collier)标志在 1912 年的正式的民主过渡,当时"萨恩斯培尼亚法"(the Saenz Pena Law)颁布了 18 岁及以上年龄的男子的选举权和秘密投票权。(Collier 1999:30)

1912 年的改革绝没有终止阿根廷的民主化和去民主化的交替。这个国家遭受了反复不断的军人接管:

1930—1932 年:何塞·乌里武鲁(Jose Uriburu)将军;

1943—1945 年：佩德罗·拉米雷斯（Pedro Ramirez）将军，和后起之
　　　　　　　秀胡安·庇隆（Juan Peron）上校；

1955—1958 年：连续不断的军人小集团，取代了（在 1946 年当选为总
　　　　　　　统的）庇隆（Peron）；

1962—1963 年：军人政变，组成了军人支持的参议院议长乔斯·玛丽
　　　　　　　亚·吉多（Jose Maria Guido）的政府；

1966—1973 年：众多的政变和军人政权或者军人支持的政权；

1976—1983 年：多次新的政变和军人政权，在其中的第一次政变中豪
　　　　　　　尔赫·威德拉（Jorge Videla）将军取代了庇隆（Peron）
　　　　　　　的遗孀伊萨贝莉塔（Isabelita），她在 1974 年庇隆去
　　　　　　　世时成为总统。

在 1982 年进攻有争议的马尔维纳斯群岛（福克兰群岛）[Malvinas
(Flkland) Islands]受到了英国军队羞辱之后，阿根廷军队决定性地（至少
是暂时的）从这个国家的公共政治中撤离出来。

　　与此同时，胡安·庇隆的长期存在改变了阿根廷的政治。在 20 世纪
30 年代，军官庇隆曾经同情欧洲的法西斯主义政权。1946 年他发起了他
自己的革命运动（peronismo），提倡替代进口的工业化和国家纪律。在军
人（暂时的）和有组织的劳工（或多或少永久的）支持下，他在 1946 年赢得
了选举，当上了总统。庇隆的追随者建立了庞大的高效的庇护关系（pat-
ronage）网络。在 1955 年被军人推翻并流亡到西班牙之后，庇隆于 1973
年回到了阿根廷再次赢得了总统选举。他于次年去世，时年 78 岁。但是
庇隆主义党（Peronist Party）比他活得更长，在国家政治中继续作为主要
的力量，而且至今还经营着一个给人深刻印象的庇护关系网络。

　　阿根廷裔的美国学者雅威尔·奥耶罗（Javier Auyero）成了庇隆主义
的庇护关系及其政治后果的最直接的观察者。（Auyero 1997，2001，
2002，2003)在他称为维拉巴雷索（Villa Paraiso）的布宜诺斯艾利斯的城
市棚户区，奥耶罗记录了庇隆主义的 punteros 和 punteras(为穷人提供商
品和服务以换取政治支持的一线工人）的工作。在 1955 年庇隆被赶走
后，军人政府和文职政府都把维拉巴雷索（Villa Paraiso）看成应该消除的
社会阴暗面。当地的庇隆主义者领导了这个地方对清除行动的成功的抵

制，然后他们煽动这里的居民参与对阿根廷独裁政权的更加普遍的抵制。1976 年接管这个国家的残忍的军人政权在 1978 年围攻了维拉巴雷索（Villa Paraiso），逮捕了许多平民。当地传说在那几年的恐怖岁月里有 12 名居民"失踪"（*desaparecidos*）。（Auyero 2001：61）

然而，庇隆主义的网络在维拉巴雷索（Villa Paraiso）幸存了下来。在 20 世纪 90 年代的大量失业时期，庇隆主义的代理人作为对当地居民援助的发起人远远超过了天主教教会。他们组织了 Unidades Basicas（UBS：基层委员会）来做这个党的日常的地方工作：

> 在维拉巴雷索（Villa Paraiso）有 5 个基层委员会，每个都由一个经纪人（broker）控制：梅迪纳（Medina）的基层委员会（Chacho Penaloza），皮休蒂（Pisutti）的基层委员会（The Leader），安德烈亚（Andrea）的基层委员会（Fernando Fontana），乔罗（Cholo）的基层委员会（27 de Abril）和马蒂尔德（Matilde）的基层委员会（Three Generations）。基层委员会分散在巴雷索（尽管梅迪纳的基层委员会位于这个棚户区的管理界线之外，它的政治的和社会的工作是针对该棚户区人口的）。基层委员会的工作超越了政治和选举时期。许多基层委员会成了食物和药品分发中心，一年到头都可以为了小恩小惠找到经纪人。近几年里，这些基层委员会已经成了解决生存问题的最重要的地方。（Auyero 2001：83）

庇隆主义的被庇护者们不仅仅投这个党的候选人的票，也在该党需要时参加集会、墙头涂鸦、悬挂旗帜和提供其他的地方性服务。女性的经纪人在实施庇隆主义的慷慨大方时装模作样地模仿慷慨女士艾薇塔·庇隆。*（Auyero 1997）在民主政权的中心，一个广泛的庇护（patron-client）体系仍然十分活跃。

马修·克利里和苏珊·斯托克斯（Susan Stokes）更为广泛地考察了马德普拉塔（Mar del Plata）、布宜诺斯艾利斯、科鲁多巴（Cordoba）和米西奥斯内斯（Misiones）的政治，证明了在庇隆主义的影响和他们认为是知情的民主参与的证据[从报纸获取政治信息、分配选票（splitting tickets）、

---

　　*　Evita Peron——庇隆夫人，1919—1952 年。——译者注

公开谈论投票、展示对法规的尊重等等]之间存在着反比例关系。他们报告说,在墨西哥和阿根廷,在较低民主化地区的人们(Cleary and Stokes 2006:178):

● 把政治家的特点而不是制度的约束看成政府反应的主要决定因素;

● 更倾向于庇护主义而且认为他们的邻居也更加倾向于这个主义;

● 较少表达对法规的无条件的支持。

用他们所没有使用过的术语来说,奥耶罗、克利里和斯托克斯是在谈论信任网络通过那些地方的庇护者(patrons)融入公共政治的更大的协调作用;在那些地方墨西哥的 PRI* 和阿根廷的庇隆党通过庇护(patron-client)关系的日常运行来获取对它们的支持。

然而,在美国、墨西哥和阿根廷,证据表明庇护(patron-client)政治起了不可缺少的中介作用。不管我们会怎样哀叹政治参与建立在个人联系和群体偏见之上,但是通过庇护关系(patronage)把新移民吸收到政治中去,正如它促进了这些新移民参与到国家本身和像工会那样的大的政治参与者创立的新的信任网络中去那样,促进了把以前隔离的信任网络融入公共政治。

信任网络暂时地融入公共政治并没有穷尽民主需要的所有进程。要想发生广泛的民主化,也必须改变不平等和非国家权力。不平等和公共政治的其他方式的改变会促进去民主化。让我们转到第二个大的必要过程:把公民-国家相互作用和种类不平等(categorical inequality)隔离开来。第五章集中讨论平等和不平等。

　＊　Institutional Revolutionary Party,墨西哥革命制度党。——译者注

第五章
平等与不平等

政治人种学学者亚当·阿什福思（Adam Ashforth）得出了一个令人吃惊的关于南非民主化的结论：巫术（witchcraft）正在威胁这个国家来之不易的民主。从1990年到最近，阿什福思花了大量时间参与了约翰内斯堡的一个庞大的黑人居住的市郊社区索威托*的公共生活和私人生活。他在索威托的逗留让他经历了大多数观察者欢呼为南非从独裁主义到民主的过渡时期。

在他开始到索威托工作之前，阿什福思对南非种族隔离形成的法律过程进行了给人深刻印象的历史分析。（Ashforth 1990）但是一本关于巫术、暴力和民族的书的准备工作使他深深地扎进了人种学。通过第一手的观察、个人的介入和不断地询问他的熟人，阿什福思建立起了（关于在邪恶的暴力之间的周旋、斗争和希望的）有说服力的图景。阿什福思对人种学的研究迫使他放弃了关于南非种族隔离期间以及之后的斗争的许多设想的范畴和解释。

阿什福思很有说服力地证明了巫术正在阻碍南非的民主化。索威托人和南非百姓一般都相信邪恶的人能够召唤神秘的力量来伤害他们嫉妒的或者不喜欢的人；召唤这种神秘力量就构成了巫术；某些个人继承或者学会了巫术的技巧，从而成了巫师；而且只有相反地运用神秘力量才能

---

* Soweto——South West Township,南非最有名的镇区,以贫穷和暴力著称。——译者注

克服巫术的破坏效果。巫术可以杀人、给人带来痛苦和破坏事业。对巫术的担心、对巫术的抵抗和对巫术的运用遍及日常生活。在这个国家的4 400 万人口中,大概有 50 万南非"预言家"擅长于运用巫术。(Ashforth 2005:8)在他们的战斗中,他们求助于超自然的力量,特别是那些由祖先充当中介的力量。

巫术长期领先于南非的民主化,作为至少一个世纪的非洲生活的一个事实,它和(包括那些在黑人居住区组织精神生活的许多基督教派的)宗教活动和信仰混杂在一起。在 20 世纪 80 年代的广泛的反政府的动员中,对巫术的指控常常伴随着指控巫师是国家收买的告密者。成群的青年人常常攻击可疑的告密者和巫师(没有在他们之间做出很仔细的区分),他们在轮胎里装满汽油,把轮胎套在嫌疑人的脖子上,然后把它们点着。在南非种族隔离之后的年代,这种燃烧汽油的袭击主要集中于巫师。(Ashforth 2005,第五章;Bozzoli 2004,epilogue)但是在索威托民主化并没有导致巫术的衰弱。相反,据阿什福思所说,自从 20 世纪 90 年代以来巫术变得更加普遍和危险。

怎么会这样? 阿什福思提出了两个解释。第一,20 世纪 90 年代以前,所有的索威托人本质上稳定地生活在艰难困苦和沉重压迫之中,生活在南非独裁主义国家的铁腕之下。90 年代以来,生活变得更加不稳定,严格地说是由于新的逃离的机会和进步的机会出现了。第二,在索威托和其他地方,少数黑人获得了教育、工作和他们以前梦想不到的收入。一个主要由以前的非洲人国民大会(ANC)* 的活动分子组成的黑人的中产阶级正在形成。(Johnson 2004;224—225)但是大量的多数的非洲黑人却落在后面。在 1991 年到 1996 年之间,在整个南非,最富有的 20% 的黑人家庭增加了 15% 的实际收入,而最贫穷的五分之二的家庭则失去了21% 的收入。(Terreblanche 2002:388)结果,不平等出现在黑人当中。因此仰仗巫术的怨恨和嫉妒开始毒害邻居、朋友和亲戚关系。

巫术的流行给南非的民主化形成了多重威胁。它大大地使公众对给这个国家的穷人带来毁灭性打击的医学灾难(艾滋病:AIDS)的反应复杂

---

 * 南非最大的黑人民族主义政党,简称非国大。——译者注

化了。2003 年,据估计 21.5% 的年龄在 15 岁到 49 岁的南非人口是 HIV
阳性;每天有 1 000 人死于艾滋病。(Johnson 2004:227,UNDP 2005:
248)2004 年到库佤祖鲁省(KwaZulu)进行产前检查的孕妇中,有整整
40.7%HIV 检测为阳性。在一定范围(to the extent)(这个范围很大),艾
滋病患者及其家庭把这种疾病看成是巫术的一个结果,国家对付这种威
胁的已经勉强的能力开始下降,健康上的不平等开始上升。更加概括地
说,一方面,普通百姓所感受到的对他们的安全和成功的重大威胁的东西
和另一方面国家解决问题的计划之间的脱节,使得国家作为保护和相互
制约的协商的保证者的信誉扫地。南非的统治者面临着痛苦的两难境
地。如果他们承认巫术是他们公民在日常生活中遭遇的重大问题,他们
对巫术能做什么? 根除巫师和巫术的努力不是危及了人权、隐私权和法
律吗? 然而,如果他们否认巫术的现实并通过宣传和教育来消除它的影
响,他们又使自己站到了反对长期形成的信念和习惯的行列中。阿什福
思断定,南非呼吁启蒙的民主人士面临着脱离大量民众的危险:

> 他们面临着使自己脱离公民日常关心的事务的危险,公民们感
> 到自己生活在充满巫师的世界里。以这种方式脱离群众的领导人也
> 许会发现自己在为创造一个民主国家(一个实现他们统治的人民的
> 真正利益的政权)的形象而努力。如果他们忽视了去对付巫师,那些
> 追求统治权的人就会以被认为是邪恶势力本身的代理人而告终。因
> 此,对那些在巫师的世界统治一个民主国家的人的挑战就是,既要宏
> 扬人权的学说,又不被认为是那些(在社会中实施了神秘的暴力的)
> 巫师的保护者。(Ashforth 2005:15)

自然,每一个民主政权都面临着由公共政治的承诺和公民们普遍的理解之
间的差异导致的道德和政治的两难困境:如果一个政权的人口的大多数都
反对相同性别的同居生活或者高级管理人员的高薪,那么这个国家是否有
责任宣布它们为不合法? 如果大部分公民都认为宗教的法律比世俗的法
律更有效,这个国家是否应该制定宗教的法律? 南非的两难困境超越了那
些常见的民主的问题,因为在冲突的权利之间没有任何简单的妥协能够减少
其伤害的程度。结果,南非的政治家们在巫术问题上一直保持沉默。

　　南非最近的冲突发生在 20 世纪最重大的国家政治斗争之一的背景

之中。在 20 世纪 80 年代的革命之前,南非没有任何民主经验可言。相反,早在 20 世纪早期南非在形成相对统一的国家之前,连续不断的政权都建立在种族压迫之上。而且,在 1948 年的国家选举中上台的南非白人占优势的联合阵线加强了种族控制,精心规划了种族区分的官方网格,并且增强了已经强大的国家能力。南非显然已经从早期不民主的态势开始了去民主化。

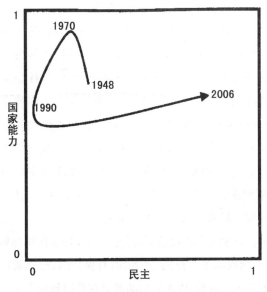

插图 5.1　南非的政权(1948—2006 年)

插图 5.1 描述了这个政权 1948 年以来在民主-能力空间中的轨道。插图展示了从 1948 年到大约 20 世纪 70 年代的去民主化和能力的上升,在随后的 20 年里普遍抵抗的高涨期间的伴随着能力下降的进一步的去民主化,然后是 1990 年之后的惊人的民主化加上国家能力的某些适度的恢复。这些变动的迅速和程度令人想起 1798 年后的法国和 19 世纪 40 年代的瑞士。它们都经历了革命的急剧变化。

我们在此面临的问题是,南非的能力—民主的轨道是如何和种类不平等(categorical inequality)相互影响的？由于南非政权的不平等和公共政治的不寻常的交汇,南非人在最近以及长期以来遭受了巨大的痛苦。然而,南非也产生了世界上最惊人的民主化和完全不平等的结合。我们应该如何弄清这些复杂的相互作用？

在更加仔细地考察这些相互作用之前，让我们更为概括地思考一下平等、不平等、民主化和去民主化的关系。这一章给出了有关这些关系的一种更宽泛的解释，然后试图通过具体的（包括20和21世纪的南非的）历史事例使得这些解释更为可靠。这个解释着眼于（1）种类不平等通常是如何出现的；（2）国家和政权在种类不平等的产生和变化中所起的作用；（3）（1）和（2）对民主化和去民主化的含意。

不平等对民主化提出了什么问题？正如对巴西、美国和印度的浮光掠影所展示的那样，或多或少地起作用的民主政权能够出现于和幸存于存在大规模的物质上的不平等之中。在两种条件下，社会的不平等阻止民主化并且破坏民主：第一，持续的差异（例如那些把你和你的邻居区别开来的差异）通过种族、性别、阶级、民族、宗教和类似的宽泛的分类固定（crystallization）为日常生活的种类不平等；第二，把这些种类的差别直接转移到公共政治。在20世纪90年代之前，南非政权不仅通过那些它视为"种族"的东西鼓励把日常差别固定为大规模的物质上的不平等，它还把那些区别直接地转化为政治权利和义务。

由于以种类差别为中心而组织的公民-国家相互作用也盛行于日常社会生活，那些差别破坏了广泛的、平等的、有保护的、相互制约的协商。它们阻碍或者推翻民主政治，因为它们必然会在政治舞台上建立起巨大的资源不平等。它们抑制了超越种类边界的联合的形成。与此同时，它们赋予优势（advantaged）种类的成员们以侵害民主协商结果的动机和手段（当这些结果和他们的利益相反时）。正如我们将看到的，在20世纪80年代的民主革命之前，南非的白人们不断地利用自己的影响（leverage），破坏自己建立起来用以分化和征服南非其他有色人种的民主制度的假象（simulacra）。

第一节　种类不平等的制造

当政治过程减少把日常生活中的种类不平等转化到公共政治时，民主起的作用更好,民主化也更可能发生。因此,我们解释的困难涉及:怎样能做到使公共政治远离种类不平等。然而,为了解释这个隔离过程,首先回顾并且考察一下造成物质上的种类不平等的过程。

不平等是一种个人与个人或者一群人与一群人的关系,在关系中相互作用给一部分人带来比另一部分人更大的利益。在小规模上,我们也许可以描绘一下一个商店、一个家庭或者一个街道的不平等关系。在大规模上,多重此类的关系组合成广泛的相互联系的不平等的网络。在每一种规模上,人与人之间的网络仅仅在特别的情况下包括大致单纯的等级——例如,当某些诸如军队、公司或者教会等强大组织强行把人们分成三六九等时。更为常见的是,人们被分成三六九等但没有形成整齐划一的等级。一般来说,那些种类的成员在他们的利益上大不相同,但是种类的界限是重要的,因为人们用它们来组织社会生活,在不同的种类成员之间再生出不平等。

持久的种类不平等指由性别、种族、民族、宗族、宗教、社群和类似的分类系统区分开来的有组织的利益差异。(Tilly 1998)它出现在当跨越种类界限的交易(transactions)(例如,男性—女性)(1)经常产生有利于界限某一边的人们的净利益;(2)再生出界限。尽管种类不平等的形式和程度在不同的时间和地点有很大的差别,所有人类大的种群总是一直保持着实质性的种类不平等制度。

这里是这种制度是如何出现并且如何运行的简单的解释:

● 物质上的不平等来自对产生价值的资源的不平等的控制(例如,某些投机分子钻出了石油,而其他人却打了口枯井)。

● 像男性—女性、白人—黑人等成对的不平等种类包括跨越社会承认的(而且常常是不完全的)人际关系网的界限的不对称的关系;这些种类的对子在多种情况中不断出现,伴随着通常的把每个关系网从对方控制的资源中排除的效果(例如,在美国城市中的贫民窟,侨居的商人常常通过把商品主要售给黑人来谋生,但是从不融入黑人社群)。

● 一种我们也许可以称之为剥削的产生不平等的机制在下列情况中出现:当控制资源的人们(1)依靠资源来谋取他人在价值生产中的劳动,但是(2)把他人从他们劳动创造的全部价值中排除时(例如,在1848年之前，瑞士几个州的公民从邻近帝赋地区的非公民的居民那里获取了在租金和税收方面的大量收入，那些非公民在那些州的地主和商人的控制下生产农业产品和工艺品）。

● 另一种我们也许可以称之为机会囤积（opportunity hoarding）的产生不平等的机制，包括把生产价值的资源限于分配给集团内部成员（例如，来自某个特殊的种族-宗教种类的东南亚的香料商人控制了他们产品的运输和销售）。

● 剥削和机会囤积通常都包括成对的不平等种类。在控制的资源下劳动增加的价值的较大受惠者和较小受惠者之间的界限（例如，专业人员和非专业人员之间的区别——注册护士和助手、科学家和实验室助手、验光师和验光助手、建筑师和绘图员——常常标志着此类界限）。

● 在很大范围的情况下，跨越界限的流动性本身并不改变不平等的产生，但是它改变谁从不平等中受益（例如，只要大学学位仍然对工程工作是必不可少的，移民们对那些学位的获取加强了对无学位者的排除，甚至是在移民者内部）。

● 这些方式产生的不平等变得如此更加持久和有效，以致由剥削和机会囤积产生的剩余的获得者把部分剩余投入到再生出（1）把他们自己和人口中被排除的种类区别开来的界限，以及（2）跨越这些界限的不平等的关系（例如，地主把部分现有的雇佣者用于建造栅栏和赶走翻越者）。

这些就是这种理论的概要。（需要详细了解，参见 Tilly 2005a）以这些术语表述，该理论没有为个别人成功和失败上的差异和一个国家的财富和收入的总体分布的变化和差异提供直接的解释。但是它确实解释了种类不平等的产生。

剥削和机会囤积总是在关键之处设立障碍。在任何条件下走向不平等的第一步都是从规范产生价值的资源（剥削和机会囤积在其之上展开）开始。表5.1列举了主要的资源类别，在很长的人类历史时期对它们的控制支持着这种或者那种条件下的不平等。例如，对贵重金属或者矿石的控制有时在剥削和机会囤积中起着中心作用；在此我把那些情形归入了控制矿藏土地的主题。但是，这个清单确定了在过去5 000年里一直支持着大规模的不平等制度的主要的资源类别。

表 5.1 历史上产生不平等的重要资源

- 强制手段,包括武器、监狱和有组织的暴力使用者;
- 劳动,特别是熟练的高效的协同劳动;
- 动物,特别是家养的能提供食物和工作的动物;
- 土地,包括地下和地上的自然资源;
- 参与的组织,如宗教教派、宗族制度、庇护关系网和贸易联盟(diasporas);
- 机器,特别是那些用原材料生产产品或者服务、运输人和货物、传递服务和信息的机器;
- 金融资本——获取财产权的可转让、可替代的手段;
- 信息,特别是那些促进有利可图、安全和协同行动的信息;
- 传播此类信息的媒体;
- 科学技术知识,特别是促进(出于善心或者出于恶意)干预人类福利的知识。

所有这些资源通过协同努力都能促进对某些受惠者有益的生产。当它们短缺并且相对容易限制时,它们就会促进剥削和机会囤积,从而导致不平等的产生。例如,强制手段在几千年来支撑了许多不平等制度,而且在全世界范围内仍然在维持不平等方面至少起了某些作用,尽管清单上后面列举的资源的重要性日益上升。在世界比较贫困的农业地区,土地所有权仍然构成了不平等的根本的基础。

在世界银行对穷人遭遇的广泛调查中,孟加拉国提供了一个显著的恰当的案例。在孟加拉国的卡尔科查(Kalkerchar)村,根据当地的证明,富人们"拥有自己的土地和其他财产,有用于耕作的牲畜和用于投资的钱,有能力购买充足的食物,穿着质地精良的衣服,送孩子上学,有工作和迁移能力,并且免于伤残"(Narayan and Petesch 2002:120)。中间种类拥有或者租种一到两亩土地,而"社会贫困者"有时租种土地有时为富人们打短工。那些"赤贫的穷人",

> 大部分没有土地,没有家产或耕地。雇佣劳动和租种土地是他们主要的谋生手段。研究者们说赤贫的穷人从他们破旧的衣服和痛苦的面容就能辨认出来。他们支付不起医疗保健,也支付不起孩子的教育费用,他们无法招待客人,许多人无力为女儿出嫁置办嫁妆。
> (Narayan and Petesch 2002:121)

在过去的5 000年里,人类的大多数生活在此类以土地为基础的较低水平的不平等制度中。机器、金融资本、信息和媒体是历史上的后来者。只是这些对科学技术知识的控制在全世界成了不平等的主要基础。

然而，如果科学技术知识也许有一天会取代财富成为种类不平等的基础的这种观念会让你觉得太牵强，那么请看看波斯湾的阿拉伯酋长国卡塔尔正在用其来自巨大的但是可耗尽的天然气储备的收入进行投资。埃米尔（穆斯林国家的酋长、贵族或王公）谢赫·穆罕默德·本·哈马德·阿勒萨尼（Sheikh Hammad bin Khalifa AL-Thani）正在把几十亿的资金投入到科学教育和科学研究上，意在使卡塔尔成为中东地区的科学研究中心。该埃米尔的妻子塞克哈（Sheikha Mozah bint Nasser AL-Misnad）管理着卡塔尔教育、科学和社区发展基金，基金本身就有几十亿。她把来自一个完整的油井的收益（大约每年 8 000 万美元）提交给科学研究基金。在一个 80 万人的公国（principality），在刚刚建立的大学"教育城"里 500 个学生有着各种成为国家精英的机会。（Science 2006）如果这位埃米尔的计划成功的话，对科学技术知识的控制，也许会取代对土地（在这种情况下是土地下的石油）的控制，成为卡塔尔的不平等的主要基础。

如果支撑不平等的资源的某种组合优于其他组合，这在很大程度上会影响个人和集体的流动性。在强制手段盛行的地方，那些获得武器和武士的个人和群体就获得了至关紧要的流动性优势。在农业制度里，获得或者失去土地（自然，这些常常通过某人运用强制力量而出现）造成了很大的差异。只有在最近的雇佣劳动和广泛的商业时代，工人才可能从工资中省出钱来，然后把它们投资到像手工生产和零售行业那样小的商业上去。

优势资源不同，不平等的制度也相应地有很大的差别。例如，在当代整个世界，土地加上强制手段在诸如乌干达和柬埔寨等国家的不平等中的突出地位，大大不同于在法国或者日本的那些建立在金融资本和科学技术知识之上的不平等。巴西正在从主要建立在对土地的控制的巨大差异之上的不平等制度转向另一个（并非更少不平等）更多依赖对金融资本和科学知识控制的不平等。随着中国从土地-强制的不平等制度转向日益增长的控制机器、金融资本和科学技术知识的不平等，它正在经历广泛的农村冲突。

产生不平等的主要资源的差异以及当前对它们的控制深深地影响着独裁统治的生存能力。依赖于对土地、劳动和强制手段的控制的政权（在过去5 000年里最常见的类型）很容易使自己走向专制。但是在此类政权中，统治者们必然会遇到对他们巩固个人权力的限制。这些限制来自此类政权对强大的、部分自治的中间者（如军阀、地主和宗族首领）的无一例外的依赖。在少数情况下，特别依赖参与组织（如共同的宗教）的政权会以神的名义、牧师的名义和先知的名义来实现对其公民的独裁控制。清单上后来的资源——机器、金融资本、信息、媒体和科学技术知识——只是当统治者垄断了生产或者那些资源的分配时，才在国家独裁中出现。在大部分的时间里，统治者把那些资源的生产者和分配者组织进他们的政权，从而接受对他们自己独裁的限制。

我们开始明白为什么资本主义经济比其他种类的经济更容易容纳民主政权。这种联系并不在于民主和自由企业在意识形态上的相容性，而是在于统治的物质基础。回顾一下在表5.1中列举的资源。清单上早期的资源——强制手段、劳动、动物、土地和参与的组织——不仅在人类的大部分历史中支持了种类不平等，而且最普遍地成了统治的直接基础。（Tilly 2005b）

例如，大规模的政权一般都依赖大地主的暂时的效忠。那些大地主部署自己的武装力量，在自己的领域享受广泛的自治，从他们在那些领域所控制的土地和劳动中获取他们主要的收入，并用以支持其封建君主的军事计划，但是只在严格的限制下这样做。在此程度上一个政权把运用强制的军阀或者剥削劳动的地主直接纳入它的统治体系，它同时也建立起日常生活中的不平等（人们围绕着这些不平等组织社会生活）。这样的政权通过那些人们来行使权力，这些人们既有手段又有兴趣阻止他们所控制的人口反抗专制。它建立起阻碍广泛的、平等的、保护的、相互制约的协商的障碍。

看看清单上后面的资源：机器、金融资本、信息、媒体和科学技术知识。在当代世界，所有这些都加强了巨大的物质的不平等。它们并不仅仅在资本主义经济中起作用；像中国和伊朗那样的非资本主义的大国同样也非常依赖机器、金融资本、信息、媒体和科学技术知识。在资本主和非资本主义经济中,对这些资源的依赖同样在那些控制资源的人们和那些得不到资源或者受到资源影响的人们之间产生出广泛的种类不平等。但是在这两种经济中,没有一个政权把由对资源的控制而产生的种类的区别直接纳入其统治体系。

那么,为什么资本主义给予民主化更多的机会?因为在相对繁荣的非资本主义经济中的政权,有着围绕着清单前面几项资源(显著地是强制手段、土地和参与组织)而组织起来的种类区别在政治上的融合。在国家社会主义中,所有这三种资源都贯彻着(implemented)国家的统治,尽管名义上涉及第四种资源——劳动。在那些通过对适于销售的资源(如石油)实行垄断而繁荣的国家里,统治者们通常把收入中的很大部分,用来强化他们自己参与组织中的成员和所有其他人之间的界限,以此来保护他们的垄断。在伊朗、沙特阿拉伯、苏丹、玻利维亚和委内瑞拉,我们看到富有石油的统治者宣传着非常不同的意识形态,但是却把大量的石油收入用于建立对统治者的支持网络以及排除异己。在所有这些例子以及更多的例子中,统治者阻碍了通向彻底的资本主义的道路。

相反,成熟的工业的和金融的资本主义,允许统治者进行统治而无需如此大量地依赖日常生活中的不平等的种类。无论统治者是依靠小范围的资本家还是依靠大范围的纳税人,他们只是需要获取足够的资本来支持国家的主要活动。人们可能会想象一个资本主义政权会把明显优越的政治权力给予资本的拥有者、媒体大亨或者科学技术知识的专家。奥威尔式(Orwellian)关于未来的梦想常常包括这三种资源中的一种或者多种。但是资本主义实际发展的道路使得统治者更加容易并更加愿意在消费者大众和公民大众之间保持大致平衡。在资本主义制度下,公民、工人和消费者的划分是重叠的(coincide)。(Cohen 2003,Montgomery 1993)

第二节　政权和不平等

然而,所有政权,民主的或者其他种类的,必然会干预不平等的产生。

它们以三种截然不同的方式这样做:通过保护它们的主要支持者的利益;通过建立它们自己的资源榨取和分配的体系;通过在其管辖人口中不同部分重新分配资源。一般说来,民主的政府为所管辖中的较大部分人口的所得利益提供保护,创造出更充分适应大众控制的榨取和分配体系,产生出更多的集体利益,组织更加广泛的福利计划,并且更为广泛地重新分配资源,使其有利于选民中的弱势群体(vulnerable populations)。(Bunce 2001, Goodin et al. 1999. Przeworski et al. 2000)

但是,正是这些活动使得民主国家陷入了加深(perpetuating)某些种类不平等的陷阱。最明显的是,民主国家尽了很大的努力在它们自己的公民内部、在它们的公民与其他国家的公民之间保持界限——和利益上的差异。但是,就它们保护财产和现存的社会组织形式而言,它们也支持已经存在于财产和现存的社会组织形式中的不平等。例如,国家对继承权的维护,把在财富上的种族的和民族的差异从一代传到下一代。(Spilerman 2000)在民主政权内部,大量的政治斗争都集中在国家应该支持还是改变现存的种类不平等的范围内。

如果民主的政权与广泛的物质上的不平等共存,如果民主国家努力保持现存的物质上不平等的形式,那么没有不平等就不可能是民主或者民主化的必要条件。相反,民主的完成包括把民主政治和任何现存的物质上的不平等隔离开来。只要公共政治本身在不平等种类的界限上不出现尖锐的分裂,民主就能够形成和幸存。相反,在种类界限上泾渭分明的政治权利、政治义务和政治参与威胁着民主并且阻碍民主化。没有日常生活中的不平等和国家-公民关系上的不平等的对应,民主就能繁荣。

注意这个必然结论:围绕着重大种类不平等的界限而形成的主要政治参与者的组织和对应那些界限的促进政治参与的规则的制定,(特别是如果被排除的是那些其利益已经在现存的种类不平等中总体上受到了损害的党派)都会破坏民主。

在西方政治权力机构中,源于高贵出身、宗教地位、性别、种族和财产权的种类差异为不平等的权利和义务提供了主要的基础,但是在其他地方,种族划分(ethnicity)和血缘关系也起作用。在一定程度上,如果此类区别在公共政治中占上风,民主就衰退。

在种类不平等的总的程度和特征上的变化也会影响民主的前景。在公共政治中,任何在种类不平等方面的大的增长(发生时没有某些补偿性的调整),都是对现存的民主政权提出了严重的威胁。增长的种类不平等威胁着民主,因为它给予占优势的种类以手段和激励来:

● 选择退出民主协商;

● 创建和国家机关的有利联系;

● 帮助自己逃避沉重的政治义务;

● 直接干预国家的资源配置;

● 利用其接近国家的机会从非国家参与者的不平等关系中榨取更多的利益;

● 利用其对国家的影响寻求对低等种类的进一步的剥削或者排斥,从而使其政权甚至更进一步远离广泛的、平等的、保护的、相互制约的协商。

民主和民主化依赖于下列因素的某种结合:(1)种类之间的物质平等和(2)公共政治对种类不平等的缓冲。

这些机制的反向运动(例如,私人控制的武装力量的增加、阶级隔离的政治联合或联盟的形成)则加速了把种类不平等融入公共政治,从而逆转民主化进程。

组合这些机制的主要过程包括(1)种类的平等化(正如在机制1、2、3中所见的)和(2)使公共政治远离种类不平等(正如主要在机制3到6中所见的)。

表 5.2　使公共政治和种类不平等隔离的机制

1. 支持现行的社会不同种类中的不平等关系的国家控制(例如,对拥有财产的法律限制)的瓦解(例如,教会财产的大规模的没收和低价出售会削弱已有的教会权力);
2. 财产和福利在整个人口的不同种类间的平均化(例如,对农业生产的产品的日益增长的需求扩大了中产农民的数量);
3. 私人控制的武装力量的减少或者国家对它的限制(例如,富豪私人武装的解散削弱了贵族对平民的控制,从而削弱了贵族把贵族-平民差异直接融入公共政治的能力);
4. 把公共政治和种类不平等隔离开来的程序设计的采纳(例如,投票保密,给公务员以报酬和候选人对媒体的自由平等的接触促进了种类之间的联合的形成);
5. 种类之间的政治上活跃的联合和联盟的形成[例如整个地区跨越种类界限的反对国家掠夺财产的阵线(mobilizations)的创立];
6. 打破社会种类界限的政治参与、政治权利和政治义务的大幅度的增加(例如,国家对社会上不同领域的合并促进了种类混合的政治)。

表5.2列举了促进平等化和缓冲的具体机制。它们描述了稀少的历史事件。例如,在大部分历史中,统治者和他们的主要支持者们反对解除支持当时社会不同种类之间的不平等关系的国家控制;相反,当他们有能力时他们会努力去巩固那些控制。而且,统治者和他们的主要支持者最不愿意放弃的东西之一就是他们对武装力量的私人控制。私人军队和秘密警察在亚洲、非洲和拉丁美洲的许多低能力的不民主的国家中十分猖獗。

然而有时这些机制会同时起作用,促进平等化和缓冲。例如,诸如阿根廷和澳大利亚的定居者殖民地的形成造成了物质条件平等化(和殖民国家相比)。尽管他们经常征服、大量屠杀或者排斥土著人,但定居者共同的努力促进了定居者的融合(accommodation),这种融合使公共政治远离定居者中的不平等。任何民主化的历史解释必须详细说明这些机制的结果和组合(它们把公共政治和种类不平等隔离开来)。

第三节　南非的不平等和民主

大多数国家容忍其公民中盛行的种种不平等或者从中受益。然而,很少有国家努力把种类不平等作为统治的手段。在过去几十年里,南非的统治者做出了世界上最大的努力,把种族的分类直接整合进他们的政治控制体系。几十年里,这种努力获得了成功;它支持了由白人统治阶层实行的剥削和机会囤积,但没有使经济或者政治陷入停滞状态。它运用了强制来支持资本的权力。之后,和外部战略上的支持者一起,受压迫者加强了他们的反抗,直到阻碍经济生活并使该政权垮台。在20世纪80年代,一场革命席卷了南非。

南非的种类不平等的经验,生动地说明了隐含在刚刚展示的理论中的一系列过程(但是在其他地方这些过程很少如此目标明确地出现,并且伴随着如此引人注目的公共效应)。该政权强行把种族的分类纳入公共政治破坏了把政治和现存的种类不平等的隔离,从而使一个已经不民主的政权发生了去民主化。但是20世纪70年代以及(特别是)80年代的革……………………的种类小口中等种公共政治之间建立了某些隔离，从而创造了最终民主化的条件。它是以两种方式达到这一点的：通过产生出持久的公众对直接把种族分类纳入政治的抵制，通过在种族的不同分类和人种的不同分类之间形成强有力的（如果说是暂时的）联盟。然后20世纪90年代以及后来的改革（通过引发建立在种族分类上的物质上的不平等的适度下降、在非洲人的种类内部产生更大的不平等、在现存的不平等和南非公共政治之间引入新的缓冲）促进了部分的民主化。

经济学家桑皮尔·特雷布兰奇（Sampie Terreblanche）在他关于南非不平等的有说服力的历史中，用下列话语概括了其主要特点：

> 最清楚的模式之一就是，在长期的殖民主义和帝国主义时期，殖民地的主人们大多数是群体冲突的获胜者，而本地人群体大多数是失败者。第二个模式（和第一个密切联系）是在后殖民地时期，当地的白人（来自移民的欧洲定居者的后裔）的大多数再次（至少是到1974年）成为征服者，从而处于发财致富的有利地位（通常是以本地人为代价）。

> 殖民地的当权者和白人殖民者主要以三种方式做到这一点：首先，通过建立使自己处于相对于本地人群体的明确的有利地位的政治和经济的权力结构；其次，通过剥夺本地人的土地、地面水和牲畜；再次，把奴隶和本地人变成不同形式的不自由的可供剥削的劳动力。这三条线索不幸贯穿了整个南非现代史，从17世纪中期到20世纪晚期。（Terreblance 2002：6）

因此，三百多年来，不管是从哪里来到南非的欧洲人都运用他们的政治权力，不仅为了征服本地人而且为了把他们自己对不平等种类的确定纳入普通的社会生活之中。以最广义的术语来说，大多数制度明确地区分南非白人、英国人、亚洲人（特别是印度裔的）、非洲人和有色人种（那些不能纳入其他种类的非白人群体）。仅仅在保持被称为种族隔离或疏远的制度条件下（1948—1990年），南非政府努力围绕着非洲人口中的进一步的区别组织公共生活。它是带着复仇的情绪这样做的：它把种类不平等直接纳入了公共政治。

表5.3是特雷布兰奇对1652年到2002年的南非政治经济变化的大

致历史分期。他的每一个"制度时期"都有一个对应人口中种族不平等的不同模式。从 1948 年种族隔离建立以来,它修改从而加强了以前政府建立的种类不平等。南非政府以前所未有的力度来强化种类不平等:把非洲人和有色人种从城市常住居民中根除出去;把非洲人驱赶到十分拥挤的隔离的小乡村(homelands);甚至把欧洲裔的孩子也根据其在家所说的语言(英语或者南非荷兰语)隔离到不同的学校。

表 5.3　南非不平等的六种"制度时期"(来自桑皮尔·特雷布兰奇)

1. 在 17 世纪下半叶和 18 世纪的大部分时间(1652—1795 年)里由荷兰殖民主义使其制度化的重商主义的和封建主义的制度。在这个时期早期移民(the Trekboere)创建了一个有着它自己的权力和劳动关系的半封建制度。但是这个封建制度并不是完全独立的,因此必须看成荷兰殖民主义制度的一部分;
2. 在"漫长的 19 世纪"(1795—1910 年)由英国殖民主义和英国帝国主义使其制度化的种族资本主义制度。由英国人引进的法律的、政治的和经济的模式依次摧毁了荷兰东印度公司、南非白人、克瓦桑族人(Khoisan)和非洲人建立的重商主义的、封建主义的和传统的模式。
3. 在 19 世纪移民先驱(the Voortrekkers)在奥兰治河(the Orange River)北部成功地创立了相对独立的共和国,并采纳了当时在开普地区(the Cape)被认为是非法的劳动模式。两个共和国的权力群体(power constellation)是不稳定的,但是它们仍然有足够的相对开普地区(the Cape)殖民地当局的独立,实行单独的封建制度;
4. 在钻石矿(1867 年)和金矿(1886 年)发现之后,英国殖民主义演变成了一种帝国主义和种族资本主义的侵略成性的更加全面的版本。为了成功地开发南非的矿产资源,英国人不得不建立起新的权力群体、政治制度和经济制度。为了使有助于金矿开采并使其有利可图的体制制度化,英国人在 19 世纪末打了几仗,包括英布战争(1899—1902 年)*。在 20 世纪的上半叶(当时的政治的、经济的和意识形态的权力主要掌握在和英国有着密切联系的当地的英国军事组织的手里)新的权力群体不仅得到了维持而且更加彻底地制度化了。在此有必要区分一下在英国殖民主义时期(1795—1890 年)的殖民的、农业的种族资本主义的制度时期和英国帝国主义和当地的英国军事组织的政治和经济的霸权时期(1890—1948 年)的殖民的、矿业的种族资本主义的制度时期;
5. 当南非维护白人利益的国民党(NP)赢得了 1948 年的大选时,它运用其政治权力加强了不自由的劳动模式。尽管国民党对由英国军事组织制度化的种族资本主义的经济制度没有做很大的改变,它运用其政治和意识形态的权力使其新的版本制度化。在南非白人政治霸权的过去 20 年里(1974—1994 年),一个置疑白人政治霸权的合法性、可持续性以及种族资本主义的可获利性的危机开始形成。在 20 世纪 90 年代早期,作为非洲政治霸权兴起的前奏,南非白人的政治霸权非常引人注目地崩溃了;
6. 从 1990 年以来,我们经历了一个从白人政治统治、种族资本主义的政治—经济制度到一个新的民主资本主义制度的转变。在后来的 12 年里(1990—2002 年)一个(由非洲精英控制的)民主的政治制度成功地制度化。不幸的是,相应的社会经济的转变至今尚未出现。
编自 Terreblanche 2002:14—16。

---

　*　Anglo-Boer War——又称南非战争、布尔战争。——译者注

然而，白人在城市、矿山和农场对黑人劳动的需求推翻了完全限制市非人口的所有计划。制造业和服务业的增长促进了城市黑人人口的迅速扩大，到 1945 年制造业对南非 GDP 的贡献已经超过了矿业。(Lodge 1996：188)到 1960 年，有 63% 的非洲人口至少是临时地生活在非洲人保留地之外。(Fredrickson 1981：244)而且，大约在那个时间，曾经一度的城市劳动力短缺变成了劳动力剩余，以致非洲人的失业逐渐集中到城镇而不是在农村保留地。南非统治者不得不面对把非洲人当成征服形成的当地人(Natives)和承认他们为资本家创造的工人之间的矛盾。他们一方面要努力把黑人和白人从居住上、社会上隔离开来，另一方面又要努力把越来越多的非洲人吸引到城市的、工业的劳动力队伍中去，他们为此付出了昂贵的代价。(Murray 1987，第二章；Terreblanche 2002，第 9 章)

而且，种族隔离的建立不仅符合(responded to)官方的历史观念也是政治上的权宜之计。在桑布兰(Thembuland)，最高首领萨巴塔·达林戴博(Sabata Dalindyebo)领导了反对国家提出的种族隔离的土地重新分配计划，但是却被一个国家支持的家伙取而代之：

> 新的制度为 NAD[本地事务部]提供了一个冲淡它认为是不合作的首领的影响的有利的机会。例如，普遍承认的最高首领萨巴塔·达林戴博的领导区域(chiefdom)被专横地分为两个地区：桑布兰[后来重新命名为达林戴博(Dalindyebo)]和移民桑布兰(Emigrant Thembuland)。在后一地区，凯泽·马坦齐马(Kaizer Matanzima)(一个以前地位低下的首领，他很早就显示出了对种族隔离的哲学和实践的真实兴趣，以及很快就转为对其物质回报感兴趣)被选为最高首领。(Evans 1990：44)

当这个政权在 1963 年创建了新的特兰斯凯(Transkei)家园时，它任命马坦齐马(Matanzima)为家园首领。之后特兰斯凯在马坦齐马的领导下于 1979 年成为正式的独立的共和国。(Davenport and Saunders 2000：402，432)

城市化、工业化和政治上权宜之计并没有阻止南非当局把从种族上划分的种类深深地融入到这个国家的法律的和经济的结构中去。甚至非洲联盟在 1979 年的部分合法化时，也把政府制定的种族划分写进了法律。这类政府恩赐的接收者面临着一个尖锐的两难选择：接受国家认可的分类并保持对土地和就业的可怜要求，或者拒绝它并放弃所有国家给予的权利。

以 M. G. 布特莱齐(M. G. Buthelezi)为例，他成了以德班(Durban)为中心的称为夸祖鲁(KwaZulu)的祖鲁家园的首领。布特莱齐开始是非国大(ANC)(African National Congress)的成员，后来因为参与非国大的游行被福特海尔大学(Fort Hare University)开除。为了实现自己的雄心壮志——管理祖鲁家园，他离开非国大并创立了因卡塔自由党(the Inkatha Freedom Party)。他的因卡塔自由党成员控制着这个地区的流动劳动力的出口并且从地区内的商人处收取保护费。这个党也从实行种族隔离的国家那里得到了秘密的津贴。在 20 世纪 80 年代直到 90 年代，因卡塔自由党和非国大成员为了控制夸祖鲁许多地区进行了持续不断的斗争。布特莱齐的运动说明，即使在南非白人早期为了支持其统治而划分的种类中某些黑人也能分一杯羹(had a stake)。(Davenport and Saunders 2000：434—435，500—501)因此我们应该避免这样的假定：20 世纪南非政治参与者的成长，和他们生活于其中并且与之斗争的前后几届政权毫无关系。(Jung 2000)这个国家竭尽全力于制造种类不平等，并把它强加给公共生活。

当然，国家的决心并不能保证它的行为会产生出其统治者所希望的效果。例如，人们或许会认为，种族隔离的严格的等级制度会在每一个种族的类别内部产生出经济上的同质性。相反，通过排除可能的竞争，国家支持的剥削和机会囤积的体制在成功的白人和不成功的白人之间产生了很大的不同。在非洲人口中，一个巨大的鸿沟把遭受大量的日益增长的失业困扰的贫困的农村地区和非洲人工作的(尽管收入很少)城市、矿山地区分别开来。结果是：在白人人口中的巨大的不平等和在非洲人口中的实际上的不平等同时存在。

1990 年后，政府支持的某些措施把一小部分非洲人推到了以前都是白人的岗位上，但是少数非洲人的存在并没有改变以前存在的等级制度和升迁渠道。相反，那些少数非洲人从原来在他们的白人前任中流行的同样产生不平等的机制中受益。然而，与此同时，大量的非洲人仍然贫困,上升的失业不成比例地影响着非洲人。种族的分类减弱了,但是物质的不平等还在持续甚至加大。杰里米·西金斯(Jeremy Seekings)和尼科利·纳特拉斯(Nicoli Nattrass)用这样的话总结了这种现象:

> 这个种族隔离的起分配作用的政权,为白人提供了充分的就业(通过种族歧视的劳动市场、工业的和教育的政策的结合),同时把廉价的非洲劳动力引导到矿山和农场的非熟练工工作上。但是这个政权在优惠白人方面的成功,也推动了排斥的基础从种族方面向阶级方面转化:南非白人获得的阶级优势使得他们能够维持在市场中的特权,从而不再需要依靠继续种族歧视。结果是某些南非黑人阶级能够成为内部者,而其他人仍然大部分被排除在财产的收益之外。

(Seekings and Nattrass 2005:6)

然而,直到大规模的抵抗、冲突和革命的变化破坏了国家强制实行的种族隔离制度,这些结果才变得显而易见。

第四节　抵抗、冲突和革命

隔离主义的政策也有不曾预料到的政治后果。首先,当种族隔离的政府剥夺亚洲人和有色人种的他们以前享有的独特的权利时,它们驱使着非洲人、亚洲人、有色人种和持不同政见的白人结成了共同的战线。其次,种族隔离的政权为了实行间接统治而强行任命新的首领和划分领地的努力,实际上激起了对首领权威(在此之上是政府的控制)的普遍的抵制。(Olivier 1991)从大约1970年起,这个国家对黑人居住地的控制减弱了,它强制实施劳动纪律的能力也下降了,从而公民反对压迫势力的暴力冲突也增多了。

隔离主义的政策最终使得政府定义的非洲人身份成了政治动员的基础。在1983年,已经动摇了的种族隔离主义政权试图通过建立一个非常不平等的三院制的立法机构来扩大对它的支持,这种立法机构把亚洲人和有色人种的代表统统归入一个单独的议院。然而,这个措施在非洲黑人中间和其他非黑人的该政权的挑战者中间激起了骚动（mobilization）。在街头巷尾，称为"同志"（comrades）的年轻活动者的非正式团体和称为"公民"（civics）的社区组织成员们一会儿合作一会儿交战。由575个不同的组织组成的全国性的联合民主阵线（United Democratic Front）的形成，利用了在现在为非法的BC（Black Consciousness movement，黑人意识运动）和非国大（ANC）之间建立的联系，但是又超越了那些联系。在其高峰时期，联合民主阵线声称有200万成员。（Johnson 2004：187）

1985年，一个类似的（而且，事实上是重叠的）许多工会的联合形成了COSATU（南非工会代表大会）。那些协调良好的（well-brokered）组织协调了对政府的抵制。在此威胁下，政府在1985年和1986年相继宣布了更多压制的紧急状态。后一次的宣告：

> 赋予每一位警官更大的逮捕、拘留、审讯的权力（无需批准）；他们授权警方专员禁止任何集会；他们禁止电视和电台记者报道逮捕的消息并且严格限制报纸的内容。政府已经求助于合法化的专制。
>
> （Thompson 2000：235）

政府拘留了成千上万的嫌疑犯而毫无审判。尽管有紧急状态，尽管禁止了许多社区组织，尽管为了预防，拘留了数以千计的活动分子，在20世纪80年代后期黑人的动员（mobilization）实际上加速了。抵制伴随着国际上的制裁动摇了白人对公共政治的控制。

在国内和国际的压力下，甚至曾经团结的南非白人集团也开始分裂了。由于包括欧盟和美国国会在内的许多欧洲人和美国人对他们实行了谴责、集体抵制、剥夺新的投资和中断信贷，大资本家们不再热衷于种族隔离。（Price 1991，第七章）1982年，议会中的反对任何妥协的国民党成员（Mps）已经脱离国民党形成更小的坚决的保守党（CP）。五年多来，国民党政府（现在受到右翼压力和自治的南非白人武装行动威胁的困扰）试图通过法律手段和秘密袭击来征服两翼的反对者。在1988年，当非洲人国民大会的怠工运动加速发展时，这个政府加强了它对非国大和政府的自由主义反对派的攻击。

然而在1988年10月的白人的地方选举中国民党沉重地打击了保守党之后，南非总统、国民党领袖P.W.博塔（P.W.Botha）宣布了巨大的让步。这些让步包括对六位判处死刑的非国大成员实行缓刑，把非国大领袖纳尔逊·曼德拉(Nelson Mandela)从他治疗肺结核的医院转到其家中软禁，而不是把他送回到他在其中待了25年的罗宾岛监狱。

　　之后的一年里，南非朝着解决国内隔阂迈出了关键性的步伐。1989年，国民党领袖、总理 F. W. 德克勒克(F. W. de Klerk)和以前禁止的非国大(包括曼德拉本人)进行了谈判，并释放了大多数被监禁的非国大领导人。德克勒克对(1989年9月)在开普敦举行的3万5千人的多种族的抗议游行暨庆祝活动的宽容，不仅标志着战略上的重大转变，而且也鼓励了众多的代表南非的其他种族和解的游行。在索韦托足球城(Soweto's Soccer City)举行的欢迎非国大被监禁人员释放回家的庆祝大会"实际上成了30年来非国大第一次集会"。(AR 1989：295)

　　到1990年，德克勒克是在和非国大保持密切磋商中进行管理的。从软禁中释放出来后，曼德拉成了国家政治的主要参与者。1991年南非总工会(COSATU)活动家西里尔·拉马弗萨尔(Cyril Ramaphosa)赢得了选举成为非国大总书记。与此同时，以前受到政府和国民党秘密支持的夸祖鲁黑人家园(KwaZulu homeland)领袖布特莱齐(Buthelezi)的因卡塔自由党(Inkatha Freedom Party)越来越受到孤立。因卡塔自由党加强了对其非国大对手的攻击，但是到了1994年的选举，在全国的黑人选票中它仅仅得到了6%，相比之下75%的选票投给了非国大。(在所有种族在内的总的选票中，非国大得到了63%，国民党20%，因卡塔自由党11%。)在(10年前会使任何政治种类的所有南非人目瞪口呆的)胜利之中，以前的囚犯纳尔逊·曼德拉成了南非总统。

　　"当南非国家在1990年开始脱离正式的种族排斥和隔离，转向'非种族的'民主时，"安东尼·马克思(Anthony Marx)写道，

　　　　种族的身份和种族的动员(mobilization)已经失去了它的部分
　　　　显要之处。代之而起的是，政治事业逐渐把"部落的"或者"民族的"
　　　　(ethic)身份作为动员的基础，正如祖鲁民主主义和"有色人种"对非
　　　　国大领导下非洲人占优势的担心所表明的那样。(Marx 1995：169)
解体发生在两个层面上：非白人阵线分裂了；例如，到1996年，在开普敦的有色人种的选民大量地选择了国民党(以前种族隔离的建筑师)。但

是,那些非洲的、有色人种的和亚洲的种类也失去了其统一的力量,让位于更小层面的区分。

然而,非国大也必须适应从 1990 年到 1994 年选举胜利的转变。1989 年苏联的部分瓦解在南非有两个关键的影响。首先,它减少了保守人士声称要做防止国际共产主义阴谋的壁垒的可信度。第二,它减少了外部对非国大的外交的和财政的支持。这两个影响一起,促使了美国给双方施加压力,让它们达成妥协解决而不是革命。为了彰显它的存在,非国大宣布 1991 年为其"大规模行动年",呼吁它的支持者参与和平的、有纪律的罢工、联合抵制、游行和集会。(Jung and Shapiro)

逐渐地,非国大的存在破坏了国民党的建立某种权力分享的计划。而且非国大也努力避免完全两极分化。它接受了"选举中有比例的代表、白人公务员的工作保障以及对在旧政权领导下犯了罪的安全部队的特赦"(Bratton and van de Walle 1997：178)。因此半革命的形势让步于显著的谈判妥协。

随着非国大上台掌权,在以前的反抗运动内部发生了重大分裂。不仅许多非国大领导人直接走上了政府岗位和进入了以前非洲人不能进入的行业,而且分裂也发生在地方层面。在 20 世纪 80 年代,市民组织在发起抵制和其他大规模行动方面起了关键作用,但是它们也失去了其大部分政治重要性,部分原因是因为其领导人离开组织去寻找在新政权中的机会,而且也部分因为非国大对那些继续发起运动的组织进行了严格的忠诚考察。(Zuern 2001,2002)某些曾经用自己血肉之躯保护家园,反对白人统治者的街头同志,转向了帮派对立和犯罪。"自从 1994 年,"理查德·威尔逊(Richard Wilson)报道说:

> 在缺乏政治的和经济的机会时,作为在经济上的生存手段,非国大的准军事人员变成了罪犯。仍然自称为特别保护者(Special Defense Units)的沙佩维尔(Sharpeville)团伙以保护为名进行敲诈勒索,他们向被恐吓的居民承诺保证免于其他罪犯和特别保护者(SDUs)的侵害,以换取经常的报酬。非国大不断地努力在长期争斗的派别间实现停火,但是它既不能维持停火也不是执行停火。(Wilson 2001：179)

随着一小部分兴旺起来的新的中产阶级的离去，黑人社群在那些迅速进入非国大的国家政权的人们和那些落在后面的人们之间出现了巨大的分裂。

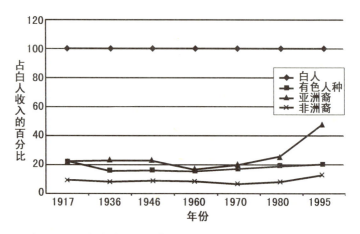

插图 5.2　南非按种族分类的相对人均收入(1917—1995 年)

　　插图 5.2 展示了一个格外不平等的政治体制的结果。它把 1917 年到 1995 年的有色人种、亚洲人和非洲人公民的人均收入和白人的相比较。尽管在整个 80 年里南非的政权始终把非洲人置于底层，直到最近它也把亚洲人和有色人种置于非常低的层次。从 1948 年以来的种族隔离的建立并没有太大地影响有色人种相对的位置，但是它明显地伤害了亚洲人和非洲人；到 1970 年，非洲人的人均收入下降到白人收入的 6.8%；普通白人的收入几乎比普通非洲人多 15 倍。

　　后来这个体制开始崩溃。1980 年后，亚洲人的相对位置几乎翻了一番(上升到白人收入的 48.4%)，而且非洲人的收入最终也开始上升。相反，有色人种(大部分被非国大庇护关系所忽视，而且经常参与反对非国大政治霸权)没有任何相对的上升。1995 年以来，非洲人流向更高收入种类的趋势一直在继续，因此"到 2000 年在顶层收入的星座(quintile)中非洲人已经和白人一样多"(Seekings and Nattrass 2005：45)。当然，由于非洲人占总人口的 75%，白人占 14%，那些数字远远达不到相等(fell far short of parity)。然而，在经济生活中阶级的不平等开始替代种族的不平等。种族隔离的崩溃和黑人获得政治权力开始深深地影响南非的物质的不平等。

种族隔离的拆除并没有从南非公共生活中完全消除种族类别。尽管反对种族隔离的联合使得非洲人的和有色人种的公民们肩并肩地战斗，但是非国大国家的代表"以前受压迫的"人民的赞助性行动计划通常仅仅指非洲人。(Jung 2000：202)行政事务的重组把许多亚洲人的和有色人种的官员从较低层次的机构位置中排除。(Johnson 2004：214)阿贝·威廉斯(Abe Williams)(西开普的有色人种省的福利部长)抱怨道：

> 但是你看对有色人种而言所发生的是，他们感到赞助性行动对他们的伤害。当他们反对种族隔离时，他们被认为是反对种族隔离的一部分。但是现在种族隔离没有了，他们并没有得到新体制的好处，因为他们又再次被歧视，"你们不是黑人。"这是非常令人伤心的。(Jung 2000：203)

确实，在西开普和其他地方，大量的有色人种选民转向了非国大的反对党——以前种族主义的国民党。考虑到非国大对国家的压倒性权力，我们很难说21世纪的南非是彻底的民主。而且，没有明显的证据说明，新的政权会避免用尖锐的阶级划分去代替长期限制南非公共政治的种族划分。但是，和20世纪70年代相比，这个政权已经朝着更广泛的、更平等的、更多保护的和国家-公民之间的相互制约的协商迈开了很大的步伐。通过其部分地使公共政治远离种类不平等，这个政权已经民主化。

第五节 起作用的机制

一个特例并不能得出普遍性的论点。而且，南非是一个极端的特例：在这个特例中，国家有意地、公开地并且曾经一度成功地把已经在日常社会生活中盛行的种类不平等纳入到国家公共政治中去。此外，巫术和艾滋病病毒感染的流行可能会削弱南非从民主化中得到的好处，甚至会引起这个受困的政权去民主化。然而,南非有两个优势有利于本书分析的进展。第一,它表明至少存在一个重要的国家经历,符合本书新奇的解释路线。第二,它表明,如果这一论证是有效的,我们可能在不太极端的案例中期望什么。

例如,如果你回顾一下表5.2,你将会发现,那里所列举的把公共政治和种类不平等隔离开来的所有机制,在南非1970年后的巨大变化的这个或那个阶段都起了作用:

- 支持现行的社会不同种类中的不平等关系的国家控制的瓦解;
- 财产和福利在整个人口的不同种类间的平均化;
- 私人控制的武装力量的减少或者国家对它的限制;
- 把公共政治和种类不平等隔离开来的程序设计的采纳;
- 种类之间的政治上活跃的联合和联盟的形成;
- 打破社会种类界限的政治参与、政治权利和政治义务的大幅度的提高。

仅仅这些机制的存在并不能证明它们实际上促进了南非的民主化。然而对南非政治变化的全面叙述使得我的主要因果解释听上去似乎有道理:国家运用种类不平等作为统治工具的努力意外地产生了强大的超越种类界限的联合,这种联合最终造成了在公共政治和不平等之间的缓冲。当然,南非的民主化仍然是不完善的。

在不太极端的例子中,我们必须挖掘更深层次的原因来追踪准确的因果联系。别的不说,通常很难把联系信任网络和公共政治的过程,与在公共政治和不平等之间产生缓冲的过程分别开来。然而,前面所述的六条关键机制的清单,正如它清楚地适用于19世纪的美国和20世纪的印度那样,也适用于1970年以来的南非。而且,每一条都指向一个在原则上会导致去民主化的引申机制。例如,有利于深陷于不平等种类的政治参与者的阶级间联合的瓦解,预示了对民主的颠覆。在1930年到1936年这个时期的西班牙似乎是个恰当的例子。在西班牙,资产阶级的共和国对有组织的农民和工人的排斥,断送了曾经导致1930年到1931年的民主革命的联合,并且重新把阶级差别直接纳入公共政治,与此同时,由弗朗西斯科·佛朗哥(Francisco Franco)领导的军人们从右翼威胁着共和国。(Ballbe 1985，Gonzalez Caleja 1999，Soto Carmona 1988)

对处于迫在眉睫的内战时期西班牙的回忆,提出了关于自治权力中心和公共政治之间联系的新的问题(不同于信任网络对种类不平等的影响)。第六章把我们带入那个复杂领域。

第六章

权力与公共政治

俄罗斯曾经生活在一个生机勃勃的充满民主希望的至关重要的时期。希望令人难忘地在 1988 年出现。自然，在那些时刻，俄罗斯共和国仍然支配着苏联而不是作为独立国家而存在。苏联共产党的总书记、(从那年开始的)最高苏维埃主席团主席俄罗斯人米哈伊尔·戈尔巴乔夫(Mikhail Gorbachev)那时正领导着走向 glasnost(政治公开)和 perestroika(经济和政治重建)的运动。在 1988 年 6 月底召开的历史性的党的第 19 次代表大会上，戈尔巴乔夫发表了长达 3 个半小时的充满希望的讲话。

冷静的《世界大事年鉴》(*Annual Register*)把戈尔巴乔夫的讲话概括为拒绝斯大林主义并且提倡一个保持社会主义优越性的新的社会：

> 尽管它不可能详细地描述这样一个社会，这种社会主义将会是一个"实实在在的"(true things)制度。所有社会发展的目的，从经济到精神生活，都是要满足群众需要。应该有建立在多种财产形式和工人参与基础上的充满活力的先进的经济，把主要的中央计划和个人企业很大程度的自治结合起来。所有人的基本需求(包括健康、教育和住房)应该得到满足，但是个人的才能也应该得到适当的道德的和物质的奖励。这样的社会应该有高度的文化和道德，应该由一个"深远的和坚定的民主"的体制来管理。(AR USSR 1988：106)

戈尔巴乔夫声称要把苏联(包括他自己的俄罗斯)带上民主化的道路。然而，《世界大事年鉴》的记者写道，在苏联，经济的表现在走下坡路，广泛的要求自治甚至独立的呼声在苏联的非俄罗斯民族中正在上升。尽管戈尔巴乔夫促进公开和重建，在国家层面并没有开始向民主的平稳过渡。

9 年之后，在 1997 年，苏联解体了＊，俄罗斯经历了争取政治控制的激烈斗争。利用俄罗斯民族主义反对戈尔巴乔夫保存苏联残余的努力，俄罗斯党的领袖鲍里斯·叶利钦（Boris Yeltsin）在 1991 年夺取了权力。1993 年叶利钦通过镇压一次右翼的国会政变巩固了他的掌控。叶利钦赢得了 1996 年的总统选举，但是到 1997 年他的健康出现问题，从而引起了总统圈内各路人马四出活动以扩大影响。关于其国内形势，《世界大事年鉴》那时传播的好消息不多：

> 持续到 1997 年，斗争在这个国家的大的财政企业集团（包括最大的银行，经济的关键部分）和（他们在其中获得了控制利益的）报纸、电视台之间进行。更大范围的政治形势是相对稳定的，除了在春季的有深远意义的政府改组之外；但是这是发生在经济持续衰退、社会差距正在拉大的背景之下，加上有组织的犯罪和腐败的增长。

（AR Russia 1997：135—136）

俄罗斯新生的民主落到了低潮。

1999 年底衰弱的叶利钦辞去了总统职务，这为他的总理弗拉基米尔·普京（Vladimir Putin）打开了道路。作为曾经领导过联邦安全局（克格勃的共产主义之后的继承者）的职业情报官员，普京没有努力去促进民主。在他获胜的 2000 年的选举运动中，他甚至拒绝和他的竞选对手辩论。但是他的公开声明强调了恢复一个强大的国家和正常运作的市场的必要性。他也承诺要对他描述的威胁车臣和高加索其他地区的"伊斯兰极端势力"采取强硬的行动。在他就职后不久，他就削减了地区领导的权力，开始限制大众传媒，并且做出了更大的努力来制服这个国家的"寡头们"——在 20 世纪 90 年代里在商业和媒体中发了大财并获得了很大自主权的资本家们。普京以民主的代价来加强国家的能力。（Fish 2005）

中央控制的加强一直在持续。正如 2004 年的《世界大事年鉴》这样描述道：

＊　原书如此，学术界一般认为苏联正式解体于 1991 年 12 月 25 日。——译者注

　　　　俄罗斯在迈向更加独裁的国家轨道上错失了这一个，更这个国家重复它的邻国乌克兰的经历并且看到政治组织在群众革命之前让步似乎是不可能的(尽管有在俄罗斯政治中已经大部分被迫退出的自由主义团体的希望)。俄罗斯在 2004 年的发展受到两个因素支配：政府对由车臣分裂主义分子在该共和国的边境实施的恐怖主义报复(特别恐怖的是在 9 月针对北奥塞梯的别斯兰学校的孩子的)的回应；政府反对"寡头"重新控制能源利益[尤科斯(Yukos)传奇就是这一现象的缩影]的运动。总的来说，反对车臣和反对寡头的运动赢得了普遍的赞同。(AR Russia 2004：105)

以普京政府对这个国家最大的私有化的能源公司尤科斯的总裁米哈伊尔·霍多尔科夫斯基(Mikhail Khodokorsky)的逮捕、起诉和监禁为例。它代表了普京重新夺回对石油和天然气供应的控制权(作为巩固他个人政治权力和从可能的政治反对力量中消灭从事非法活动的资本主义"寡头"的手段)的无情的运动。不久国家控制的能源公司成了世界上最大的天然气生产商。有着世界上几乎四分之一的已探明的天然气储量，普京的俄罗斯用它的能源来支持它的国际影响。到 2006 年为止，斯洛伐克的天然气 100%从俄罗斯进口，保加利亚是 94%，立陶宛是 84%，匈牙利是 80%，奥地利是 74%，德国是 40%，意大利是 30%，法国是 25%。(Schmitt 2006：61)很清楚，这个国家对能源供应的垄断，为它在国内、国际的发言增添了巨大的筹码(clout)。

　　俄罗斯公民们感到了国内筹码的分量。2004 年，普京政府开始迫害有迹象提出政治上的反对意见或者给国家当局找麻烦的学者和商人，与此同时它还扩大了对媒体的监督。例如，2004 年 4 月莫斯科市法院以严重叛国罪和间谍罪判处 41 岁的莫斯科学者伊格·苏迪亚金(Igor Sutyagin)15 年徒刑。在 20 世纪 90 年代中期，苏迪亚金曾主管加拿大赞助的关于苏联解体之后、华沙条约组织解体之后的 12 个国家(包括俄罗斯在内)的军民关系的研究项目。苏迪亚金没有接近军事秘密和情报秘密的途径。苏迪亚金立足于莫斯科的美国和加拿大研究院(曾经是策划政治公开和经济、政治重建的主要中心)进行研究，他用标准的调查手段组织了对 12 个国家领导人的采访。法庭(不公正地根据无关的解释)证明他犯有把国家机密传递给英国和美国情报机构的罪行。

　　在 2005 年,普京政府通过了一系列的国家加强法。新的法律废除了政府官员的直接选举,终止了议会选举中的选民投票,缩紧了政治党派登记的要求并且提高了党派在议会中代表的门槛。该政府也开始考虑严格限制非政府组织自治的法律。在高加索地区(the Caucasus)活动的人权组织处于极端的压力之下,俄罗斯-车臣友好协会成了挑起种族仇恨和侵犯税法的犯罪案件的对象(Human Rights Watch 2006)。从广泛性、平等、保护和相互约束的协商来看,普京的政权显然是在使俄罗斯去民主化。插图 6.1 展示了俄罗斯从 1985 年到 2006 年的惊人的轨道,但没有反映从戈尔巴乔夫到叶利钦再到普京的曲折和转向。

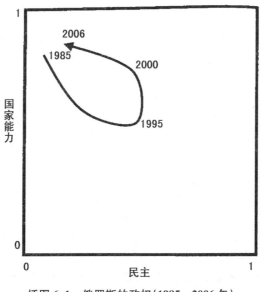

插图 6.1　俄罗斯的政权(1985—2006 年)

　　根据这个草图,俄罗斯在 1985 年后朝着民主的领域迈进但丧失了大量的国家能力,然后在两个方向上开始出现逆转。正如在第 2 章所描述的,从 1991 年到 1992 年,自由之家把俄罗斯的政治权利和公民自由都放在 3 的位置——根据自由之家的标准和我们的标准,当然它不是民主的,但是远高于这个政权在 2005 年的政治权利和公民自由位置 6,5。2004年事先确定好的总统选举(在其中普京获得了 71.4% 的选票,他最接近的竞争者获得13.7%）甚至公开地把竞争时的选举从自称为民主国家的俄罗斯中除去。针对俄罗斯扼杀反对派的声音,自由之家在2005年把这个政权的总的分类从部分自由改变为不自由。

自由之家的评分说明了俄罗斯的去民主化,但是未能说明国家能力变化的弧形轨迹:从戈尔巴乔夫改革之前时期的高处到叶利钦时代的下降,然后在普京领导下耸人听闻地回到很高的水平。这两个趋势明显地联系在一起;普京政权在排斥民主的同时拼命地增强国家能力。然而从某个方面看,普京令人惊讶地一直在促进一些长期的变化,这些变化最终会加速俄罗斯的民主化。尽管他允许俄罗斯军队在高加索地区有很大的自主权,但是他也压制那些已经获得超出国家控制的特殊独立性的资本家。如果在将来,俄罗斯国家在和广泛的、相对平等的公民们的对话中,再次遵守有保护的、相互制约的协商,我们也许会回头看普京,作为独裁者,他早期采取的不民主的措施,后来却通向了民主的结果。

第一节　改变权力配置

为了欣赏那个讽刺性的可能性,我们必须考察我们所研究的所有政权内部及其周围的权力配置。本书通篇着力于分析公共政治的变化,关注显然耗费国家人力物力的国家和公民之间的相互作用。在把公共政治和种类不平等隔离开来,并且暂时地把信任网络融入公共政治之后,在民主化背后的第三个必要的变化,包括在某一政权管辖的领土范围内减少自治的权力群体(autonomous power clusters),特别是那些拥有自己的集中强制手段的权力群体。那些群体也许运行于国家之外(例如,军阀)或者运行于国家之内(例如,军人统治者)。他们的减少使得国家服从于公共政治并且促进了公众对公共政治的影响。

这一章讨论非常复杂的因果联系。它的逻辑思路是从(1)特殊的因果机制到(2)周期性发生的因果过程到(3)那些过程对自治权力群体的影响到(4)政治权力群体内部变化对国家和公共政治的影响到(5)在国家和公共政治内部的那些变化对民主化和去民主化的进一步的影响。插图 6.2 暂时省略了详细的机制,但是系统地描述了从 2 到 3 到 4 到 5 的联系。它的主要的逻辑思路是这样的:在国家内部和国家外部的权力配置的一系列周期性的变化,导致了国家、公民和公共政治之间关系的变化,后面的变化接着又促进民主化。在此因果顺序中任何地方的逆转都促进去民主化。

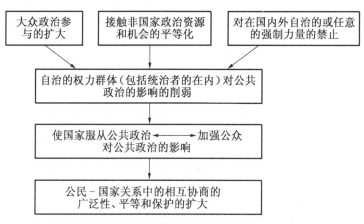

插图 6.2 变化的权力配置和去民主化之间的因果联系

我们研究那些转变,在那些转变中自治的权力群体(如军阀、庇护体系、宗教社群、军队和大的宗族群体)逐渐消散并且变得服从于有着广泛的大众参与的公共政治。正如插图 6.2 所强调,这些转变包括对这类权力中心的自治直接限制和公民获得间接地制止或者绕过自治权力中心的集体力量。在这第一个方面,普京正在控制那些在 20 世纪 90 年代的混乱中发展壮大的资本家、私人保护服务、匪帮和种族分裂主义分子的自治权力。然而在第二个方面,他实际上在逆转公民对集体力量的获取。正如他自己宣称的,他正在执行一个积极主动的国家主义的计划。

三个相互联系的过程减少自治的权力群体:

1. 政治参与的扩大(这在独裁政权下常常毕竟是强迫出现的,因此在定义上并不属于民主化);

2. 接触非国家的政治资源和机会的途径的平等化(这常常来源于大

众传媒的扩大和地理上流动的加速而不是源于其他的政治机构的变化,因为可以作为民主化的原因而不是它的组成成分);

3. 在国家内部和国家外部的自治的和独裁的强制力量的禁止(例如,通过军事上击败,对以前自治的武装力量在组织上加以限制,或者国家有时和反叛者实行休战)。

如果说这三个大的过程促进了民主化,它们的重要性却和广泛接受的民主化观点相矛盾:即从根本上说它依赖于当前掌握权力的人们的同意(不管如何勉强)。民主化的商谈模式(例如,Acemoglu and Robinson 2006,Alexander 2002)通常包含这样的观点。尽管从长远的观点来看,根据定义民主包括一定程度的精英们的同意,但是精英们的同意并不是民主的前提条件。事实上,这三个过程经常发生在完全没有民主要求的情况下。它们甚至出现于掌权者(为了维持他们权力)的倡导。

但是这三个过程确实包含了新的公民-国家的协商;插图6.2的中间部分把这种新的协商概括为(1)国家对公共政治的服从和(2)大众对公共政治的影响的加强。普京为了重建国家对能源供应的控制对寡头的反民主的打击,有助于在俄罗斯政权内消灭竞争的强制权力中心。到2006年止,普京的政权并不是在致力于协商使俄罗斯国家服从公共政治或者加强大众对公共政治的影响。相反,国家在2000—2006年之间的行为是在使俄罗斯去民主化。然而在其他地方,这三个扩大、平等化和禁止的过程确实经常导致民主化发生。

为什么这些过程会促进民主化?它们又是如何促进民主化的?为什么它们的逆转会促进去民主化?它们的逆转又是如何促进去民主化的?记住我们民主的根本标准是国家行为符合其公民所表达的要求的程度,因而民主化包括国家行为和公民表达的要求之间的符合程度的提高。前面几章曾经说明,暂时地把信任网络融入公共政治以及把公共政治和种类不平等隔离开来,会增加国家行为对公民表达的要求的符合程度。在信任网络和种类不平等的变化导致的影响之上,刚才确定的三个过程的积极方面有两方面作用:它们一方面使国家服从公共政治的控制,另一方面促进了公众对公共政治的影响。它们的逆转——缩小政治参与等等——减少了外部对国家的控制和公众对公共政治的影响;这样的话,它们就引起了去民主化。

通过把这三个大的过程分解为详细的机制,表6.1确定了不断发生的,使国家服从公共政治的控制和促进公众对公共政治的影响的具体的和相关的变化。它们按照从明显的到不明显的顺序排列。例如,应该显而易见的是,在某些统治阶级成员和被排斥的政治参与者的联合(机制1)既使国家服从公共政治,又促进公众对公共政治的影响。正如在第2章里所看到的,法国走向民主的长期的轰轰烈烈的运动不断地包括这样的联合:都市人对领导了投石运动的(the Fronde,1648—1653)持不同政见的贵族的支持;在某些贵族和上层资产阶级(haute bourgeoisie)之间的紧密的联盟;持不同政见的高等法院(dissenting sovereign courts)、法官助理(law clerks)再次和城市居民的联合(1787—1789年);以及在19世纪的内部者—外部者反复的结盟。

表6.1 使国家服从公共政治和促进公众对公共政治的影响的机制

1. 在统治阶级的某些成员和当前被排斥在权力之外的公认的(constituted)政治参与者之间联合的形成(例如,持不同政见的资产阶级寻求被剥夺了公民权的工人的支持,从而促进了那些工人的政治参与);
2. 中央指派或者除去以前自治的政治中间人(例如,地区豪强参与管理联盟,从而参与政府计划);
3. 非国家的庇护网络的瓦解或者转变(例如,大地主变成了商业化的农民,从土地上赶走佃农和长工);
4. 不平等的种类之间、不同的信任网络之间和以前自治的权力中心之间的联合的中介作用(brokerage)(例如,地区的联盟形成以反对政府夺取地方财产,从而促进了把这些联盟运用于其他政治斗争);
5. 所需的支持的资源必须通过和公民们协商才能得到的国家活动的扩大(例如,参战国家通过征兵创建一支庞大的国家军队);
6. 动员—压制—协商的循环(mobilization-repression-bargaining cycle),在那些循环中当前被排斥的参与者以威胁政权及其统治阶级生存的方式集体地采取行动,政府的镇压失败了,斗争随之而起,并且解决方案承认动员起来的参与者的立场或者权利(例如,抵制政府夺取土地的谈判解决的结果,建立起关于财产权利的协议);
7. 通过国家管辖强制实行统一的政府的机构和措施(practice)(例如,全国统一税收的建立增加了平等、透明和一致的可能性);
8. 对以前自治的武装力量从官僚机构上加以制约(例如,把雇佣兵并入国家军队减少了他们作为政治参与者的独立程度)。
　　这些机制的消极的方面(例如,自治的政治中间者的滋生和为人口中受惠部分服务的特殊政权的产生)促进了在广泛性、平等和对相互制约的协商的保护方面的下降,从而引起了去民主化。
　　结合这些机制的主要过程包括:(1)政治参与的扩大(正如主要在机制1到4中所看到的);(2)接触非国家的政治资源、机会的途径的平等化(主要是机制3、5和7);(3)在国家内部和国家外部的自治的和专断的强制力量的禁止(主要是机制1、6、7和8)。

回顾历史，我们很容易认为那些联合是原始民主的（proto-democratic）。（Westrich 1972）但是要注意它们政治的两个关键的特点：第一，参与者常常是为了保护受到威胁的权利或者利益而不是呼吁广泛的、平等的、保护的相互协商；第二，当他们的行为确实把政权推向民主（正如他们1648年到1653年没有推向民主，但是1787年到1789年确实推向民主那样），他们是通过使国家服从公共政治和促进公众对公共政治的影响，间接地这样做的。（Markoff 1996a，Nicolas 2002，Tilly 1986）

要寻找更加复杂的不太明显的促进民主的机制，请考虑一下第6条：动员-压制-协商的循环，在那些循环中当前被排斥的参与者以威胁政权及其统治阶级生存的方式集体地采取行动，政府的镇压失败了，斗争随之而起，并且解决方案承认动员起来的参与者的立场或者权利。这样的循环典型地发生在国家通过征服扩张时、以前征服的地区或者掌握权力者寻求自治时以及国家通过税收、征集或者没收财产方式掠夺的对被征服人口的资源的需求上升时。大多数情况下这样冲突的结果不是极端的，既非国家权力的成功入侵也非国家完全胜利。相反，协商总是会产生对国家需求的某些妥协，以换取那些需求的某些削减，伴随着对那些党派的未来权利的某些确定。

这个机制是重要的，因为它影响着国家的长期的生存能力。如果国家没有所需资源（金钱、财产和劳动力）的持续不断的供应，国家就会垮台。它们是以三种主要的方式获得那些供应的：（1）通过直接经营产生资源的企业；（2）通过用货物或者服务和资源的生产、配置进行交换来施加控制；和（3）通过从统治人口中榨取必需的资源。前两种方式绕过了公民方面对国家行为的大的赞同。第三种方式依赖于至少一点点赞同。它来源于表6.1中的机制5：所需的支持的资源必须通过和公民们协商才能得到的国家活动的扩大。在那些情况下，统治者别无选择只有从常常是不愿意的公民中榨取资源，因而要和公民们协商。（Levi 1997）因此榨取开辟了新的公民-国家协商（使得国家服从公共政治并且促进公众对公共政治的影响）的道路。就此而言，从长远来看它促进了民主化。

那么，正如第五章所表明的，它是如何（在某种程度上）依赖于（政权的经济建立其上的）主要资源的？主要依靠对土地、劳动力、牲畜和强制手段的控制的政权,典型地通过地区掌权者得到它所需的支持的资源,那些地区掌权者在他们自己的领域保持着很大的自治权,但是上缴部分剩余给国家或者帮助国家收缴剩余部分。相反,高度资本化、商业化的经济使得国家更加容易从资本、财富、薪酬和商业交易中获取资源。

例如,王国常常运行着土地—强制体制,在这种体制中皇家领地产生出很大份额的国家活动需要的金钱、财产和劳动力。通过这样做他们实际上是采用了第一种策略:直接经营产生资源的企业。最近,国家常常垄断像石油那样的宝贵财产的生产,并且用那些财产去换取其他国家必需品。这是第二种策略:通过用货物或者服务和资源的生产、配置进行交换来施加控制。但是甚至从国家统治的开始,大多数国家已经征用或者用其他方式直接从它们自己的统治人口中获取财产和服务。那些国家采用了第三种策略:从公民中榨取必需的资源。苏联及其卫星国在很大程度上自给自足的经济瓦解之后,俄罗斯离开了第一种策略。它更加努力地推行第三种策略——直接榨取,但是成绩平平。在普京领导下,它更加强调第二种策略,特别是用能源供应来换取其他国家必需的物质。

第二节 征税、协商同意和避免同意

征税遵循的是第三种策略。国家征税给政治分析家提出了有趣的问题,因为当纳税人纳税时他们很少有回报或者没有个人的补偿(quid pro quo)。他们根本什么也得不到,或者他们也许得到很少份额的集体财产。为什么他们应该不断地纳税?(Herzog 1989,Levi 1988)而且国家通常是通过(强迫地或者以其他方式)征税把自己建立起来。(Ardant 1971,1972;Brewer 1989;Daunton 2001;Kozub 2003;Tilly 1992,第三章;Webber and Wildvsky 1986)在它们榨取税收的同时,常常会激发动员-压制-协商的循环(从小规模的抵制到大规模的反叛)。

那些循环把隐藏的政治代价强加给国家:尽管它们常常会增加资源流向国家,它们也使得国家依赖于那些资源并且要为下一轮的榨取确定条件。以这两种方式，那些循环伸得国家服从公共政治并且促进了公众对公共政治的影响。在很大程度上，从短期看它们没有促进民主协商，但是从长远来看，它们为民主化创造了条件。正如我们在前面所说，从法国历史的长远来看，国家朝着依赖于公民对持续榨取的妥协的转化，增加了该政权在民主化和去民主化之间更替的敏感性（susceptibility）。动员-压制-协商的循环推动政权跨越这敏感性的门槛。

这样的循环在当代中国继续着。托马斯·伯恩斯坦（Thomas Bernstein）和吕晓波（Xiaobo Lü）考察了20世纪90年代的中国农村的税收抵制。尽管政府对此类事情保密，伯恩斯坦和吕积累了大量的日益增长的抵制任意征收税费的证据。而且，农民有时成功了，得到了地方当局的让步，引起了高层国家官员对地方滥用权力的注意，并且重新商议了未来征收的条件。

1992年和1993年的四川仁寿的一系列的抵制就包括这一类的动员-压制-协商的循环。尽管国家有"减轻农民负担"运动，但在那里，地方干部继续为修建公路对农民家庭征收重税和强迫劳动。当他们征不到劳力或者现金，他们就扣押家庭财产，包括电视机、粮食和生猪。但是在农民张德安（Zhang De'an）的领导下，当地人民开始抵制。这个县的检察院试图以逃税漏税的罪名逮捕张，但是：

> 七八百农民带着锄头和扁担聚集在谢安乡，张公开地撕毁了逮捕证。他们赶走了逮捕的官员，烧毁了警车。1月和2月间暴力事件在谢安乡愈演愈烈。商店关门，政府瘫痪。"据说几百农民参与了扔石头的'游击战'。"农民集体向县城所在地进发，涌进政府大楼，高呼要求正义。

> 这次群众动员引起了四川的党和政府领导的重视，他们在2月派出工作组进驻仁寿。考虑到国家对额外负担的明令禁止，四川省和仁寿县的官员们"肯定张德安宣传减轻农民负担政策，呼吁农民拒绝缴纳多征的钱款是有道理的"。（Bernstein and Lü 2002：132—133）

干部们奋起反击，仁寿的抵制在继续。然而，到1994年四川省政府和国家政府明显地作出了让步。他们释放了农民，撤换了大量的干部，调拨了

省里的资金来建设当地的高速公路。(Bernstein and Lü 2002：136)

让我在此澄清一下：仁寿事件并不是说中国在 20 世纪 90 年代正在迅速地民主化，更不是说中国国家正在崩溃。然而，由于他们提供了广泛宣传的国家-公民协商的典型，这些事件确实刺激了使国家服从公共政治，并且在很小的程度上促进了公众对公共政治影响的机制。既然这样，关键的机制是动员-压制-协商的循环。这种冲突的积累为以前并不存在的民主化创造了机会。当越来越多的仁寿模式的循环出现在中国时，这个政权就离广泛的、平等的、有保护的、相互制约的公民-国家的协商——民主越来越近了。

随着中国和朝鲜之外的国家社会主义的崩溃，那些通过自己生产所需资源来获取支撑资源的国家实际上已经消失了。但是第二种支撑国家的策略——用货物和服务和那些国家施加控制的资源的生产进行交换，幸存了下来，甚至昌盛起来。前面我们已经看到弗拉基米尔·普京通过夺回国家对石油和天然气生产的（在 20 世纪 90 年代大部分落入了私人手中的）控制权，向着这种策略转移。在与此相同时期，许多富油国家通过夺取石油开采的控制权（常常是和愿意帮忙的外国资本家们合作）、在国际市场销售、在其他的国际市场购买强制手段并且用剩余来奖励他们主要的地方支持者来避免通过谈判取得公民的同意。

在 21 世纪，利比亚（Libya）、乍得（Chad）、苏丹（Sudan）、委内瑞拉（Venezuela）、玻利维亚（Bolivia）、乌兹别克斯坦（Uzbekistan）、哈萨克斯坦（Kazakhstan）和六个中东国家推行了基本上避免同意的不同的做法。本书从不民主的哈萨克斯坦的图景开始，就在那里，在 2005 年 12 月总统选举中，总统努尔苏丹·纳扎尔巴耶夫（Nursultan Nazarbayev）获得了从民主上看来难以置信的 91% 的选票。哈萨克斯坦国家对国内巨大的能源供应的生产和分配的控制，使得纳扎尔巴耶夫能够避免和公民协商——让公民同意他的统治。

就能源富裕国家而言，哈萨克斯坦代表了更加普遍的策略的极端成功的例子。细想一下阿尔及利亚（Algeria），在那里 2004 年总统阿卜杜勒-阿齐兹·布特弗利卡（Abdelaziz Bouteflika）以可疑的 84.99% 的选票重新赢得了总统选举。1999 年，在所有的反对党候选人从他们称为"丑剧

(Chorado)"的逃亡中退出后，牛队支持的布特弗利卡(Bouteflika)进行了无对手的竞选。实际上并非仅仅在形式上，自从阿尔及利亚 1963 年从法国获得独立以来，在许多听话的总统任期间，阿尔及利亚的军队一直控制着这个国家。阿尔及利亚人常常把那个军事权力机构称为 la boite noire——黑箱。在 20 世纪 90 年代，由于军队首先挫败了 1992 年的伊斯兰阵线似乎可能赢得议会大多数的选举，然后开展了消灭伊斯兰游击队的血腥的但是获得最终胜利的运动，军队的控制加强了。军队和政府支持的民兵用大屠杀和失踪来回应伊斯兰游击队的袭击。

1999 年后，石油收入的大幅上升给了布特弗利卡更多的机动空间。阿尔及利亚国营的能源公司 Sonatrach 已经成了世界上第 12 大的石油生产商，也是欧洲天然气的主要供应商。到 2006 年飙升的国际油价把阿尔及利亚官方储备的财富抬高到 550 亿美元，足以支付这个国家两年的进口。(Sereni 2006：8)运用这些收入并且和小范围的市民大亨们联手，布特弗利卡有了降低政权中总参谋部(general staff)的突出地位的杠杆。但是他是通过建立起另一个军事部门信息与安全部(the Departement de renseignement et de securite)——阿尔及利亚的克格勃的权力来这样做的。(Addi 2006：7)

2004 年的《世界大事年鉴》(*Annual Register*)把布特弗利卡的行动描述为夺权：

> 在夏天，在他的压倒一切的选举胜利的鼓舞下，他转向通过调整军队中的高级将领来巩固他的地位，他把许多自己的亲信提到关键岗位，在阿尔及利亚大多数省份任命了新的省长。军队的变动从 7月拉马里(Lamari)将军(10 多年的参谋长和主要的军队决策者之一)的"以健康的原因"离职开始。他被陆军司令撒拉赫·艾哈迈德·盖德(Salah Ahmed Gaid)将军所替代，据称他没有拉马里强硬，也没有拉马里那么强的政治性。6 个地区司令中的 4 个也更换了。后来地方的新闻媒体猜测布特弗利卡打算把对情报和安全工作的控制从军队掌管改为总统管辖，并且任命一位内阁部长任国防部长职务。(AR Algeria 2004：222)

像普京在俄罗斯一样，布特弗利卡利用他的巨大的能源收入转向对军队自治权力的限制,而丝毫不必直接使国家服从于公共政治或者增加公众对公共政治的影响。然而,如果一个文官领导的阿尔及利亚民主化,我们最终会看到作为统治者的布特弗利卡,为了完全不民主的理由采取了走向民主的关键步骤。

第三节　西班牙的民主化

在上述所有那些去民主化和受阻的民主化的案例之后,我们有必要考虑一下这样的案例,在其中所考察的机制和过程实际上推动了实质性的民主化。我们现在又重新进入熟悉的领域,在许多当代政权中我们不仅观察到以前考察过的机制——内部-外部的联合、动员-压制-协商循环和国家活动(支持那些活动的资源只有通过和公民协商才可用)的扩大——而且还观察到表 6.1 中所列举的其他机制,例如:

- 非国家的庇护网络的瓦解或者转变;
- 通过国家管辖强制实行统一的政府的结构和措施;
- 对以前自治的武装力量从官僚机构上加以制约。

西班牙自第一次世界大战以来的经验为思考这些机制是如何起作用的提供了理想的机会。这个混乱的国家经历了许多危机和逆转,但是最终在 20 世纪后期成为民主的国家。(Ortega Ortiz 2000)确实,西班牙在独裁者弗朗西斯科·佛朗哥(Francisco Franco)1975 年去世后迅速地采纳了民主制度,使得这个政权成了民主化理论的突出的检验案例和典范。

西班牙民主化的分析家们通常采取我们以前曾经遇到过的四个步骤。第一,在寻找原因时,他们全神贯注于直接在关键转变时期(最常见的确定为从佛朗哥死亡到 20 世纪 80 年代早期)之前和该时期之中的政权的变化。第二,他们试图确定的不是促进民主的过程而是民主必要的条件。第三,他们区分背景因素和民主化的直接原因。第四,他们把讨论集中在他们常常称为民主的巩固之上:不是民主形式的开始采用而是使得大规模去民主化很困难并且不可能的条件的创造。

按照这四方面的进程,尼基福罗十·池亚芭杜诺斯(Nikiforos Dia-mandouros)把这些条件确定为有利于西班牙民主化的条件(Diamandouros 1997:5—19;也可参见 Linz and Stepan 1996,第六章;maravall and Santamaria 2986):

背景因素:

- 其他欧洲国家对不民主政权越来越多的不赞成;

- 社会经济的发展;

- 预先的民主的学习;

- 由 20 世纪 50 年代及以后的经济增长培育的社会多元主义;

- 佛朗哥的政权的平民化。

直接原因:

- 在能保留实质性利益的条件下,掌权者愿意放弃他们的部分权力;

- 把大的协商限制于国家精英,这意味着不考虑普通大众参与者,除非他们威胁可能出现的协议;

- 从经济需求中消除(decoupling)政治需求(例如,由有组织的劳工提出的工资要求);

- 首相阿道夫·苏亚雷兹(Adolfo Suarez)、国王胡安·卡洛斯(Juan Carlos)和首相费利普·冈萨雷斯(Felipe Gonzalez)的领导;

- 平衡中央权力和地区权利问题的聪明的解决方案。

这个多种多样的因素的列举并没有反映民主化的系统的理论。但是它确实包括了这一类的常识的解释:在有利的国际的和国内的条件下,准备妥协的明智的国家领导人看到,他们可以通过谈判过渡到一个非常稳定的政治制度而无需毁坏性的冲突,也无需丧失他们的大部分权力;宁愿要那个结果而不要混乱,他们愿意为这种过渡进行谈判协商。

正如这个清单所描述的,清单的大部分特点有很大的意义。的确,战后欧洲的和大西洋的奖励民主化政权、惩罚顽固不化者的环境削弱了佛朗哥政权独裁主义的地位。当然经济增长也深深地改变了公民-国家关系。20 世纪 50 年代和 60 年代的经济增长毫无疑问地促进了西班牙人口的城市化,提高了生活标准,提高了教育水平,增加了大众媒体的透明度(exposure),并且促进了公众的政治参与。

而且，不像阿尔及利亚或者哈萨克斯坦，西班牙在过去确实有过民主政权（虽然是短暂的混乱的）的经验。然而，根据本书的观点，这样的概括在关于机制和过程方面仍然是令人沮丧的模糊。除了指出其对历史回忆的作用外，这个概括也没有说明这种历史经验如何影响公共政治和国家的关系、公民对公共政治的控制——促进民主化本身变化的两种相互作用的轨迹。因此，我们的任务不是要拒绝迪亚芒杜诺斯的分析而是要使它更加精炼和系统化。

在集中注意西班牙民主化的重大冲刺之前，让我们后退一些。斯坦利·佩恩（Stanley Payne）用他认为在欧洲其他地方一个又一个政权中出现的阶段，把西班牙从拿破仑占领结束到 1976 年的历史概括如下（Payne 2000：6）：

早期骚动的自由主义：1810—1874 年；

稳定的精英自由主义：1875—1909 年；

民主化：1909—1936 年；

独裁主义：1923—1930 年和 1936—1976 年

在佩恩看来，1909 年的**悲剧的一周**（the Tragic Week）[当时在摩洛哥反对军队征募中的不平等的抗议转化为革命行动、反对僧侣的袭击和在加泰罗尼亚（Catalonia）的总罢工]标志着转向民主化的转折点。不管我们把这个点放在 1909 年还是放在 1917 年（正如我马上要做的那样），关键还是：早在 20 世纪，西班牙从长期的伴随着频繁的军事干涉的寡头政治统治的阶段，转向了一个易受民主化和去民主化影响的新的阶段。

我们必须解释哪些历史变化？从第一次世界大战前后到 20 世纪晚期，西班牙在民主化和去民主化之间发生了一系列惊人的转变。伴随着普里莫·德里维拉（Primo de Rivera）1923 年的军事政变，西班牙发生了惊人的去民主化；伴随着弗朗西斯科·佛朗哥 1936 年到 1939 年在内战中的军事胜利，西班牙发生了灾难性的去民主化。相反，当普里莫·德里维拉的政权在 20 世纪 20 年代中期放松了它的中央控制时，西班牙发生了虚弱的民主化；在 1930 年到 1931 年的革命时期，西班牙的民主化蔚为壮观；在 1975 年弗朗西斯科·佛朗哥死后，西班牙再次发生引人注目的民主化。至少到目前为止，1975 年到 1981 年的民主化没有发生逆转。我

们的二个基本过程——从政治参与的扩大、接触非国家的资源和机会
的平等化、对国家内部和国家外部的自治的和专断的强制力量的禁
止——以及它们的后果,在什么程度上解释了西班牙的长期的民主化和
去民主化的经验?

表 6.2 以 1914 年到 1981 年的年表的形式,说明了我们必须解释什么。

表 6.2　西班牙的民主化和去民主化(1914—1981 年)

1914—1918 年	西班牙在第一次世界大战中保持中立,随之进行工业扩张,特别是在加泰罗尼亚;
1917 年	处于君主立宪制下,军人政权终止了宪法保障,加泰罗尼亚人鼓动地方自治,工人们举行总罢工;
1923 年	巴塞罗那驻军兵变,普里莫·德里维拉军事政变,削弱了君主制;
1925 年	普里莫·德里维拉的独裁部分地文官化(civilianization),但是仍然在有着普里莫·德里维拉的首相的虚弱的君主制下继续军事统治;
1930 年	普里莫·德里维拉辞职并死亡,达马索·贝伦格尔(Damaso Berenguer)的短暂的政府;
1931 年	城市选举导致了共和党人压倒性的胜利,国王逃到国外但没有退位,临时政府宣布成立共和国,确立 23 岁及以上的男性的普遍选举权,禁止军官和神职人员担任总统;
1932 年	军队叛乱被镇压,通过加泰罗尼亚自治宪章;
1933 年	激进分子在巴塞罗那及其他地方起义,选举产生了右倾的(center-right)统治,女性选举权确立,法西斯主义的长枪党(Falange)形成;
1934 年	加泰罗尼亚宣告独立,激进分子起义,阿斯图里亚斯(Asturias)矿工起义,均被镇压;
1936 年	人民阵线(Popular Front)在国家选举中取得胜利,罢工浪潮在农业和工业地区此起彼伏,西班牙政府承认巴斯克(Basque)地区自治,武装起义从摩洛哥(Morocco)蔓延到西班牙,内战开始,叛军任命佛朗哥(Franco)为国家元首,德国和意大利援助叛军而苏联输送左派分子;
1939 年	佛朗哥军队在内战中获胜并建立起独裁主义的国家,德国和意大利军队撤出;
1939—1945 年	第二次世界大战中西班牙保持中立;通过连续的斗争和行政的改革,佛朗哥使军队接受文官控制;
1948 年	王位继承人,10 岁的王子胡安·卡洛斯(Juan Carlos)到达西班牙,在该政权下受教育;
1950 年	在长期的外交隔绝之后,美国、联合国和西班牙建立外交关系;
1953 年	作为经济和军事援助的回报,美国建立军事基地;在国家控制西班牙教会的长期紧张之后,佛朗哥和梵蒂冈(Vatican)签订协定(Concordat)扩大教会的自治权;
1960—1974 年	空前的工业化和经济增长;
1968 年	佛朗哥指定胡安·卡洛斯为他的国家元首最终继承人;
1973 年	埃塔(ETA,巴斯克民族主义组织)暗杀了佛朗哥的首相卡雷罗·布兰科(Carrero Blanco);
1975 年	佛朗哥死亡,胡安·卡洛斯成为国王,广泛的工人动员开始;
1976—1978 年	在首相阿道夫·苏亚雷兹(Adolfo Suarez)领导下,西班牙开始了民主改革,选举新的议会并且正式通过了民主的宪法,投票年龄首次下降到 21 岁,后来又降到 18 岁;
1979 年	通过巴斯克和加泰罗尼亚自治条例;
1981 年	挫败未遂军事政变,新的地区自治,持续的(如果说经常是动乱的)民主的统治开始。

这个年表描述了这个时期不断出现的民主化和去民主化。只是在20世纪70年代我们才看到10多年过去没有方向上的重大逆转。这个年表也解释了,正如1914年之前的很长时间里那样,军队对西班牙国内政治的干预频繁地发生,并且几乎总是损害民主。此外,比在欧洲其他地方多得多的是,在整个20世纪,地区自治或者独立的要求使得西班牙国内民主规划更加复杂。

这个年表本身省略了另一个极大地影响了西班牙民主化和去民主化的特征和路线的因素。从19世纪晚期以来,在西班牙,农业的和产业的工人们已经在很大程度上组织起来并且政治化了。把有组织的工人们(工业的和农业的)融入西班牙国内公共政治通常标志着这个国家的民主化时期,正如他们集体地被排斥标志着去民主化时期。

正如我们在以前的案例中所看到,西班牙的民主化通常是通过公众政治参与的实质性扩大而发生的,而去民主化是通过精英背叛繁琐的民主协商而发生的。因此西班牙的民主化和去民主化的时间表阐明了分析家必须解释什么:西班牙的军队是如何失去了它的声名狼藉的自治权并且受到文官的控制,被排斥的工人们如何最终持久地融入到国家政权,但是也要解释在普里莫·德里维拉政权时期和内战时期,精英们是如何从民主中退出的。

从分析的角度看,这些问题可以归纳为关于西班牙民主化阶段问题的四重奏(quartet):

1. 是否我们三个关键过程——大众政治参与的扩大、接触非国家政治资源的途径和机会的平等化、国家内部和外部的自治的和专断的(arbitrary)强制力量的禁止——事实上导致国家服从公共政治和促进公众对公共政治的影响?

2. 是否在表6.1中所列举的机制——联合的形成、中央指派,等等——如表所说有助于三个关键过程?

3. 是否使国家服从公共政治以及促进公众对公共政治的影响在民主化中起了不可缺少的作用?

4. 是否这三个关键过程的逆转引起了去民主化?

不拘泥于所有细节,下面的历史叙述对上述四个问题中的每一个都回答说"是"。

　　尽管在佛朗哥的统治下有大规模的军人力量的复辟,西班牙在第一次世界大战到 1931 年革命时期[西班牙历史学家通常称此时期为复辟时期(the Restoration)的危机和衰落]经历了三个过程的重要阶段。在 1873 年到 1874 年流产的第一共和国之后,从 1874 年到 1917 年总体上由军队支持的君主立宪制(复辟时期)统治着西班牙,在此时间并没有直接的军事干预。这个政权在 1890 年确立了男性选举权,但是"现存的通常称为由地方政党领导的统治体制(Caciquismo)的保护人和党魁体制,大约 30 年里在很大程度上限制了或者偏转了公众的投票"(Payne 2000:5)。西班牙美国战争(1898 年)削弱了军队的政治地位,但是绝没有把它从国内政治参与者中排除出去。

　　然而,在第一次世界大战前,工人和民族主义者开始组织起许多令人眼花缭乱的意识形态的队伍,从无政府主义到加泰罗尼亚分裂主义。在欧洲其他地方发展的同时,1917 年暴力冲突发生在右派和左派之间,军队暂时地夺取了权力,强迫中止了宪法保障。在那个时刻,我们可以合理地说西班牙已经进入了以前几章已经在法国和其他政权中为我们展示了的阶段:在这个阶段,统治者依靠公民的服从来生存;民主化和去民主化之间的更替以过去从未有过的方式成为可能。当然,我们不能把西班牙的民主的"巩固"确定在 1917 年或者 1931 年。但是我们能够把那些年代之间的时间跨度确定为公共政治转变的关键时期。

　　爱德华多·冈萨雷斯·卡勒加(Eduardo Gonzalez Calleja)在介绍他对西班牙 1917 年到 1931 年的政治冲突的精细的详细记录的研究时,给出了生动的观察:

　　　　对标志复辟最后失败的三个短暂阶段的公共秩序、颠覆和暴力的研究,显然包括多种因素的存在。那些因素似乎证实了在我们国家现代的集体行动的全部手段(repertoire)已经充分建立起来:把抗议和总的政治活动相联系、几乎为追求与确定的政治方案一致的目标的正式组织的团体(特别是党派、联盟和大的社团的参与者)专用的抗议渠道、采取更为灵活的、相对掌权者更加独立自主的、更为模块化(即包括可以为追求非常不同的目标的各种各样的参与者运用或者联合运用的基本常规）的斗争形式、活动范围及影响涉及全国甚至国际。（Gonzalez Calleja 1999：17）

这个全部手段的变化与政治组织在工人和其他公民中迅速扩大相一致。即使当精英们正在脱离从 1917 年到 1923 年在普里莫·德里维拉（Primo de Rivera）的保护下获得的非常有限的民主时，大众对公共政治的参与也在迅速地增加。

例如，一旦普里莫·德里维拉的独裁在 1925 年寿终正寝，加入工会的工人数量迅速地飞涨，之后又伴随着 1931 年的和平革命进一步加速。（Soto Carmona 1988：303—305）在那次权力的突然转移中，共和党人在 1931 年 4 月的城市选举中赢得了西班牙城市选民的压倒多数。国王（不再受到日益冷淡的总参谋部的支持）逃到了国外。共和党人宣布废除君主制。

和前政权的决裂迅速出现。没有现存政权赋予新政权合法性的任何正式的行为。新共和国的国家议会仅包括普里莫·德里维拉的立法机构中的 4 位成员（总席位中的 1.2%）。（Genieys 1997：123）在对国家的控制方面，出现了一个革命。（Gonzalez Calleja 1999：627）新的统治者通过虚弱的基层组织但是强有力的自上而下的干预手段来控制国家：

> 共和党人继承了一个转交了可怕的专制权力（远远超过在其领土范围内的任何其他组织的权力）的国家，但是缺乏足够的基层权力在财产和服务的生产和分配方面贯彻其统治者的政策。（Cruz 2006：333）

革命的基础依然非常狭窄，新的政权缺乏容纳反对派和团结自己盟友的手段。普遍的对教堂的袭击、天主教会的废除以及广泛的土地改革很快疏远了农村的地主和天主教的掌权者。（Malefakis 1970，第六章）这些集团以及军队很快开始倒戈。

确实，杰勒德·亚历山大（Gerard Alexander）提出，西班牙的权利从来没有真正地转移到共和党人的手里。亚历山大的"权利"主要是指在现存政党中的世俗的自由主义者，加上天主教的政客，特别是那些附属于西班牙右翼自治联盟（the Confederacion Espanola de Derechas Autono-mas）的人们。（Alexander 2002：106）这权利并没有赋予民主，因此共和

国未能得到巩固,亚历山大认为:

> 因为右翼分子在民主中察觉到了很高的风险。这些高风险来源于右翼察觉到了成千上万的没有土地的劳动者、工业的和矿业的工人容易接受革命的政治呼吁,会威胁右翼的安全、财产、收入、对工作场所和教会的控制。右翼的许多人把这些风险归结为西班牙的根本的社会结构。(Alexander 2002:103)

简而言之,不仅仅是军人还有旧的文官统治阶级都明白革命会严重地挑战他们的权力。

新的统治者恰恰就按照这个假设行事。尽管军队中活跃的军官集团迅速地缩小,新政权继续运用旧政权的排斥和控制工具。(Payne 1967:268—276)1931 年 4 月 14 日建立的临时政府执行了一条排斥路线,以同样的方式否定了君主制主义者、无政府主义者和共产主义者的公共集会的权利。(Ballbe 1985:318)之后上台的资产阶级共和国经常动用军队来镇压左派的和罢工的工人,从而把他们从新的政权中排除出去。(Ballbe 1985,chater Ⅱ)正如统治者指责某些人无政府,被排斥的参与者则指责政府迫害。(Cruz 2006:334—335)弱小的西班牙共产党退缩了;它采取了这样的立场:1931 年的革命最多能成为一场真正的无产阶级革命的契机,和资产阶级统治者合作将会推迟革命的到来。(Cruz 1987:127—128)

然而,从整体上看,工人——特别是那些由社会主义政党代表的——始终和共和国交织在一起。重要的是,最早脱离共和党人联盟并且和 1935 年到 1936 年的军队结盟的工人是小部分活跃的天主教工人联盟。(Soto Carmona 1988:313)农民和农业工人从 1931 年的广泛的土地改革中获益因而一般而言继续支持该政权。确实,他们很快就通过占领未耕种的土地并且罢工反对低工资的地主而超越了政府的限制。

到 1936 年,农村的罢工和土地占领威胁着不稳定的共和国政权,同时该政权也面临着来自弗朗西斯科·佛朗哥及其合作者的军事敌对。(Malefakis 1970,第 14 章)来自德国和意大利的军事支持大大地加速了佛朗哥从摩洛哥入侵西班牙大陆。与此同时,已经很脆弱的精英们对共和国政权的支持开始分裂。例如,在阿拉贡(Aragon),没有土地的劳动者的活动(mobilization)使得地主们猛烈地反对新的统治者。(Casanova et al. 1992：86—87)阿拉贡的地主们进行了报复：反革命分子最终杀害了8 628名被怀疑为共和事业的支持者。(Casanova et al. 1992：213)当佛朗哥上台掌权时,他的暴力镇压扼杀了阿拉贡以前生机勃勃的民主运动。然而,在整个国家,佛朗哥的支持者死于战斗、死刑和谋杀的人数远大于他们杀害的共和党人:民族主义者死亡132 000人,共和党人死亡96 000人。(Payne 2000：219)内战给双方都留下了难以磨灭的伤痕。

第四节　佛朗哥及其后继者

一掌权,佛朗哥就建立了一个和军人、牧师、独裁主义的长枪党以及长枪党控制的工团主义运动结盟的政权。从长期民主化的观点来看,佛朗哥最重大的步骤就是使军队完全从属于他的控制,以致军队失去了它古老的危险的自治。西班牙在冷战时期和(以前曾经避开佛朗哥政权的)美国的结盟,通过美国支持的军费开支的增长、把几千军官送到美国受训和在总体上使得军旅生涯对那些愿意服从的军官更具吸引力,进一步加强了这种从属关系。

在20世纪50年代,佛朗哥也通过和教皇的一个协议,努力加强了他和教会的联系,并且通过逐渐增加由技术官僚和行政官僚而不是狂热分子来管理,转移了长枪党在佛朗哥之后的政治野心。一个妥协和教会改革的时代平息了(muted)在共和国时期和内战时期曾经是共和党激进主义最显著的特征之一的激烈的反教权主义。(Cruz 1997)所有这些都变得更加容易,因为在此相同时期,西班牙正在进入其整个历史上经济增长最快的时期,正在以前所未有的速度吸引外国资本。管理新的工业经济在政权中为军官们和政治上的传统主义者留下了很小的空间。

与此同时,西班牙的社会生活的改变破坏了佛朗哥统治的基础。斯坦利·佩恩总结道：

尽管佛朗哥沿着他从未受到广里的挑战，健在的政府官员令先现到佛朗哥死的时候，该政权以其为主要基础的那种社会和文化大部分已不复存在了，该政权已经不可能再延续下去了（reproduce itself）。最后，在该政权领导下出现的经济的和文化的成就（不管它们是否是它有意发展的）剥夺了该政权存在的理由。（Payne 2000：493）

在20世纪60年代国内反对派迅速增长，身体虚弱的佛朗哥的反应和他在20世纪30年代令人生畏的镇压措施毫无相同之处。产业工人、学生、地区的民族主义分子以及——更为令人惊讶地——低层次的牧师开始表达不满。1969年7月正式任命胡安·卡洛斯王子为佛朗哥的继承人，标志着政权转移已经开始。而且，1974年独裁的葡萄牙政府被推翻威胁了西班牙的保守主义者并且鼓舞了西班牙的改革者。

所以，在许多方面，佛朗哥在1975年11月20日的死亡是一次急转直下（anticlimax）。然而，只是在胡安·卡洛斯继位后，这个政权才实行了正式的议会民主制度（如西方人通常所理解的那样：新闻和集会自由、广泛的选举竞争、独立的司法，等等）。在此意义上，研究西班牙转变的学者认为从1975年到1981年是政治工程上的一个奇迹，这是正确的。

插图6.3图示了政治工程师们工作的结果。在第一次世界大战和1930年之间的民主化有小量增加、国家能力有所提高之后，西班牙的第二共和国带来了巨大的民主化（伴随着国家能力大量的丧失），佛朗哥政权以整个民主为代价把国家能力提高到前所未有的程度，但是从20世纪60年代以来民主化以日益加速的步伐向前发展，仅仅丧失一点点中央能力。

因此西班牙经历了民主化的两个大的周期，一个是从第一次世界大战到20世纪30年代中期的中断的而且最终逆转的周期，另一个是从佛朗哥的战后时期到20世纪70年代的更为连续的周期。每一周期和插图6.2所图示的因果顺序大致上对应：

● 公众政治参与、接触非国家的政治资源和机会的平等化、在国家内部和外部的自治的和专断的强制力量的禁止的扩大；

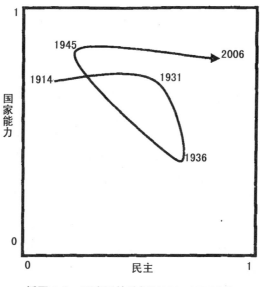

插图6.3 西班牙的政权(1914—2006年)

● 自治的权力群对公共政治的影响(包括统治者的影响)的削弱;

● 使国家服从公共政治加上促进公众对公共政治的影响;

● 在公民-国家关系上的相互制约的协商的广泛性、平等和保护方面(相当于民主化)的增长。

第一个周期在公众政治组织(公开的和秘密的)的形式以及积累民主制度的经验上留下了重要的政治残余。但是佛朗哥在内战中的胜利暂时地重新建立了自治的权力群:军队和佛朗哥自己的统治派系。后来佛朗哥的独裁统治决定性地使军队服从文官的控制。

国家(较少有意地但决不是较少决定性地)对经济扩张的管理以及1960年后增长的国际事务的参与,使得佛朗哥的国家服从于公共政治并且促进了公众对公共政治的影响。不用否定阿道夫·苏亚雷兹(Adolfo Suarez)和国王胡安·卡洛斯(Juan Carlos)的领导才华,我们可以看到西班牙早在1981年前权力配置的变化变得有利于民主。尽管1979年生效的新制度使军队对根本法和对国王的服从正式化,它只不过是批准了佛朗哥在他统治的后几十年里已经达到的军队独立程度的下降。1981年失败的军事政变只不过向世界表明,佛朗哥的政权已经达到:两个世纪以来一直确定西班牙政治节奏的军队不再享有自治权和逆转政权力向的能力。

第五节 权力、信任和不平等

虽然有前几章对信任网络和种类不平等的强调,我还是写了这一章,似乎在权力配置方面的变化及其后果的发生,独立于在信任和不平等方面的变化。然而它们显然是相互作用的。事实上,在前面的对信任网络的分析中,我考察了相同时期的西班牙历史并提出了这一类的推测的顺序(Tilly 2005:149):

1931—1933 年:工人和农民的信任网络通过协会和政治组织大量地融入公共政治,伴随着部分地排斥军队;

1933—1935 年:以部分融入的工人、农民和地方主义者为一方,以国家当局为另一方的冲突;

1936 年:工人、农民和地方主义者的新的动员;军队的反动员;

1936—1939 年:日益增加地(和暴力地)从国家政治中排除工人、农民和地方主义者的信任网络;

1939—1960 年:回到流行的庇护关系、排他主义的联系和 20 世纪 20 年代的规避服从(evasive conformity),现在伴随着独裁把军队和天主教会融入佛朗哥的统治系统;

1960—1975 年:经济扩张、镇压的放松和信任网络在工人组织内部的扩大对旧的地方的信任网络的破坏;

1976—1978 年:建立在(并且促进)把公众信任网络融入国家公共政治之上的民主化,以及部分地从以教会和军队中的信任网络为基础的政权中走出。

这个年表描述了一组关于公共政治和(西班牙人在其中过着日常生活的)组织的常规形式(特别是信任网络)之间的联系的补充的过程。结合在重要的权力配置和公共政治之间的关系的变化,来考察这个年表使得 1939 年到 1960 年这个时期更加有趣。毕竟在此期间,共和党的工人和农民的信任网络并没有完全消失。它们的成员不知何故对背道而驰的统治体制做出了迁就,主要是通过公开的规避服从(evasive conformity)和在那些网络内秘密的合作。

　　至于种类的不平等,它和公共政治的隔离似乎发生在第二共和国突然登上政治舞台之前。自然,西班牙妇女直到 1931 年(也就是说,在第二共和国)也没有得到投票权。但是从总体上看,尽管这个国家有显著的社会不平等,但是从 1890 年实施男子投票权以来,西班牙政权避免了把由阶级、宗教、种族、语言和出身的差异直接纳入公共政治。那种必然地使公共政治和种类不平等隔离的做法为西班牙最终的民主化准备了道路,并且流行于整个信任网络和权力配置激烈变化的时期。

　　正如南非的戏剧已经向我们展示的那样,西班牙并没有遵循有关信任网络、种类不平等和权力配置的唯一可能的顺序。相反,在南非这三种因素的关键转变很晚才到来而且或多或少是同时发生的,从而增加了 20 世纪 80 年代和 90 年代斗争的强度。甚至当权力落入非洲人手中时,南非的政权也面临着解散或者融合双方的很大程度上自治的武装力量的严重问题。

　　然而美国遵循的是另外一种顺序。美国的内战在很大程度上征服了(subdues)所有自治的强制权力中心,并且(正如我们已经看到的)到 20 世纪早期信任网络已经融入了公共政治。但是在此之后很长时期,性别的、(特别是)种族的种类不平等继续伤害着美国的公共政治。

　　我们仍然面临着分析在民主化和去民主化的进程中这三类变化的顺序和相互作用的问题。由于信任网络、种类不平等和自治的权力中心的变化发生的顺序和相互作用不同,在民主化和去民主化这两个方向上发展的轨道也大不相同。而且,到此为止,我们接收到了两个影响那些轨道的其他因素的断断续续的信号。第一,一个政权开始民主化或者去民主化过程时其国家能力的现有程度影响了这个过程如何运行;考虑一下在低能力的瑞士和高能力的法国的民主化看上去是如何的不同。第二,国内冲突、征服、殖民地化和革命的震荡加速了发生在更加高涨的民主化和去民主化中的相同的过程,但是那种加速在它们的效果上产生了更强烈的相互作用。而且,非洲的革命表明这种相互作用可能会有多么强烈,以及它对公共政治的性质的影响会有多么激烈。

这些问题确定了下一章的进程。让我们仔细地考察一下不同的政权的民主化和去民主化的不同的道路。

第七章
另 类 道 路

在民主理论家们的理想世界里，民主化和去民主化应该沿着一条相同的直线运动，但是方向相反。然而正如我们遭遇的许多历史经验表明，我们并不是生活在一个理想的世界里。南非、西班牙和其他政权的生动的历史沿着由不断的政治斗争推动的不规则的轨道行进。1948 年后，已经不民主的南非猛烈地去民主化，仅仅在 1985 年后才经历了民主的爆发；第二次转变决不是第一次的简单逆转。在西班牙，在第一次世界大战之后，随着 1931 年的和平革命，随着佛朗哥在内战中的胜利，以及随着佛朗哥政权在 20 世纪 60 年代开始的松动，我们看到在方向上的急剧变化。历史厌恶直线。然而如果我们暂时理想化一下，它将有助于我们约束一下我们的探索。插图 7.1 粗略描述了从非常低能力的不民主的政权到较高能力的民主政权的典型化的轨道。

回忆一下国家能力的含义：国家代理人对现存的非国家资源、活动和个人之间联系的干预，改变那些资源、活动和个人之间的联系的现存分布以及那些分布之间的关系的程度。在强大国家的轨道上，国家能力在重大的民主化发生前就已上升得很高。结果，这类国家进入民主的领域前已经拥有执行通过广泛的、平等的、保护的和相互制约的公民-国家相互作用做出的决定的手段。在这种理想化的设想中，统治者或者其他的政治参与者消除国家在国内自治的对手，使国家自己的军队处于服从地位，并且在重大的民主化开始之前，对国家领土内的资源、活动和人口建立起实质性的控制。

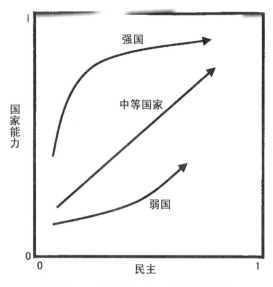

插图 7.1 三种通向民主的理想化道路

　　根据本书的观点,巩固国家的过程也开始了使国家服从公共政治和加强大众对公共政治的控制的过程。接着就会开始出现把公共政治和种类不平等隔离以及把信任网络融入公共政治。根据这一设想,这三种过程相互作用促进政权的民主化。在轨道的早期,由于富豪和普通百姓都抵制国家的扩张,革命和聚众叛乱的风险在上升。但是从长期来看,我们也许可以期望政治暴力的程度会急剧下降,因为公众政治的相对和平的形式已经可以利用,以及强大的国家监控着各种很可能产生暴力的主张。

　　该理论进一步说明,去民主化可能发生在这理想化的轨道上的任何一点上。它来自三个基本过程中的一个或者多个的逆转:主要的信任网络从公共政治中退出、把新的种类不平等纳入公共政治、威胁公共政治对国家的影响、威胁公众对公共政治的控制的自治的权力中心的形成。诸如征服、殖民化、革命和激烈的国内冲突(例如,内战)等震荡加速了基本过程向某个方向或者另一个方向的运动,但是仍然通过相同的机制(如更加民主化和去民主化)运行。

　　在强大国家的轨道上,该理论暗示着政治斗争集中在对国家权力工具的控制上而不是,例如,在地方的争端或者宗族的敌对上。在典型的方案中,普通百姓捍卫国家中那些保护他们并且保证相互制约的协商的要素,而强大的精英们追求的既不是保护自己免受国家控制也不是使国家的某些部分转向自己的目的。在该轨道上的任何一点,国家的力量提高了政治斗争的赌注。前面几章描述了这种理想化的轨道在哈萨克斯坦、法国、俄罗斯、白俄罗斯、中国、阿尔及利亚和印度的某些片段——并非所有都是达到民主的。我们也许可以强行把南非的经验纳入强大国家的轨道。那样的话我们必须把从 20 世纪 80 年代中期开始的时期看成面对着已经强大的国家的巨大加速的民主化阶段。这种观点确实为南非 1985 年以来的艰苦努力提供了新的见解;这个国家广泛的能力(尽管受到非洲人抵制的挑战)给了非国大一直为邻国政权所妒嫉的统治手段。

典型化的中等国家轨道在这个能力-民主空间沿对角线上升和下降,国家能力的每一个增加和减少伴随着在民主程度上的相似的变化。在这种理想化的情况下,国家一进入民主领域就处于积累能力的过程。因此,在民主化过程中抑制自治的权力中心,建立公共政治对国家的控制以及扩大公众对公共政治的影响,比在强大国家的道路上影响更大,时间也更长。随着国家能力的上升,政治斗争的赌注也随着民主化的增长而增长。因此我们也许会认为一个沿着中等轨道运行的政权比起强大国家的政权较少面临革命的风险,但是却比它们有着(由于缺乏革命导致的)更多、更激烈的国内冲突的风险。(Goodwin 2001,2005;Tilly 1993,2006,第六到八章)正如和强大国家相比,我们也许可以期望中等国家展现更高比例的政治斗争,在那些斗争中国家本身只是外围参与(peripherally involved),特别是在这轨道的早期。

沿着那条对角线轨道,去民主化仍然来自基本过程的一个或者多个的逆转:信任网络的断开、重新纳入种类不平等以及危害公众影响公共政治从而影响国家的自治权力中心的形成。我们也许会猜测,发生在这个轨道的大部分地方的去民主化会比强大国家政权中更加频繁,因为直到这个过程的后期,(1)国家才有能力去制止潜在的背叛民主协商的人以及(2)作为成员的赌注是如此之高以致能防止政治参与者背叛。在我们已经详细考察的政权中,美国、阿根廷和西班牙大致上类似中等国家模式。

历史上常常存在弱小国家,但是直到最近它们很少民主化。在一个充满征服的世界,它们常常消失在强大的掠夺者的版图中。然而,第一次世界大战以来,由于大国和国际机构的保护,伴随着国家之间战争的下降,曾经一度是大国的殖民地或者卫星国的弱小国家的幸存(还有新产生的)比率增加了。(Creveld 1999;Kaldor 1999;Migdal 1988;Tilly 2006,chapter 6)因此,在最近几十年里,越来越多的政权遵循着弱小国家走向民主的轨道。在此我们看到强大国家道路的反面:大量的民主化出现在国家能力实质性的增长之前。

这含义是明显的,至少是在理论上:弱小国家遇到了持续民主化要超越某个门槛(threshold)的重大障碍。那些障碍之所以存在,因为弱小国家未能镇压或者使自治的权力中心屈服,它们允许公民把他们的信任网络和公共政治隔离,容忍甚至鼓励把种类不平等加入公共政治。与强大国家和中等国家相比,弱小国家遭受了更高比例的冲突而且常常是暴力的冲突,在那些冲突中国家已不再是外围参与者。正如我们后面将会看到,它们也是世界上的大多数内战的发生地。(Collier and Sambanis 2005,Eriksson and Wallensteen 2004,Fearon and Laitin 2003)

沿着弱小国家的轨道,去民主化发生得甚至比在强大国家和中等国家中更加频繁;由于国家限制能力微弱,收回信任网络、挑起种类不平等和建立避开公共政治约束的权力中心,比在其他种类国家中更加有利可图。在我们曾经详细考察的政权中,在法国征服之前的牙买加、瑞士和荷兰共和国最接近弱小国家的模式——但是瑞士和荷兰最终走向了大力增强国家的中央权威的道路,从而走上了中等国家通向民主的轨道。到底牙买加是否也会这样做,还要拭目以待。

无论如何,我们应该如实地对待这三种轨道:复杂现实的典型化简化。回想一下法国或者西班牙走向民主的轨道,你会立即想到对这理想化道路的偏离:在法国众多的革命和反革命,在西班牙佛朗哥军人政权对初生的共和国的扼杀。从这三种轨道,我们主要应该吸取更为基本的教训:在民主化和去民主化的每一个阶段,国家过去和现在的能力强有力地影响着那些过程如何发生以及它们对整个社会生活有什么样的影响。

在强大国家、中等国家和弱小国家区分的启发下,本章主要考察国家能力如何和我们的三种过程(把信任网络融入公共政治、使公共政治远离种类不平等以及特别是自治的权力中心的消灭)发生相互作用,以及国家能力如何影响对公共政治和国家的控制。委内瑞拉惊人的经验引起了对不同的国家能力对民主化和去民主化的影响的更为一般的反思。对于弱小国家易于内战的危险倾向的分析,增强了这个一般的反思并且引发了对其他的有时会加速民主化或去民主化的震荡(征服、殖民地化、革命和国内冲突)的讨论。爱尔兰走向民主化的坎坷包含了所有这些震荡。对爱尔兰相对的(特别是在除北方以外地区的)成功的思考,会使我们最终认识到:民主化的实际发生会给普通百姓带来什么好处。本章总体上证明了重大的国家能力对成功的民主化的重要性,但是也说明了高能力会诱使统治者去阻碍公众的意愿。

第一节　委内瑞拉、石油和转换式轨道

委内瑞拉 1900 年以来的历史记录了国家能力变化的影响。它向我们展示了一个长期生存在能力-民主空间中的低能力不民主(因而是高度暴力的)象限但是后来转向了可能是强大国家通向民主的道路的政权。这个国家对石油收入的控制造成了这个差别。它也阻碍充分的民主化并且最终推动这个政权的轨道向高能力不民主的方向发展。

委内瑞拉通过几个阶段成为独立于西班牙帝国的国家:作为一个反叛的省份(1810 年),作为西蒙·玻利瓦尔的大哥伦比亚(Simon Bolivar's Gran Colombia)的一部分(1819 年),然后在玻利瓦尔死时作为独立的共和国(1830 年)。直到 20 世纪早期,委内瑞拉上演了大家熟悉的、沉闷的军人独裁者、元首、政变和偶尔的文官统治的拉丁美洲戏剧。大地主从来没有像他们在阿根廷和巴西的大的地区那样成功地建立起武装中心。(Centeno 2002:156)然而,在 1908 年,由胡安·比森特·戈麦斯将军(General Juan Vicente Gomez)领导的一次政变开辟了新的纪元。戈麦斯统治了委内瑞拉 27 年,直到他于 1935 年去世。他建立起一支国家军

队,其军官大部分来自他自己的安第斯(Andes)地区。(Rouquie 1987:
195)他通过把大片土地分配给他的忠诚的客户(clients)来巩固他的统治。
(Collier and Collier 1991:114)他避免了以前的委内瑞拉政权常见的被
推翻。

戈麦斯比他的前任持续了更长的时间,至少部分因为委内瑞拉在
1918年建立起自己的油田并且很快成为世界上主要生产国之一。石油
把委内瑞拉的经济重心从咖啡转移到了能源,并且最终也转到了能源支
持的制造业。正如我们也许会想到的,石油也增强了独裁者对公众意见
的干涉。戈麦斯在他整个任期里,防止了任何大规模的群众组织的形成。

然而,脱离农业经济的发展扩大了补充到军人阶层中的工人和学生
的数量(如果说是相对无权的反对派而言)。当戈麦斯在1935年去世时,
委内瑞拉的精英们联合在一起,创造了一个限于一个5年期的选举的总
统任期,并且同时采取行动禁止像共产主义者那样的左派激进分子。第
一位当选的总统[来自安第斯的另一位将军,埃利埃泽·洛佩斯·孔特拉
斯(Eleazar Lopez Contreras)]运用国家的一部分石油收入来资助可以收
买公众支持和排斥左派分子的福利计划。

这个模式在1935年后持续了很久。确实,从那时开始,那些在委内
瑞拉(无论是通过选举还是通过武力)掌权的人总是宣称他们这样做是为
了促进民主。委内瑞拉在1947年就使成人普选权制度化,后来也从未完
全废除它。而且温和的社会民主党——民主行动党(Accion Democratica)
确实为公众动员提供了一种手段,为组织的劳工提供了支持。(Collier
and Collier 1991:251—270)但是石油的收入给统治者提供了逃避和公民
的相互制约的协商的手段。从1948年到1958年统治着委内瑞拉的军人
小集团特别地宣布,它夺取政权是为了消除由以前的民粹主义的军人政
府造成的对民主的威胁。它得到了来自教会、税负沉重的外国公司和传
统的精英们的支持。(Rouquie 1987:196)

但是,费尔南多·科罗尼尔(Fernando Coronil)评论道,这个军人小
集团的领导人:

不是政治家而且在后来的岁月里仅仅获得有限的政治经验。
他们在石油经济迅速扩张时期获得了对国家的控制权,并且没有为

经济的和政治的条件所迫来寻求其他社会群体的支持。由于他们感到自足,他们变得甚至远离了军队(他们原来的支持基础)。他们努力躲开政治并把注意力集中在看得见的成就上。(Coronil 1997:131)

那些"看得见的成就"包括公共建设工程和由石油收入资助的福利计划。正如艾伯特·赫希曼(Albert Hirschman)根据仔细观察做出的评论,这种把精力集中在委内瑞拉国家之内的企业家的和改革的活动促进了这两类活动的协调,并且使得谋求私人支持国家领导的计划变得很容易。(Hirschman 1979:95—96)但是它也排除了普通公民参与经济发展和福利的辩论。

逐渐地,统治的小集团[从 1954 年来由陆军上校马科斯·佩雷斯·希门尼斯(Colonel Marcos Perez Jimenez)领导,长期为幕后的权力]通过把石油特许权批准给外国公司,公司(特别是美国的公司)扩大了石油收入。为了和美国的冷战政策保持一致,委内瑞拉也逐渐地使自己合法化为美国的盟友和反对共产主义的堡垒。在成功的陶醉下,佩雷斯·希门尼斯以激进的方式缩小了他在国内的权力基础,疏远了大部分军官。1958 年的一次军事政变(这次得到了大量公众的支持)把这个小集团赶下了台。军事政变者(the golpistas)以及他们的公民盟友很快就呼吁民主,把文职的罗慕洛·贝坦科尔特(Romulo Betancourt)送上了总统宝座。贝坦科尔特的就职使得许多观察员们认为委内瑞拉终于进入了走向民主的轨道。

费利佩·埃格罗(Felipe Aguero)认为这种向部分民主的转移的发生,仅仅是因为军队失去了它以前的团结:

> 尽管它包括了平民反对派的代表,为主的军人小集团和政党们联手确定临时政府、确定选举和权力转移的日程表。在此基础上,在分裂的军事组织和有着来自公众动员的强大支持的统一的平民阵线之间的对比,就是这次转移成功的最好的解释。平民阵线代表了比反对民主化的军人派系更加强大的和更加可靠的选择。(Aguero 1990:349)

事实上,军队从来就没有远离它的权力位置。然而,1958 年后,委内瑞拉大部分时间处于文官统治之下。仅仅只有一次，军队直接了顶国家政治：1992 年，两次流产的军事政变把未来的总统——海军上尉、陆军上校乌戈·查韦斯·弗里亚斯（Lieutenant Colonel Hugo Chavez Frias）带进了公众视野。（关于查韦斯，本书后面有更多的讨论）。权力在两个精英政党（一个是温和的社会民主党，另一个是温和的基督教民主党）之间不稳定地交替。委内瑞拉成了石油输出国组织（Organization of Petroleum Exporting States）（联合垄断组织 OPEC）的积极的组织者。它运用石油收入发起了一场雄心勃勃的但最终走上噩运的，使委内瑞拉成为主要的汽车生产国的运动。

在 OPEC 于 1973 年把石油价格提高 7 倍之后，卡洛斯·安德鲁斯·佩雷斯（Carlos Andres Perez）总统扩大了以前政权的公共建设工程计划。他一方面以未来的石油收入在国际上借贷，一方面也使石油工业民族化（1975 年）；那些外国债务，包括来自国际货币基金组织（International Monetary Fund，IMF）的压力将会折磨委内瑞拉政府达 20 年之久。尽管少数委内瑞拉人变得非常富裕，对平民百姓而言，生活水准从 20 世纪 70 年代以来急剧下降。

在他的第二次总统任期（1988 年到 1993 年）里，佩雷斯（Perez）为此付出了代价。佩雷斯曾经以公共建设工程和价格限制方案来竞选总统，但是在选举之后在国内外财阀的压力下，他迅速地改变了方向。在 1989 年，佩雷斯宣布了一个节俭计划，包括削减政府开支和公共服务价格上涨。这个计划的执行很快引发了广泛的公众抵制。

例如，加拉加斯（Caracas）1989 年 2 月到 3 月的暴力事件就是从坐车上班族一方和公共交通驾驶员（他们对前者按新的票价收费）为另一方的冲突开始的。冲突很快演化成对市区商店的洗劫。在加拉加斯，当军队开进去清理街道时已有 300 人死亡，2 000 多人受伤。在 3 月的前两星期里，16 个委内瑞拉城市在类似的事件中发生了爆炸。这次冲突出了名，被称为"加拉加斯事件"（EL Caracazo，the Events of Caracas）或者"动荡"（El Sacudon，the Shock）。这些事件引发了十年的斗争和政权的改变（Lopez Maya 1999；Lopez Maya，Smilde，and Stephany 2002）。

第二节 进入查韦斯时代

争论不仅仅来自街头：在 20 世纪 80 年代早期，一群民族主义的军官组织了一个称为"革命的玻利瓦尔运动"（the Revolutionary Bolivarian Movement）的秘密网络。伞兵部队军官乌戈·查韦斯成了他们的领导。在 1992 年玻利瓦尔运动者在一次军事政权更替中差一点夺取了政权，这次政权更替的失败把查韦斯送进了监狱。当这个群体在 11 月进行第二次政权更替时，查韦斯还在监狱里。他们夺取了电视台并播放了一个录像，在此录像中查韦斯宣布了政府的垮台。由于第二次政权更替，查韦斯在监狱又待了两年。

1993 年，当查韦斯在监狱里备受折磨时，委内瑞拉的国会指控总统佩雷斯腐败并且罢免了他的总统职务。但是佩雷斯的接班人拉斐尔·卡尔德拉（Rafael Caldera）很快面临了这个国家的银行业的倒闭、暴力犯罪的泛滥、新的军事政变谣言四起以及被指控为腐败。当查韦斯离开监狱参与政治时，公众要求政治整顿的呼声高涨。到 1998 年总统选举时，对以前政权更替领导者查韦斯的唯一坚决的反对来自以前美丽的王后。当查韦斯的竞选活动获得了广泛支持时，她放弃了参选。

查韦斯把自己宣传成民粹主义者并以绝大多数赢得了选举。下一年，根据自由之家：

> 政变者乌戈·查韦斯（由伞兵部队军官转变的政治家）在 1998 年 12 月的压倒性胜利中当选为总统。他把 1999 年的大部分时间用在拆除委内瑞拉的相互阻碍、相互平衡的政治体制，表面上要消灭名声不好的两党制。这两党制在 40 年里创造了几次石油大繁荣，但是使 4/5 的委内瑞拉人陷入贫困状态。在这一年的早期，国会的权力被摧毁（gutted），司法部门被置于行政部门的监管之下，查韦斯的军队同伙们对于这个国家的日常管理被给予了太大的发言权。一个由查韦斯追随者占优势的修改宪法的国民代表大会起草了新的宪法。

新的宪法使得对新闻的审查变得更加容易。它赋予新近的极加强的主要执政者解散国会的权力并且使得查韦斯可能保持权力直到 2013年。在 12 月 15 日的全国公民投票中，委内瑞拉人通过了新宪法，之后国会和最高法院被解散。（Karatnycky 2000：522）

随着查韦斯于 1999 年上台掌权，他的支持者和反对者之间的街头冲突加剧了。新总统在这一年晚些时候对菲德尔·卡斯特罗（Fidel Castro）的正式的社会主义国家的国事访问，使得他改变政府及其在整个世界中的位置的计划发生了戏剧性的转变（dramatized）。他开始从国家石油公司（Petroleos de Venezuela）挤榨更多的石油收入，逐渐削弱石油公司的自治权。查韦斯也复活了以前委内瑞拉常提的对圭亚那西部大片领土的要求。委内瑞拉进入了一个为了这个国家未来的新的奋斗阶段。

在以后的 7 年里，查韦斯运用他对石油收入的控制来巩固他的权力、钳制他的反对派以及在拉丁美洲的其他地方倡导民粹主义（populism），甚至抵挡日益敌对的美国。他躲过了 2002 年美国支持的政变，协调解决了 2002—2003 年来自国内石油公司的抵制、在此时期的总罢工以及 2004年美国支持的罢免他的全民公决（recall referendum）。他一步一步地还之以更严厉的压制。查韦斯占优势的立法机构支持最高法院扩大对侮辱总统或者对总统表示不敬的禁止以及加强对公众媒体的监督。与此同时，法庭起诉了越来越多的反政府人士。尽管查韦斯仍然像俄罗斯的普京和阿尔及利亚的布特弗利卡（Bouteflika）一样，受到委内瑞拉的众多穷人的大量支持，他也依靠国家石油产生的财富来逃避公众的同意（popular consent）。

当然这些并不是第一次出现。插图 7.2 追溯了委内瑞拉 1900 年以来的崎岖不平的轨道。委内瑞拉在作为低能力不民主的政权（一个反复被军官接管的弱小国家）的 70 年之后进入了 20 世纪。在戈麦斯（Gomez）的独裁统治下，1918 年委内瑞拉油田的建立开始了国家能力引人注目的增长。那些新的从上而下的控制手段使得戈麦斯能够使已经不民主的政权去民主化。在戈麦斯 1935 年死后，委内瑞拉的寡头政权一面继续依靠石油财富提高国家能力，一面设法完成了适度的民主化。

1948 年的政变迅速地使政权去民主化，几乎使它回到了戈麦斯死时

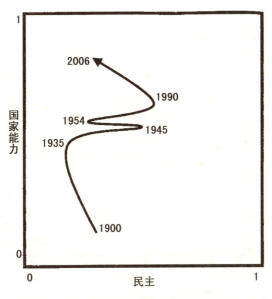

插图 7.2 委内瑞拉的政权（1900—2006 年）

的不民主境地。之后连续几任的干涉主义的政府继续增强国家能力，另一方面促进了又一个适度民主化的阶段。尽管查韦斯自我标榜为民粹主义者，他一会儿这个倾向，一会儿又转向另一个倾向：都是以民主为代价。他建成了委内瑞拉曾经出现过的能力最高的国家。在 1900 年到 2006 年的整个时期，委内瑞拉仅仅是刚刚挤进了民主领域。但是，在石油的喂养下，它长成了一个给人深刻印象的高能力的国家。

在插图 7.3 中展示的自由之家的评价和往常一样忽略了国家能力，但是为我们对从 1972 年以来的那些年里的民主化和（特别是）去民主化的解释提供了证明和细节。根据自由之家的评价，政治权利在卡洛斯·安德鲁斯·佩雷斯（Carlos Andres Perez）的第一次总统任期内实际上增加了。从 1976 年到 1986 年，乐观的自由之家给委内瑞拉在政治权利上评了最高的 1 等，在公民自由上评了非常高的 2 等。这样把委内瑞拉放到了和像法国和爱尔兰那样的民主堡垒并驾齐驱的行列。（Freedom House 2002）

然后不规则的下降开始了，在小小的恢复之前在 1999 年达到了 4，4 的低点，然后是又一个迅速的下降在 2006 年回到 4，4。简而言之，委内

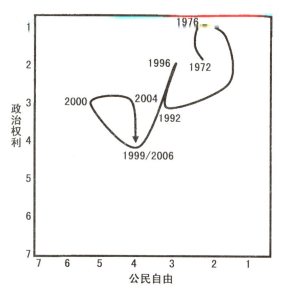

插图 7.3　委内瑞拉的自由之家评分(1972—2006 年)

瑞拉从在 20 世纪 70 年代的石油财富涌现期间开始看上去像一个正在民主化的国家,但已经朝着更少政治权利和公民自由发生了不规则的退步——用我们的术语来说,它已经去民主化。后来,委内瑞拉的国家能力继续攀升。一个高能力不民主的政权已经出现。

我们缺乏能够用来估计其对民主化和去民主化影响的委内瑞拉信任网络的信息。这至少是似是而非的,即在经济痛苦的 20 世纪 90 年代和(特别是)查韦斯的到来引发了中产阶级、有组织的劳工内部的信任网络的重大撤离之前,20 世纪 70 年代和 80 年代的石油资助的福利计划造成了部分地把公众信任网络纳入到公共政治中去。与此同时,查韦斯的民粹主义的政策也许产生了空前的把本地的和边缘化的人们的信任网络纳入到委内瑞拉的公共政治中去。查韦斯的玻利瓦尔式革命的狂热者(例如,Figueroa 2006)之所以经常把他的政权描述成比其委内瑞拉的前任更加民主,恰恰是因为查韦斯眷顾了以前被排除的穷苦的和本土的人们。但是根据广泛性、平等、保护和制约的协商标准来看,他的政权发生了去民主化。

那么种类不平等又如何呢? 很早以前,民粹主义的独裁统治就缓冲了(buffered)把委内瑞拉广泛的不平等纳入公共政治。他们从而促进了相对广泛的和平等的政治参与而没有太多的保护和相互制约的协商。那个过程自身没有发生重大的逆转。在我们的三个主要过程中,自治的权力中心的变化起伏最广泛。在几乎一个世纪里,用石油手段保护其自治的有权力的军官们常常推动着去民主化的循环。他们方向的急转推动着委内瑞拉的民主化和去民主化进入不同的阶段。查韦斯自己以玻利瓦尔式民主的名义创造的自治的权力中心实际上使他的政权去民主化。

第三节　如果整个世界是委内瑞拉

整个世界不是委内瑞拉。但是如果是的话,我们将会有某些有希望的规则值得思考。最显著的是,委内瑞拉的历史经验证实了以前的案例预示了的一个观点:根据国家能力的变化,民主化和去民主化起的作用非常不同。更确切地说,就不民主的国家通过和公民就统治手段进行协商来建立起公民的同意而言,随之而来的民主化发展得更深入更快。它之所以进展得更深入更快是因为就统治手段的协商压制了自治的权力中心,延伸了公众对公共政治的影响并且扩大了公共政治对国家的控制。

例如对统治手段的协商通常发生在征税和征兵中。(Levi 1988, 1997;Tilly 1992,2005b)它激活了许多我们在第六章里考察过的约束自治的机制:中央选择以前自治的政治中间人、不同种类之间的政治联盟的促成、强制实行统一的政府机构,等等。就其支持武装力量而言,对统治手段进行协商有着讽刺性的效果。它使军队本身服从公众同意、依靠集中和安排军队活动所需资金的文官政府。

米格尔·桑地诺(Miguel Centeno)在武力之旅的历史分析中,他(用我的术语,不是他的)展示了西欧国家,一般看来,按照这个顺序:战争—榨取—协商—同意—国家基础(infrastructure),发展得比他们的拉丁美洲兄弟更加深入更加迅速:

虽然战争在其些条件下（例如，智利在19世纪30年代）确实提供了更大的国家团结的机会，但是这些机会从来没有被用来创造国家能力进一步发展所需的制度基础。一个关键的问题是，为什么独立战争和一贯的军人独裁主义相反，产生了无政府状态？我认为答案在于军队组织程度的相对有限的和独立战争中使用的暴力。这并不是否认这些因素引起的破坏。然而，尽管战争削弱了殖民地秩序，但是它们并没有消灭这个秩序。在整个大陆，武装力量并不太强大，所以不需要整个社会军事化。当然和欧洲历史中对等的战争（如30年战争）相比，独立的冲突留下了非常有限的制度遗产。独立之后的战争也留下了不明朗的结果。（Centeno 2002：26—27）

结果，桑地诺证明了，拉丁美洲国家通常最终出现了更加软弱的中央机构、对日常社会生活的更低效率的干预和比现代西欧盛行更多自治的权力中心。显然，正如委内瑞拉的经验告诉我们，如果统治者通过对有价值的和外部适于销售的资源的直接控制来增强国家能力，他们就会破坏或者避免就统治手段进行协商的作用。在殖民地政府和附庸国的情况下，来自外部权力的支持同样会破坏或者避免协商的作用。

沿着强大国家的轨道，当国家权力的早期建立和消除自治的权力中心结合在一起时，把信任网络融入公共政治变得更加可能。它之所以发生（当它确实发生时）是因为自治权力中心的消除动摇了对信任网络的非国家的保护（例如，在庇护系统中），也因为国家和主要的政治参与者如工会创造了直接联系公共政治的新的信任网络（例如，福利系统）。（Lindert 2004，Tilly 2005b）信任网络的融入接着促进民主化，特别是通过使政治参与者（包括国家）参与保护的、相互制约的协商。

然而在国家力量和使公共政治和种类不平等隔离之间，没有一致的关系存在。正如南非历史强调的那样，某些强大国家把种类不平等直接纳入它们的控制系统。在中等道路上的国家，比如美国，有时建立在种族的、宗教的或者民族的区别之上。沿着弱小国家的道路，种族的、宗教的和民族的企业家不断地围绕着种类的区别组织公共政治的自己部分，并且当他们掌权后把那些区别融入到政治排斥上去。然而，从更加长远的观点看，所有正在民主化的政权都走向某种广泛的、平等的公民权，从而减少种类不平等在公共政治中的作用。

在强大的、相对民主的国家的政权中,去民主化主要是通过三个过程发生的:外部征服、以前接受民主契约的精英政治参与者背叛民主契约、经济危机严重危害国家维持自身和遵守承诺的能力。纳粹德国在接近第二次世界大战开始之前给了法国和荷兰沉重的打击(the first fate),在 20世纪 60 年代和 70 年代在巴西、乌拉圭、智利和阿根廷,精英们背叛带来了灾难性的结果,与此同时,第一次世界大战后的经济危机在欧洲的许多国家引入了独裁主义的政权。(Bermeo 2003)尽管委内瑞拉从来不能算一个强大的或者相对民主的国家,它的若干去民主化的时期典型地把经济危机和精英们对部分民主的契约的背叛结合在了一起。

建立在弱小国家基础上的政权表现完全不同。相反,尽管有无政府主义者的梦想,比起强大国家的政权,它们迈进民主领域的机会更少。如果它们要这样做的话,它们会更加没有能力去阻止背叛、保护少数民族、执行通过相互协商做出的决定。然而某些非常弱小的国家确实有着民主的政权,但大多数是常常通过依赖强大的邻国保护[或者通过和后者结盟造成的局势(stalemate)]达到这一点的。在 2003 年,突出的例子包括安道尔(Andorra)、巴哈马(Bahamas)、巴巴多斯(Barbados)、佛得角(Cape Verde)、希属塞浦路斯(Greek Cyprus)、多米尼加(Dominica)、基里巴斯(Kiribati)、列支敦士登(Liechtenstein)、卢森堡(Luxembourg)、马耳他(Malta)、马歇尔群岛(Marshal Islands)、密克罗尼西亚(Micronesia)、瑙鲁(Nauru)、帕劳群岛(Palau)、圣马力诺(San Marino)、斯洛文尼亚(Slovenia)、图瓦卢(Tuvalu),它们都有资格排在那一年的自由之家评价中的 1, 1 的位置。(Piano and Puddington 2004)这些政权可以归为两类:在较大国家形成中留下的地理缝隙中幸存的比较古老的国家和在其以前殖民地宗主国保护下成为正式的主权国家的殖民地。

沿着弱小国家走向民主的道路,三个基本的民主化过程——信任网络的融入、种类不平等的隔离、自治权力中心的消除——所有都发生得缓慢和不完全。除了在那些地方:弱小国家是特别地在单一民族群体的控制下形成的、不信任的飞地(被包围的领土);由民族、语言、种族或者宗教在公共政治中造成的区分;以及豪强们之间的斗争常常挑战民主协议所形成的任何东西。

在弱小的国家政权中(正如在强大国家政权中),外部征服、精英们对民主契约的背叛和严重的经济危机都会促进去民主化。此外,国内对手夺取政府权力的努力在弱小国家的政权中更为频繁地引起去民主化。弱小国家塞拉利昂(Sierra Leone)、利比里亚(Liberia)和象牙海岸(Ivory Coast)从未达到很高的民主高度;它们当中在1972年到2006年从自由之家获得的最高的评价是塞拉利昂在1998年的3,5(政治权利、公民自由)和在2005年的4,3。(Freedom House 2002,2005,2006)然而它们三个国家在1990年到2004年之间的不同的时间节点上都爆发了内战并且进一步地使它们的政权去民主化。像塞拉利昂(Sierra Leone)、利比里亚(Liberia)和象牙海岸(Ivory Coast)那样的弱小国家都有破坏性的内战倾向。

第四节　弱小国家和内战

为什么应该是这样？当两个或者多个不同的军事组织(至少当中的一个附属于以前存在的政府)为了控制在政权内的主要的政府手段相互开战时,内战就发生了。(Ghobarah,Huth,and Russett 2003;Henderson 1999;Hironaka 2005;Kaldor 1999;Licklider 1993;Walter and Snyder 1999)仅在2003年,斯堪的纳维亚(Scandinavia)的职业的冲突观察员确定了内战(在其中有25人或者更多人员死亡)发生在阿富汗(Afghanistan)、阿尔及利亚(Algeria)、缅甸(Burma/Myanmar)、布隆迪(Burundi)、车臣(Chechnya)、哥伦比亚(Colombia)、伊拉克(Iraq)、以色列/巴勒斯坦(Israe/Palestine)、克什米尔(Kashmir)、利比里亚(Liberia)、尼泊尔(Nepal)、菲律宾(the Philippines)、斯里兰卡(Sri Lanka)、苏丹(Sudan)、土耳其/库尔德斯坦(Turkey/Kurdistan)和乌干达(Uganda)。(Eriksson and Wallensteen 2004:632—635)

在世界上的集体暴力中内战并非总是那么突出。第二次世界大战以来的许多年来,在世界上的武装冲突(包括内战)方面发生了一个显著的变化。直到这场战争的前两个世纪里,大多数大规模伤亡的冲突往往挑起国家之间的争端。在 20 世纪的上半叶,尽管许多国家当局有意地消灭、转移或者控制所属人口的措施也造成了很多人员的死亡,但大规模的国家间的战争导致了世界上绝大部分的政治性死亡。(Chesnais 1976,1981;Rummel 1994;Tilly et al. 1995)

而且在第二次世界大战战后不久,欧洲殖民大国在他们的许多殖民地遇到了抵抗和起义。殖民地战争在 20 世纪 70 年代平息之前汹涌澎湃了几年。随着冷战在 20 世纪 60 年代和 80 年代之间盛行,大国——特别是美国、苏联和以前殖民地的宗主国——频繁地干预后殖民地战争,如 1975 年到 2003 年之间的安哥拉的战争。(Duner 1985)但是慢慢地,没有第三方直接军事干预的内战成了大规模杀戮冲突的主要场所。(Kaldor 1999;Tilly 2003,第三章)

在 20 世纪的下半叶,内战、游击战争、分裂主义的斗争以及民族划分的、宗教划分的人口之间的冲突日益在流血冲突中占据领先地位。(Creveld 1989,1991;Holstil 1991,1996;Kaldor 1999;Luard 1987;Mueller 2004)在 1950 年到 2000 年之间,死亡 50 万人或者更多人的内战发生在阿富汗(Afghanistan)、安哥拉(Angola)、柬埔寨(Cambodia)、印度尼西亚(Indonesia)、莫桑比克(Mozambique)、尼日利亚(Nigeria)、卢旺达(Rwanda)和苏丹(Sudan)。(Echeverry,Salazar,and Navas 2001:116)在这整个世纪,战争死亡中的平民比例惊人地上升:第一次世界大战 5%,第二次世界大战 50%,到 20 世纪 90 年代的战争上升到 90%。(Chesterman 2001:2)战争主要在政权内部进行。

首先,在新的国家的国内冲突中,非殖民地化和冷战合在一起,给了主要的西方大国很强的暗示。对法国人和美国人而言,印度支那提供了那个时代的最痛苦的回忆。但是荷兰在印度尼西亚面临着同样的危机(1945—1949 年),正如英国在马来亚那样(1948—1960 年)。大多数以前欧洲的殖民地作为名义上的民主国家开始它们的独立,然后迅速地转入一党专政的寡头政治或军人统治,或者两者兼而有之。在 20 世纪 60 年代,由于国家武装力量的不同部分争夺国家权力的份额,军事政变成倍地增长。

从 20 世纪 70 年代以来政变变得不太常见和不太有效。(Tilly et al. 1995)伴随着大国的支持,现存的统治者开始巩固他们对政府机构的掌控,用其来为自己谋利并且把他们的对手从权力中排除。在此过程中,持不同政见的暴力专家们(常常得到资助现存统治者的大国的国际竞争对手的支持)逐渐转向武装叛乱;他们追求夺取国家权力或者分割出他们自己自治的领土。内战变得越来越普遍。

斯堪的纳维亚研究武装冲突的专家们把第二次世界大战以来的武装冲突分成这样几类(Strand,Wilhelmsen,and gleditsch 2004:Ⅱ):

系统外的:发生在国家和非国家群体之间的在其自己领土之外的,最典型的案例是殖民地战争;

国家之间的:发生在两个或者多个国家之间的;

内部的:发生在一个国家政府和内部反对派群体之间的,没有来自其他国家干预的——简而言之,内战;

国际化的内部的:发生在一个国家政府和内部反对派群体之间的,有来自其他国家武装干预的。

斯堪的纳维亚的数据表明殖民地战争减少了并且在 1975 年后消失了,国家之间的战争一直在波动但是从未成为主流,国际化的内战在 20 世纪 80 年代达到最多,然后在 2000 年后下降。在纯粹的冲突的频率方面,头条新闻来自内战没有外来干预。这些内部的武装冲突从 20 世纪 50 年代到 90 年代不规则地但是急剧地攀升,仅仅从 90 年代中期以来在频率上有很大的下降。苏联和南斯拉夫的解体助长了 90 年代早期的高峰。(Beissinger 1998,2001;Kaldor 1999)

内战的数量比独立国家的数量增长要迅速得多,从 1960 年的大约100 次到 21 世纪早期的 160 多次。一个早期的高峰在 1975 年出现,当时大量的内战发生在安哥拉(Angola)、缅甸(Burma)、柬埔寨(Cambodia)、埃塞俄比亚(Ethiopia)、印度尼西亚(Indonesia)、伊朗(Iran)、伊拉克(Iraq)、黎巴嫩(Lebanon)、摩洛哥(Morocco)、莫桑比克(Mozambique)、巴基斯坦(Pakistan)、菲律宾(the Philippines)、越南(Vietnam)和津巴布韦(Zimbabwe)。但是内战继续成倍地增长直到它们在 1992 年达到顶峰,当时整整 28 次内部的武装冲突遍布整个世界。内战的数量在 20 世纪 90 年代后期下降了,但是内部冲突的残杀还在以比 60 年代流行的更高的程度继续着。

在 90 年代后期,尽管有像车臣和科索沃那样痛心的地方,大多数后社会主义的政权已经习惯于更加稳定的较少暴力的统治形式。以前分裂的政权的部分民主化——南非是一个恰当的例子——也有助于从 1994 年以来的内战的下降。(Piano and Puddington 2004)尽管内战还在阿富汗(Afghanistan)、阿尔及利亚(Algeria)、缅甸(Burma/Myanmar)、布隆迪(Burundi)、车臣(Chechnya)、哥伦比亚(Colombia)、伊拉克(Iraq)、以色列/巴勒斯坦(Israe/Palestine)、克什米尔(Kashmir)、利比里亚(Liberia)、尼泊尔(Nepal)、菲律宾(the Philippines)、斯里兰卡(Sri Lanka)、苏丹(Sudan)、土耳其/库尔德斯坦(Turkey/Kurdistan)和乌干达(Uganda)继续,内战的范围已经缩小了。

在第二次世界大战以来的较长的时期里,内战主要集中在两种类型的政权:(1)包含脱离了中央控制的重要地区的相对高能力的政权(无论民主的还是不民主的)(最近的例子有:车臣、以色列/巴勒斯坦、克什米尔、秘鲁、菲律宾、土耳其,还有可能的哥伦比亚)和(2)低能力不民主的政权(其余的)。弱小国家是这类的主流。

为什么应该是这样?这两种类型的政权有一个我们以前曾经遇到了的共同的基本原则。对其自己政府的控制给了统治者有利条件,这种有利条件是缺乏那种控制的政府国民所没有的。甚至弱小的政府也给予统治者以普通公民不能享有的控制资源、活动和民众(populations)的权力——更不用说声望和尊重。在贫穷的国家里,对政府的控制以及获取它们好处的途径甚至变得更加珍贵(相对于缺乏控制和途径而言)——因为现有的替代性资源严重短缺。

例如,在贫穷的国家,相对于其他可能的谋生手段,在军队服役通常比在富裕国家似乎更加具有吸引力。低收入的政府工作,加上它们获得保护、补贴和贿赂的机会,同样常常变得比在现存的私营企业工作更具诱惑力。光这些事实有助于解释在许多贫穷的国家明显腐败的和无能的政府的存在;他们给予他们的被庇护者(clients)的东西并不多,但是少聊胜丁无。

当然能力和民主也非常重要。从定义上看,高能力的政府对资源、活动和人口施加了更加广泛的控制。高能力政府通常也限制独立接触强制力量的途径,并且粉碎任何想获得致命武器的群体。并非完全根据定义,民主的政权不仅大大地扩大统治阶级、促进其成员的更新,而且它们也把更大的开支和限制加到统治者对政府控制的资源的部署上。

因此这是一个矛盾:在从获取政府权力中得到回报较低的地方,夺取政权的暴力企图的发生就更加频繁。在低能力不民主的政权中和在较高能力政权的一些运行在像低能力不民主政权中的地区(半殖民地的边区村落、松弛的边疆、边远不毛之地,等等),为了控制现存政府的武装斗争变得更有吸引力。由于那里的居民常常自认为(或者被认为)属于不同民族,在那些地方的内战常常获得了一个由民族矛盾引起的错误名声。

第五节　其他震荡

内战给任何政权都带来震荡并且通常会逆转所有三个主要的民主化过程;它中断了公共政治和信任网络的联系,把种类不平等写入公共政治,并且建立起危险的自治的强制权力中心。然而,其他震荡实际上在某些情况下会推进民主化。特别是,征服、殖民地化、革命和国内冲突有时会加速这三个基本过程的运行。正如同盟国在第二次世界大战对意大利、德国和日本的胜利,军事征服可以强制地消灭自治的权力中心,减少公共政治中的种类不平等并且促进把信任网络融入公共政治。移民者的殖民地,例如澳大利亚和新西兰,大量屠杀了本土居民,但是常常沿着中等国家道路建立起部分民主的政权。除了对本土人和妇女的排除外——当然是巨大的例外——他们早就把大致的平等纳入公共政治,同时限制自治的权力中心并且部分地把信任网络融入公共政治。

爱尔兰动乱的经验表明,国内的冲突和革命能加速发生在较慢转变中的相同的基本过程,从而促进民主化。然而,它也证明了,征服和殖民地化能够朝着另一个方向运转，使已经相对不民主的政权去民主化。许多世纪以来，爱尔兰和英国的相互作用不断地把征服、殖民地化、革命和国内冲突带给了爱尔兰人民。

从16世纪到20世纪，爱尔兰经历了一系列的以革命的权力转移而告终的内战。英国对爱尔兰的控制变化很大，从激烈的内战阶段到几轮军事占领，再到远程统治时期。例如，在17世纪，奥利弗·克伦威尔（Oliver Cromwell）在1650年入侵并且征服了爱尔兰，然后荷兰的奥伦治威廉（William of Orange）（他成了英格兰和爱尔兰的国王）在1688年和1692年间再次征服了这片土地。每一次征服（包括剥夺爱尔兰天主教徒的土地给新教徒）都加强了英国人在爱尔兰的存在和统治。但是每一次征服也导致了一个迁就融合（accommodation）时期，在这个时期英国支持的统治者试图在面对广泛的消极抵抗和某些积极起义的情况下进行统治。因此，仅仅考虑爱尔兰，我们也能合理地把这个政权从16世纪到20世纪独立的大部分时间归到弱小国家道路。在20世纪，半主权的爱尔兰转到了中等国家的轨道上，并且迅速地民主化。

爱尔兰的民主化经历了几个世纪的斗争才出现。在把早期的盎格鲁诺曼（Anglo-Norman）征服者和从12世纪以来的殖民者同化之后，爱尔兰进入了几个世纪的本地首领和国王的竞争。然而，从亨利八世（Henry Ⅷ）开始，都铎王朝的（Tudor）侵略导致了新一轮的武装抵抗。从而开始了几乎5个世纪动荡，在这5个世纪里某些爱尔兰掌权者总是和英国结盟而众多的其他掌权者则总是结盟反抗英国。在17世纪90年代和18世纪80年代，甚至有财产的天主教教徒也无权参与爱尔兰的公共政治。从18世纪80年代到19世纪20年代，他们仍然遭受着严重的政治资格限制（political disabilities）。16世纪以来，爱尔兰，特别是北爱尔兰很少离开过恶性的暴力的对抗。这个岛屿不断地陷入内战。

然而，直到19世纪，爱尔兰才成为一个民主化的国家。根据民主化的观点，我们也许可以挑选出1801年、1829年、1869年、1884年和1919年到1923年作为关键的年份。在1801年，解散专属新教徒的爱尔兰国会并且把100位爱尔兰新教徒吸纳进（大不列颠）联合王国（United Kingdom）的国会，实际上使一个已经是寡头政治的政权去民主化；它粉碎了爱尔兰的天主教精英们和新教的统治者达成的不平等的迁就融合。甚至精英们的宗族网络和宗教网络也失去了和爱尔兰统治系统的联系。1829年(大不列颠)联合王国(United Kingdom)通过《天主教徒解放法案》(Catholic Emancipation)(之后又有类似的对非英国国教的新教徒的一年的政治让步)扭转了那次种族隔离。它给予爱尔兰较富裕的天主教徒正式代表权和在(大不列颠)联合王国任大部分公职的权利。

　　然而在19世纪,要求爱尔兰自治或者独立的呼声进一步高涨。在北爱尔兰佃农和地主的冲突加剧而且双方公开展示武力不断地导致街头暴力。(Tilly 2003: 111—127)1869年地方自治的运动导致了以前官方的爱尔兰教会的废除。然而,尽管得到了首相威廉·格拉德斯通(William Gladstone)的支持,但是地方自治运动没有得到英国国会的批准。爱尔兰的新教徒举行集会,提出"自治就是罗马统治"("Home rule is Rome rule")来反对那些措施。(McCracken 2001: 262)

　　1884年的公民权法案,同时和大不列颠第三改革法案(Great Britain's Third Reform Act)一起,授予爱尔兰人口中的大多数成年男子以投票权,从而大大地扩大了农村天主教选民的人数。然而,在那时,每一个大的政党都使自己附属于某个宗教派别。信仰天主教的政党义无反顾地支持爱尔兰自治或者独立。在那时,自治的权力中心明显地存在,新教徒和(特别是)天主教徒的信任网络仍然和公共政治隔离,新教徒-天主教徒的区分直接干扰公共政治。

　　在以前60年里众多的反英起义之后,爱尔兰人是否应该为了英国服兵役,这个问题在第一次世界大战期间在爱尔兰引起了很大的分裂。1919年战时的分裂演化成了内战。1922年的条约建立起一个有着类似于加拿大和澳大利亚的主权地位的、在很大程度上自治的、清一色的天主教爱尔兰自由国家(Catholic Irish Free State)。与此同时,新教徒占大多数的北爱尔兰仍然紧密地附属于英国,但是在宗教线上分裂得甚至比以前更尖锐。

　　在爱尔兰的其他地方,一年来,爱尔兰共和军的直接行动小组继续在袭击新教徒并且猜疑(suspected)英国合作者。(Hart 1998)武装的共和力量输掉了1922年爱尔兰自由国家的普选以及后来的内战。和英国的和约以及在爱尔兰内战的终止从根本上改变了这个政权。除北方外,新教徒-天主教徒的区分在公共政治中减弱了,天主教徒的信任网络成了政治庇护关系(patronage)和动员的主要中介,而曾经强大的强制权力的自治中心开始把自己融入爱尔兰国家政权。

然而共和党的武装人员幸存了下来,并且最终从英国获得了他们为之战斗的完全独立。20 世纪 20 年代以来,爱尔兰共和军不断地武装入侵北爱尔兰。(详情请看 Keogh 2001,White 1993)在北方稳定的民主绝没有达到。但是爱尔兰自由国家(the Irish Free State)在 1937 年获得了实质上的独立(在它的爱尔兰名字 Eire 下)并且在 1949 年成为完全独立的爱尔兰共和国。自从 1922 年和平解决以来,那些逐渐自治的南方政权或多或少民主地运行。在那之后国家能力和民主都有所增长,当然北方除外。在 20 世纪 90 年代早期充满冲突的两年之外,自由之家给了爱尔兰从 1976 年以来在政治权利和公民自由上它可能的最高的评价——1,1。

插图 7.4 大概展示了爱尔兰从 1600 年到 2006 年的很长时期的轨道。在终点的两个箭头代表了北方和南方的分裂,北方政府从 20 世纪 90 年代早期开始去民主化而南方国家继续走向高能力的民主的领域。它描

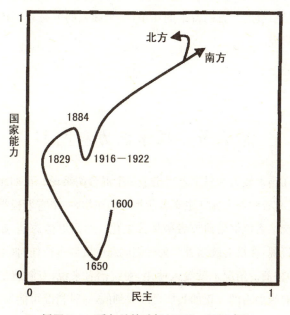

插图 7.4 爱尔兰的政权(1600—2006 年)

述了在能力-民主空间的低能力不民主的象限内杂乱无章的运动的第一个长的周期。接着出现了 19 世纪的部分民主化、在第一次世界大战期间以及之后的起义和内战的间隔、后来决定性地进入高能力的民主的象限的运动。

自然,民主化的第一阶段夹杂着激烈地反对英国霸权的斗争。还记得芬尼亚勇士团(the Fenians)或者爱尔兰共和兄弟会(Irish Republican Brogherhood)(IRB),他们在 1866 年的国会竞选运动中在俄亥俄州(Ohio)的爱尔兰工人中有那么多的追随者? 他们在 1858 年正式地组织起来并且很快在众多爱尔兰民族主义团体中成了最引人注目的。他们的武装起义,最著名的是在 1867 年,骚扰了英国统治者和通敌的地主。他们越来越多地利用在英国、美国和其他地方的爱尔兰移民的支持。最终,武装叛乱使得来自威斯敏斯特(Westminster)或者都柏林(Dublin)的人无法统治爱尔兰。

根据插图 7.4 的草图,爱尔兰在 19 世纪早期转到了中等国家的轨道。从那时开始,这个政权变得前所未有地易受民主化和去民主化的影响。英国对爱尔兰自治的勉强让步打开了中等国家民主化的道路。除了在大部分是新教的北方的持续的斗争,一个顽强的但是显然持久的民主政权开始形成。

第六节　国家能力和民主

我们在国家能力和民主上得出了一个混合的结论。正如无政府主义者、自由主义者和许多保守主义者所担心的那样,一个有着极端高能力的国家使得统治者能够阻碍或者破坏民主化。然而更糟的是,如果支持国家活动的资源,在没有统治者和公民们就那些资源进行任何(不管是如何不平等的)协商的情况下就流入使用,对统治者来说,专制就是更加切实可行并且有吸引力的。正如我们已经看到的,这种情况可能发生,或者是由于国家从那些从其自己的百姓中榨取资源的较小的暴君那里接受资源,或者是由于统治者控制着可售资源(如石油)的生产和销售。委内瑞拉充分说明了第二种可能性。

但是国家能力非常低也有它的危险:一方面是内战,另一方面是小暴君们的分裂的统治。19世纪前的爱尔兰提供了和石油丰富的委内瑞拉相反的生动的例子。尽管英国断断续续地威胁爱尔兰反叛者和非常有效地把爱尔兰人的土地转移到英国人和英格兰新教的精英们手里,但在大多数时间里,英国的将军们(lieutenants general)把实际的统治工作留给在很大程度上自治的(新教的和天主教的)大地主去做。在19世纪,抵抗英国统治的武装力量成了反叛的政府(counter-government),后者最终为独立的爱尔兰政权提供了框架。

然后,在极端高的能力和极端低的能力之间,我们发现了有效民主化可行性的区域。强大国家、中等国家和弱小国家走向民主的轨道都按自己的顺序通过中间区域,但是在这所有三种类型中基本过程仍然相同:以提高公众对公共政治的影响、公共政治对国家行为的控制的方式,把信任网络融入公共政治,保护公共政治免受种类不平等影响以及抑制自治的权力中心。

教训远超出委内瑞拉和爱尔兰。本书详细叙述的许多历史证明了民主化有益于平民百姓。在此我用一系列尚未充分证明的(half-proven)推测来陈述一下这种情况:

● 百姓(subjects)的福利,平均而言,在民主化的政权中增长,部分地是因为把政治和不平等隔离、信任网络的融入和压制自治权力中心等本身就有利于百姓,部分地是因为来自那些过程的公众的政治发言权本身就有利于百姓。总体上看,感受到来自政府的公正对待以及对政府运行有直接发言权的人们,从政治中得到更多的满足并且更加愿意为共同利益承担责任;

● 由于民主化的政权会减少种类不平等、把公共政治和那些不平等隔离、减轻那些不平等对基本生活条件(如住房、医疗保健和食品)的影响,它们增加了自己作为国内政权生存的可能性。民粹主义的民主人士希望这种说法是对的,而且至少有某些证据有利于他们;

● 由于民主化的政权会减少种类不平等、把公共政治和那些不平等隔离,减轻那些不平等对基本生活条件(如住房、医疗保健和食品)的影响,它们也增加了它们统治人口的总体的福利。这个吸引人的原则在民粹主义研究专家们那里还是一个信念,但是为了精确起见,那个理由还需要更加仔细的经验论证;

● 这种干预采取两种重叠的形式:(1)对生产价值的资源以及操纵它们的网络运用集体控制,和(2)重新分配用那些资源生产出来的价值。有资格称为社会民主的政权在这样的范围内运用和协调这两种干预策略;

● 到相对高处,上升的政府能力会增加有益的干预的可能性和影响。较低的政府能力会减少调整和重新分配的功效。但是在政府能力非常高的水平上,根据进一步推理,政府代理人和其他现存的种类不平等的受益者联合起来,使国家权力转向为他们谋利的机会和动机也不可避免地增多了。

如果这些推测恰好大致上正确,我们所追溯的就不仅仅是一系列有趣的政治转变,而是一条提高人类能力和幸福的道路。

第八章
民主的过去与未来

世界银行发现了民主。或者说它至少发现了民主可能促进经济增长。这个银行曾经充当了华盛顿共识(Washington Consensus)(相信把贫困的经济融入世界市场就会迅速地解决它们的经济的和社会的问题)的先锋。这个共识要求财政纪律、政府投资基础设施和贸易自由化,但是并没有比要求依法保障财产权更接近民主。然而,在最近几年,这个银行逐渐走向了制度经济学家大力倡导的观点:有效的市场需要广泛的社会的和政治的基础(参看,例如 North 2005)。世界银行有影响的年鉴《世界发展报告》的标题就经历了一个有趣的演化。正如在表 8.1 所列举的,它们从非常强调市场、投资和发展到日益关心制度原因和经济增长的结果。早在 1997 年国家就出现在标题里,但是在此之后原因、结果和制度越来越突出。甚至贫困也出现在 2000 年和 2001 年的标题中。

表 8.1 世界银行发展报告的标题(1991—2006 年)

1991 年:发展的挑战	1999 年:进入 21 世纪
1992 年:发展和环境	2000/2001 年: 向贫困开战
1993 年:投资健康	2002 年:为市场建立制度
1994 年:发展的基础	2003 年:生机勃勃的世界中的可持续发展
1995 年:融合(integrating)世界中的工人	2004 年:使服务工作为穷人服务
1996 年:从计划到市场	2005 年:对每个人都更好的投资环境
1997 年:变化的世界中的国家	2006 年:平等与发展
1998 年:发展的知识	

2006 年以《平等与发展》为标题的发展报告,引入了对民主化的直接关心。确实,银行总裁保罗·沃尔福威茨(Paul Wolfowitz)在这一卷序言

里尽量避免像民主和民主化的词语。相反,序言强调了两个原则:

> 第一个原则是机会平等,一个人一生的成就应该主要由他或者她的才能和努力来决定,而不是由像种族、性别、社会和家庭背景或者出生的国家等预先注定的环境来决定。第二个原则是避免在结果中的剥夺,特别是在健康、教育和消费水平方面。(World Bank 2006:xi)

因此,如果说沃尔福威茨不是特指(在本书论题中构成民主的)广泛的、平等的、保护的和相互制约的协商,他实际上是在提倡享受福利的机会的广泛性和平等。然而,2006 年的报告的正文包括对喀拉拉邦(Kerala)(印度)、阿雷格里港(Porto Alegre)(巴西)和西班牙的民主化和民主的直接的描述和认可。在西班牙,报告承认佛朗哥 1959 年的经济稳定化和自由化的计划刺激了经济的增长,但是报告在总体上认为在民主化、经济发展、重新分配和平等之间有一种紧密的对应:

> 在 1975 年佛朗哥死后,国王胡安·卡洛斯成了西班牙的国家元首。他立即开始了一个政治改革的过程。卡洛斯利用了(在 20 世纪60 年代早期改革了经济的)技术统治的一代(technocratic generation)建立起来的法律机制,以及顺应了大众对民主的广泛支持,他确保了旧的佛朗哥主义的议会(Cortes)同意建立一个真正民主的(通过直接的竞争的选举选出来的)国会。(World Bank 2006:106)

世界银行的总结简化了复杂的历史但是大部分是正确的。本书第六章展示了在公共政治与信任网络、种类不平等、自治的权力中心之间的关系的早期变化,为 1975 年到 1981 年的戏剧性的改革扫清了道路。世界银行对西班牙的解释忽略了那些较早的转变。另一方面,它在声称民主化的好处方面比第六章走得更远。它甚至承认民主化(包括平等)是健康的经济发展的基础。在很长的时期(在这个时期,许多世界领导人认为经济发展能够而且应该领先于任何走向民主的运动)之后,国际上的当权者又回到这个观点,认为民主为维持生命的经济增长提供了必要的补充甚至是先决条件。

本书前面几章没有认真地考察民主化对政治发展的影响。然而它们认真地考察了那些引起民主化和去民主化的过程。其论证总体上从陈述用于描述和解释民主、民主化和去民主化的概念工具开始。有了这些工具在手边,本书考察了三个基本过程的影响:第一,把人与人之间的信任网络融入公共政治;第二,把公共政治和种类不平等隔离;第三,减少自治的强制权力中心,伴随着那些结果——普通百姓对公共政治的影响逐渐增强和公共政治对国家行为的控制日益增多。

这三个过程中的每一个都占据了一章的篇幅。合起来,它们构成了本书的中心论点:

1. 信任网络的融入、把公共政治和种类不平等隔离以及减少自治的权力中心,结合起来导致了民主化,这民主化在它们缺席时是不会发生的;

2. 这些过程中的任何一个或者全部发生逆转,就会使政权去民主化。

还有一章(第七章)用委内瑞拉、爱尔兰和几个其他政权来说明这三个主要的民主化过程怎样开拓出另类的政权轨道,那些轨道随着民主化和去民主化的不同阶段的国家力量发生变化。这适度的(less ambitious)最后一章从简短的提醒开始,即外部的影响和震荡(无论是内部的还是外部的)影响了民主化在全世界的步伐和特征。它转向对本书提出的有关民主化和去民主化的主要问题的尝试性的答案进行更为广泛的考察。它接近于一个较快的讨论,即如何从本书的教训中得出对民主的可能未来的预言。

第一节 政权中的变化与变异

为了达到我们的目的,说一个政权是民主的是指其国家和公民的政治关系具有广泛的、平等的、保护的和相互制约的协商的特点。因此,民主化包括一个政权走向那种协商的运动,而去民主化则包括一个政权背离那种协商的运动。在前面的七章中,我们看到了大量的两个方向的运动。确实,在这些章节中的历史和当代的观察给出了两个相关的基本教训:第一,甚至已经确定了的民主国家如印度常常也在民主更多或者更少之间波动；第二，和过去一样，在当代世界，去民主化发生得几乎和民主化一样频繁。民主总是处于缩小参与、新形式的政治不平等、保护的下降、规避相互制约的协商的风险之中。

然而，18 世纪以来，一个接一个政权实质性的民主化从少见多怪发展到老生常谈。在那么漫长的时期，民主化的出现加速了，特别是第二次世界大战以来。而且，不是持续向上的曲线，大部分民主化都是突然涌现的。20 世纪 60 年代的大规模的非殖民地化，以及大约一半前苏联的后继国家在苏联解体后的国内转变，提供了最有说服力的战后的例子。两次爆发都发生在频繁的去民主化事件之前。有两个原因，一个是深刻的，另一个是一般的（banal）。

首先，深刻的原因：不管其个人是否倾向独裁政治，以前欧洲殖民地和后苏联的国家的新统治者没有什么选择，只有在民主形式的号角声中开始他们的政权。否则他们就会面临国内推翻或者国际拒绝的危险。白俄罗斯（Belarus）卢卡申科（Lukashenka）毕竟第一次是作为公众选举的民主的改革者上台执政的。第二，一般的原因：存在的民主政权越多，政权去民主化的风险也就越大。自由之家在 1973 年把世界上 151 个国家中的 44 个（29%）称为自由的（即，不仅仅是形式上选举的民主国家），但是到 2003 年把这个数字上升到了 192 个国家中的 88 个（46%）。（Piano and Puddington 2004：5）在 1973 年到 2003 年之间处于严重去民主化风险下的政权数量翻了一番。

（不管是部分的还是非常广泛的）民主国家的增多对许多政权和外部的民主化促进者——如联合国和（从美国政府获得大量支持的）国家民主捐赠基金会（NED）＊起了示范作用。非殖民地化的领导人知道哪种形式的统治会给他们带来联合国的支持，而且最近的民主促进者为他们要确定并且资助的政权的类型确立了标准。民主基金会网站上宣布：

> 民主基金会以此信念为指导思想，即自由是普遍的人类渴望，它

＊　the National Endowment for Democracy，美国的非政府组织，简称民主基金会。——译者注

能够通过民主制度、程序和价值的发展来实现。在独立的无党派的董事会的管理下,国家民主捐赠基金会每年拿出上百笔捐款来资助在非洲、亚洲、中欧和西欧、欧亚大陆、拉丁美洲和中东的推进民主的团体。(NED 2006)

例如,在委内瑞拉,民主基金会报道说,自从 1993 年[这一年总统佩雷斯(Carlos Andres Perez)因腐败被弹劾,这是查韦斯两次未遂政变之后的一年]起,它就拿出捐款来资助促进新闻自由、人权、公民教育和独立工会的组织。2003 年,它也给予委内瑞拉的非政府组织"联盟"(Sumate)5.34 万美元来支持监控失败了的对查韦斯统治的全民公决。[确实,到 2006 年查韦斯政府指控"联盟"组织接受美国支持非政府组织(NGO)参与委内瑞拉选举的资金。]像其他促进民主的机构一样,民主基金会带着关于什么能使民主化起作用的清楚的理念,直接干预民主化。

然而示范效果和外部支持总是面临着许多限制。它们能影响民主协商的程序、组织形式和宪法的表述,但是它们不能产生民主化最终依赖的社会转变。它们本身不能把信任网络融入公共政治,不能把公共政治和种类不平等隔离,也不能减少自治的权力中心对公共政治和国家的影响。哈萨克斯坦、白俄罗斯和委内瑞拉的名义上的民主形式不能实现公民和国家之间的广泛的、平等的、保护的、相互制约的协商。形式上的民主制度不足以产生或者支持民主。

凯瑟琳·柯林斯(Kathleen Collins)仔细地考察了乌兹别克斯坦(Uzbekistan)、吉尔吉斯斯坦(Kyrgyzstan)和塔吉克斯坦(Tadijkistan)之后,她在对外部影响的分析中插入了一个强硬的警告性的注释。正如1993 年的分析,她指出吉尔吉斯斯坦已经成为人们喜爱的后苏联的民主化的西方模式:

> 吉尔吉斯斯坦的立法者和法官飞到华盛顿去接受民主原则、法治和市场经济的培训。在那个市民社会几乎不存在的地方,非政府组织突然满天飞(proliferated),保护人权、支持妇女就业、发展自由的新闻甚至创建丝绸之路因特网(Silk Road Internet)。吉尔吉斯的青年看《王朝》(Dynasty),听美国摇滚巨星布鲁斯·斯普林斯廷(Bruce Springsteen),穿美国国旗 T 恤,甚至在乔治城大学、印第安纳

大学和圣母大学读书。那些变化不仅对共产主义来说是外来的，而且
对这个地区的亚洲文化和伊斯兰文化来说也是外来的。资本主义和
民主的全球化似乎达到了它的顶点。(Collins 2006：4)

然而，操纵的竞争性选举接踵而来，前苏联的官员仍然当权，并且派系政
治最终破坏了任何认真的民主要求。在这些情况下，派系的界限分割了
公共政治，比如被排除的派系的信任网络就失去了它们和公共政治的脆
弱的联系。

在中亚以及其他地方，国家能力举足轻重，并且很少和示范效果一
致。在强大国家轨道上的政权执行自上而下的变化更加有效，但是也给
了统治者一些手段和动机来抵制不希望有的对他们权力的攻击。弱小国
家走向民主的轨道则面临着相反的问题：倡导变化的中央能力很小，但
还有来自国家以外的掌权者的大量竞争。本书从强大的国家哈萨克斯
坦和弱小的国家牙买加的比较开始，前者尽管有其形式上的民主制度，
但实际上受利己主义的家族操纵，后者则受到来自毒贩和小军阀的竞争
的困扰。

我们在本书中遇到的大的震荡——征服、殖民地化、革命、国内冲突
和称为内战的特殊版本的国内冲突——本身并没有引起民主化和去民主
化。但是它们通常加速了那些产生民主化和去民主化的过程：信任网络
的融入、种类不平等的缓冲、自治的权力中心的消除以及它们去民主化的
逆转。本书对法国、西班牙和委内瑞拉的分析确定了大量的诸如此类的
震荡。那些分析为那些震荡在每一事件中加速基本的民主过程或者它们
的逆转提出了论证。

第二节　主要成果

第三章列举了许多有关民主化和去民主化的成果问题，对这个问题
的回答会大大地推进我们的理解。为了简短地回顾一下本书建议的答案
类型，让我们回到那些问题。

1. 城邦国家、武士集团、农民公社、商业寡头集团、宗教派别和革命运动的简化的民主制度以什么方式为更加广泛的民主形式提供了范式？考虑到它们的实用性，为什么它们没有成为在国家层面的民主的直接的模板？

考虑一下我们从 19 世纪之前所遇到的小规模的民主协商：瑞士山民们聚集到城镇广场对公共事务进行呼声表决，荷兰商人涌入议会来管理市政事务，宗教团体在其成员之间建立起基本的平等。这些形式常常在地方层面保留下来。但是它们当中没有一个成为民族国家的直接模式。在许多政权中诸如选举、全民公决和立法机构等程序和组织形式已经成了国家机构的组成部分。然而民主的民族国家的主要形式实际上来自这些国家获得它们统治手段的真实过程——它们如何组织武装力量、它们如何收税、它们如何打败国内的竞争对手，以及它们如何和它们不能打败的掌权者进行谈判。

也许最生动的例子来自一个我们没有太多考虑的案例：英国。在那里，在 18 世纪当英国正在从事更加昂贵的战争时，国会（几个世纪以来权贵们的专门代表）的财政批准权力在英国政治中扩大了它的集中性（centrality）。（Brewer 1989，Stone 1994，Tilly 1995）当英国国会把权力从英国王室夺走时，未被代表的英国人逐渐向个别成员和整个国家提出要求，国会选举成了被剥夺权力者表达公众意见的场合，国会中持不同政见的成员寻求非国会的对他们赞成的计划的更大的支持。（Tilly 1997）

以类似的方式，法国在 18 世纪后期的财政危机需要皇家和地方阶层、独立的王室、在 18 世纪 80 年代由王室临时召集的相对无效的集会进行协商。这种协商把政府带到和国家的半代表性的机构的谈判中。法国革命采取了那种模式而不是在法国市政当局长期流行的寡头形式。同样，18 世纪 60 年代到 80 年代的美国革命和 18 世纪 80 年代到 90 年代的荷兰革命把立法和行政之间的国家形式的谈判确定为统治的手段。国家规模的相对广泛的、平等的、保护的和相互制约的协商来自国内的斗争动力（dynamics）。但是只是在有倾向的回顾中，我们才能想象有自我意识的民主化促进者使那些制度各就各位。

2. 为什么西欧引导着走向民主的道路,美洲国家紧随其后？

这将需要另一本书的篇幅(一本在国家的和大陆的层面上进行比本书更加明确比较的书)来探索这个紧迫的历史问题的确切答案。然而,在世界民主化的早期阶段的大西洋的政治和经济的联系,确定了两组大的相关的似乎可信的原因。第一,大西洋地区的政治和经济的相互依赖性,促进了许多政权广泛采取国家途径来统治,这从长远来看增加了政权对民主化和去民主化的敏感性(susceptibility)。它们没有同样地采取民主的形式,但是却建立了和公民们、和已经在其他地方统治的竞争的掌权者进行协商的形式。例如,外国的债权人坚决要求实行能够支持借贷国家的信用并且稳定投资环境的财政制度。

国际的影响并不止于此。例如,拉丁美洲政权经常采用西班牙或(原来的)法国模式的维持治安(policing)体制,典型地至少部分地由内务部控制的城市警察部队(法国的 sûreté)和在高速公路和农村地区巡逻的几乎总是附属于国家军队的部队(法国的 Gendarmerie)。显然,由国际间相互依赖促进的财政的纪律、统一的治安体制以及国家其他方面的相似之处,并没有直接把民主制度从一个政权传播到另一个政权。但是它们确实增加了相互联系的政权之间的政治条件的相似性。

更精确地说,那种相互依赖带来了一系列强烈的影响：

- 实行统一的税收和管理体制；
- 建立名义上代表制的国家立法机构来批准国家对公民的要求；
- 使军队服从包括进行国际战争的国家政策；
- 使社会供应和分配体系国家化。

简之,国家转变相互依赖的和大致相似的路线有助于引发促进民主的基本过程：信任网络的融入、种类不平等的缓冲和自治的强制的权力中心的抑制。总之,公民-国家就统治手段的协商增大了那些政权对民主化和去民主化的敏感性。

第二,18世纪所谓的民主革命创造了国家解决管理政权的错综复杂的问题的模式,在那些政权中公民对公共政治(不管是否民主的)的参与对国家活动而言大都成了必不可少的。国家公民(citizen)组成的部队；普通(generalized)的警察体制；名义上的代议制立法机构；对声称为公民说话的联盟的容忍(或者甚至促进);国内舆论(无论如何控制的)的形成;专门监察公民(通过请愿、代表、信件和公开声明表达的)投诉的机构(首先,主要在立法机构内)的建立,这些不仅保证了民主而且使政权对民主化和去民主化更加敏感。

3. 像法国那样的国家是怎样从反对国家民主制度的绝对免疫转向在民主化和去民主化之间频繁交替?

如果说我对问题1和问题2的回答是有效的,它们实际上也回答了第3个问题。正如第二章记录的,法国伴随着1789年到1799年的革命,发生了迅速的关键的转变。在那之前,很少有对民主化和去民主化的敏感性存在。在那之后,出现了在民主化和去民主化之间的引人注目的摇摆。用和我以前表述不同的说法来说,扩大的国家能力把更多的公民吸引到国家协调的努力之中,从而扩大了公共政治。不可避免地,国家协调的活动会有利于某些有组织的活动而不利于其他人(例如,有利于商人而不利于地主),这几乎同样不可避免地引起了他们之间的冲突并且把那些冲突带入公共政治,从而进一步扩大公共政治。

公共政治的扩大使得政权对广泛性的扩大、平等的扩大、保护的扩大和确定什么需要进行相互制约的协商——以及那些变化的每一逆转变得更加敏感。考虑到精英们会保护他们的信任网络以免完全融入公共政治、争取他们自己部分对国家的控制,并且保留位于公共政治之外的强制权力的基础,逆转仍然会发生。从戈麦斯1905年的政变到查韦斯掌权的前一年,委内瑞拉反复的去民主化循环来源于这些逆转中的一个或多个因素。

相反,考虑到精英们要依靠国家和公共政治来实现他们自己的成长和提高的计划,他们通过退出公共政治来促进去民主化的能力下降了。甚至在1995年之后南非的白人精英们也在非国大统治的政权中服务。因此,从一个政权到一个政权,民主化和去民主化的可能性变得比以前任何时间都大。

4. 为什么在总体上去民主化的浪潮发生得比民主化的浪潮更加迅速?

用最简单的话说,去民主化主要作为有权有势的政治参与者退出现存的任何相互制约的协商的结果而发生,而民主化依赖于把大量的普通百姓融入协商。用较复杂的话说，像大地主、企业家、金融家和专业人士等有权有势的精英们比普通百姓有更大的能力和更强烈的动机退出或者颠覆民主契约（当那些契约不利于他们时）。一旦普通百姓把自己的生活和生活机会融入民主政权，他们就很难使他们的信任网络脱离公共政治，更难于把种类不平等加入公共政治或者创建新的自治的强制权力中心。已经富裕的有权有势的人们能够非常容易地撤回他们的信任网络、建立不平等和创建自治的权力中心。例如，尽管在第一次世界大战后在欧洲迅速蔓延的独裁主义的去民主化运动，确实吸引了大量的公众支持，但是一般而言它们总是联合有特权的精英们反对有组织的工人和声称代表普通工人的政党。

而且，直到阿根廷军队在 20 世纪 80 年代最终同意明确服从文官控制，当持不同政见的军官们运用武力打破阿根廷精英们和全国人民共同营造的半民主的政局时，他们通常能够在地主、企业家和金融家中间找到同盟者。尽管庇隆有他后来的民粹主义和庇护关系（patronge），但庇隆毕竟是因为军队支持他的候选立场（candidacy）才在 1946 年成为总统的。

5. 我们怎样解释支持、参与民主化和去民主化的不对称模式？

在此我们必须明确地解释"精英们"和"普通百姓"这两个笼统的（omnibus）术语。用精英们，我们只不过是指对实质性资源（包括其他人的劳动力）实行控制的人们的联系网络。在普通百姓的标题下，我们只是指人们（工人、农民、地方群体等等）联系的网络，他们缺乏对实质性资源（包括其他人的劳动力）的控制。从广义上说，只要精英们属于当前的统治阶级，他们就会觉得民主化是代价昂贵的。在比城邦国家大的政权中，并非所有这样定义的精英们都属于统治联盟。那些确实属于统治联盟的精英们通过和国家协商来保障他们的资源和劳动力。只要他们不是寻求单独统治国家，他们在不民主政权中就过得更好。在那里，他们无需为了自己的生存和其他精英们竞争，更不必和有组织的被统治阶级进行竞争。

在不民主的政权下，被排除的精英们确实有和普通百姓形成联盟的动机，从而支持广泛性、平等化和对相互制约的协商的保护——民主化。在已经民主化的政权下，相同逻辑的另一版本也适用。包含在内的精英们必须为了保护他们对资源（包括劳动力）的控制以及维持那些控制而进行协商。这使得他们和国家，和其他精英们竞争。他们不仅必须和国家竞争，而且必须和其他精英们、和有组织被统治阶级竞争。

相反，普通百姓在国家支持的权利和利益方面获得了有价值的投入，那些权利和利益不管多么贫乏，都会并且确实随着去民主化而消失。他们获得组织的权利、接受困难补助、享受养老金的权利以及更多的其他权利。只要回顾一下佛朗哥的军事胜利在给大地主们、天主教精英们、军队首领们和以前的资产阶级带来了利益的同时，让西班牙工人付出了多大代价。

6. 为什么民主化典型地以波浪式发生，而不是每个政权分别以自己独特的步伐进行？

明显的答案几乎是错的：即说民主是一种时尚、时髦或者组织模式，弥漫于像音乐风格和公共政治那样的易接受的环境里。正如本书中探讨的历史所表明的，两个其他因素值得更多关注：从长远来看促进民主化的背景社会过程及给政权施加民主化压力的外部机构。

决定民主化和去民主化的可能性的背景社会过程在国际上是相互作用的。考虑一下促进（feed）我们三个主要民主化过程的某些特殊机制——信任网络的融入、种类不平等的隔离和自治的强制权力中心的消除：

把信任网络融入公共政治

● 现存的隔离的信任网络的消融（例如，庇护者为被庇护者提供利益和保护的能力的衰退，促使被庇护者从庇护关系中撤离）；

● 缺乏接近有利于其长期的重大的风险事业的有效信任网络途径的人口种类的扩大（例如，在农业地区无地的雇佣工人数量的增长，扩大了没有有效的庇护关系和相互帮助关系的人口）；

● 新的长期风险机会及现存信任网络不能对付的威胁的出现〔例如，战争、饥荒、疾病和强盗土匪的大量增加，显然大大超过了庇护者、帮会（diasporas）和当地社会关系（solidarities）的保护能力〕；

● 政府参与的外部保证的建立（例如，参与重建的占领军队对打垮的政府的征服，为免受掠夺者侵害的政府保护提供了支持）；

● 政府用于减少风险和补偿损失的资源的增加（例如，政府支持的灾害保险吸引公民们和政府代理人、著名的政治参与者合作)。

把公共政治和种类不平等隔离

● 在普通百姓不同种类之间的财产和福利的平等化(例如,对农民生产的产品需求的增长会扩大农民中产阶层);

● 私人控制的武装力量的减少或受到国家限制(例如,豪强们私人军队的解散,削弱了贵族对平民的控制,从而缩小了贵族把贵族-平民的差别带入公共政治);

● 采用把公共政治和种类不平等隔离的程序设计(例如,投票保密;给公务员的报酬;候选人接触媒体的自由平等的渠道促进了跨越种类界线的联盟形成);

● 超越社会种类的政治参与、权利和义务的全面提高(例如,国家合并从社会角度看相互分离的区域促进了种类融合的政治)。

自治的强制权力中心的解散,伴随着由此导致的公众对公共政治的影响、公共政治对国家的控制的增加

● 国家活动(支持那些活动的资源只有通过和公民们协商才能获得)的扩大(例如,参战国家通过征兵创建庞大的国家军队);

● 通过国家管辖(jurisdiction)实行统一的政府机构和措施(practice)(例如,全国统一的税收的建立增加了平等、透明和一致的可能性)。

在大多数情况下,上面所说的每一个机制都是通过政权之间的国际上的相互影响来起作用的。许多相互作用通过在政权之间的经济、政治和文化的交流同时发生的。记住,例如,美国是如何把军事的和经济的援助引入佛朗哥统治的西班牙的(这让许多美国民主人士气愤)。那些援助带来了这些结果中的某些部分,但是没有导致西班牙立即民主化。

而且,强大的外部政党影响、敦促并且有时把民主化强加给易受影响的政权。我们在本书中所遇见的最极端的例子是在第二次世界大战之后西方大国,或多或少同时地和有力地把民主制度强加给德国、意大利和日本。相关的和稍晚的有在韩国和中国台湾的干预,比如那些在加强经济援助和贸易的同时重建国家能力、创建半民主的制度的直接的活动(campaigns)。前面三次干预把不民主的政权转化成了相对民主的政权。

在韩国和中国台湾,民主化花了更长的时间,但是仍然部分地源于权威的外部干预(以类似军事占领这样的形式)。然而,仅仅从涉及政权的数量来看,权威的外部确认、敦促和强迫接受,更为广泛地出现在亚洲、非洲和拉丁美洲的欧洲殖民地的去殖民地化的过程中、欧洲国家社会主义的崩溃中和欧盟有意地筛选作为该国际条约组织成员国的政权时发生得非常广泛。

7. 怎样解释在 19 世纪和(特别是)20 世纪民主化和去民主化是从其西欧的发祥地传播到世界其他地方?

在第二章中勾勒出来的民主化的粗略年表是这样的:

1850—1899 年:主要在西欧和拉丁美洲(北美在此之前已经建立了部分民主的制度);

1900—1959 年:西欧、拉丁美洲,加上澳大利亚、新西兰和日本;

1950—1979 年:南欧、拉丁美洲,加上亚太地区政权和埃及、摩洛哥、赞比亚;

1979—2005 年:拉丁美洲、东欧、亚太地区和 6 个非洲政权。

不管多么粗略,民主化的重心发生了明显的地理转移,这个现象需要加以解释。

波浪式的逻辑恰好也解释了民主化和去民主化超出它开始地域的传播。把新的经济和政治融入西方为主的体系产生了社会变革,后者接着开始了把信任网络融入公共政治、把公共政治和种类不平等隔离和解散自治的强制的权力中心。西方政权(在第二次世界大战之后,在像印度尼西亚和越南的殖民地地区的初始的残酷斗争之后)通过接受甚至促进去殖民地化,也在第二轮的关键道路上起了作用。最后,大多数国家社会主义政权的崩溃、冷战的结束和欧盟的扩张都有助于把以前不能接触的政权融入西方影响范围。

8. 为什么(埃及和日本部分地例外)在第二次世界大战后民主化仅在亚洲和非洲出现?

去殖民地化仅仅在 20 世纪 60 年代后加速这个事实为此问题提供了部分答案。由于并非所有殖民地都发生了民主化(而且由于许多在开始部分民主化之后又去民主化),我们也必须考虑把大部分亚洲、非洲和民主的西方先驱们区别开来的社会组织方面的深刻差异。信任网络、种类不平等和自治的权力中心在那两个大陆以非常不同的方式运行。比较而言，在美洲和欧洲国家的社会组织非常相似。结果，经济、政治和文化的相互作用对那些地区的促进民主的过程有着更加类似的影响。

9. 我们如何用民主化和去民主化解释后社会主义国家非常不同的经历？

在每个地方，以前的社会主义的管理者在接管后续政权时有很大的优势。然而，他们的行动自由取决于三个主要因素：(1)作为社会主义政权出现的竞争权力中心(特别是那些建立在竞争的民族的、宗教的和地区的身份之上的)解体的程度，(2)邻近强国的影响，和(3)当地可用于支持国家能力的资源。把自己说成反对俄罗斯影响的巴尔干政治领导人从他们的北欧邻国获得了有效的支持，正如斯洛文尼亚(Slovenia)立即得到了奥地利和德国的鼓励和帮助。哈萨克斯坦的能源资源给了它的后社会主义统治者巩固他们权力的手段，而白俄罗斯在能源上对俄罗斯的依赖使得白俄罗斯成了俄罗斯影响很强的地区。但是在大部分中亚地区，附属于苏联统治的部族抓住了部分政治权力并且有效地阻止了任何类似信任网络的融入、使公共政治和种类不平等隔离和自治权力中心的解散的东西。

10. 在什么条件下？在什么范围内？国家能力的增长如何促进一个政权的民主化和去民主化的可能性？

总之，正如我们已经反复看到的，高能力意味着对民主化和去民主化有更大的敏感性。但是那个概括关键取决于对支持国家活动的资源的控制。在统治者为了资源必须和公民开展广泛协商的地方，民主化的道路就打开了。在统治者从强大的和部分自治的中间人那里获取资源，或者统治者控制着他们可用来交换统治手段(金钱、军队、劳动力、信息)的资源的地方，高能力实际上阻碍民主化。像石油那样的资源的国际销售常常促进去民主化。当国际价格走高时，石油支持的统治者就能回避公民的同意。当国际价格迅速下降时，统治者失去了政治杠杆，但是他们的国内精英对手常常寻求权力支持，从而开始了新一轮的去民主化。

那么在诸如哈萨克斯坦、阿尔及利亚和委内瑞拉的能源富裕的政权就没有希望民主化吗？在这样的政权里，我们也许可以合理地期望在两种情况下出现走向民主的适度的运动。第一,政府镇压能够把反对派团结成争夺国家控制权的振臂高呼者(claimants)而不是分裂他们。这类联合很少能把信任网络融入公共政治,但是它们能够使公共政治远离(buffer)种类不平等并且减少自治的强制权力中心的影响。第二,能源供应的国际价值的下降能够迫使以前强大的统治者为了国家生存的手段和他们的公民进行协商。

例如,在委内瑞拉,我们可以想象一个情景:深受价格困扰的查韦斯总统必须做出选择:(1)大大削减他的民粹主义的计划和(2)和已经联系起来的工会、石油主管和商人们(他们构成了他的尖锐的反对派的核心)达成共享的交易。选择选项(2)就会把这个政权推回到民主的方向。在能源价格危机中,哈萨克斯坦和阿尔及利亚就会构成民主化的更加重大的障碍;在两种情况下,当前的购买者和投资者可能既有利益也有手段支持现在的政府,希望节省甚至扩大他们的投资。

11. 在什么范围?一个不民主的政权和民主政权的相互作用如何促进那个政权的民主化?

正如部分民主政权和不民主政权(包括它们的殖民地)长期共存所表明,没有发生过民主形式从一个政权向一个政权的简单的传播。然而,三种效果确实合在一起促进了民主化。首先,在相对民主的殖民地政权和它的殖民地之间的政治的相互影响,会把殖民地的精英们和公共政治融入统治政权的精英和公共政治中去(独立前的印度就是个明显的例子)的地方,殖民地政治的某些民主化就会出现。第二,和民主政权的经济的、政治的和文化的相互影响,会通过影响信任网络、种类不平等和自治权力中心的组织,从而改变不民主的政权下的社会结构。第三,强大的民主政权会在不民主政权有弱点时通过干预直接促进、资助、确保甚至推动部分民主化。不用回到第二次世界大战后的日本、德国和意大利的明显的例子,回顾一下法国革命如何促进了瑞士和荷兰共和国的部分民主就能说明这一点。

12. 支持一个国家的资源(例如,农业、矿藏或者商业)的形式和来源怎样影响其政权对民主化和去民主化的敏感性?

这个问题在本书中始终反复出现。关键的问题涉及统治者必须和公民就支持国家的资源进行协商的程度。两种非常不同的情形会损害协商。第一，在统治者在很大程度上依赖运用强制的中间人（如大地主、宗族首领或者私人武装的头领）的地方，他们必然会（以大大限制他们自己行动自由甚至扩大经常存在的背叛或者反叛的可能性为代价）借用中间人的强制力量；第二，在他们自己控制直接可用或者外部可卖的资源（不仅仅是石油、钻石，而且是香料、奴隶和类似的商品）的生产和销售的地方，他们通常避免和公民们协商，从而阻碍民主化的开始。注意，支持的资源本身的形式也非常关键：那种长期支持中华帝国的农业贡赋制度比向经过边界的货物直接收税，需要更多的和大量百姓的双向的协商，它还因而产生出比销售贵重矿物更加广泛的监督和征收机构。

13. 有没有民主化和去民主化的必要条件或者充分条件存在？或者（相反）有利条件是否根据时代、地区和政权类型不同有很大的差异？

再次声明一下本书反复出现的主题：不存在民主化和去民主化的必要条件。但是确实存在必要过程。公共政治和信任网络、种类不平等、自治权力中心之间关系的转变，在整个世界构成了许多政权对民主化和去民主化的敏感性的基础，而且在本书考察的两个多世纪以来一直如此。当然，如果某些固执己见的人要坚持认为，部分地把信任网络融入公共政治、部分地使公共政治和种类不平等隔离、自治的权力中心部分地解散或者中立，真正地确实能算作民主化的必要条件，我也很乐意承认这一点。在那个解释中，必要条件包括部分地完成的过程。

我并没有声称在这本小书中已经明确地回答了所有这13个决定性的问题。然而，我确实认为这本书的分析为思考所有这些问题提供了一个新的思路。更重要的是，这些分析要求不要把注意力放在一个政权或者另一个政权跨越从独裁到民主的门槛的时间上。如果本书的论证是有效的，实质性民主化的每一种情况都来源于以前的本身并不构成民主化的政治过程：（以正如它们提高公众对公共政治的权力那样提高公共政治对国家行为的影响的方式）把信任网络融入公共政治、把公共政治和种类不平等隔离、抑制自治的强制的权力中心。

此外，这些观点包括另外一个有风险的主张：推动民主化和去民主化的基本过程并没有随着时间而变。当然，民主制度的具体形式（例如立法机构）以及具体变化的相对影响（例如国际上对民主的确认）在我们所考察的漫长历史中发生了变异。但是从开始到结尾，我的主张始终是，信任网络、种类不平等和自治的权力中心的相同的基本的变化都会汇聚到政权走向民主的所有实质性运动上。而且，在那些变化的背后，统治者和公民们就国家活动的手段的广泛的协商，总是（而且在每个地方）推动他们的政权从相对稳定的不民主（不管是低能力还是高能力的）进入到民主化和去民主化都变得可能的区域。在那个区域内，政权不断地在两个方向上波动。

第三节　未　　来

这个对过去民主化和去民主化的分析对民主的未来暗示了什么？让我们区分一下两种预测未来的方式：外推法（extrapolation）和假定（if-then）预测法。外推法把过去的趋势延升到未来（根据假设那些趋势的原因会以完全相同的方式随着时间的推移继续起作用）。根据外推法，前几章的证据主要暗示了，净民主化会继续下去，直到没有一个抵制民主的政权堡垒（hard core）还存在；去民主化将会以逐渐变小的频率持续下去；当它们出现时，两者都会以突发的方式和对社会震荡的加速反应的方式出现。

外推法有个风险，那就是认为过去的因果模式会延续到未来。假定（if-then）预测法为将来的年代提供了更为可靠的预测，但是制订出了另类的未来。无论如何，本书的分析只是为外推法提供了不牢固的基础，同时为假定预测法提供了很好的佐证。例如，我们和石油支持的国家的遭遇，表明统治者对支持资源的直接控制程度的增加，预告了民主的不发展，而国家对要求和公民协商的资源（例如，征兵和广泛的征税）的依赖，会促进民主化。俄罗斯和西班牙的轨道之间的比较显然证明了这一点。

假定预测法一直贯穿于本书的每一个主要论证。最大的有条件的预言明显是关于在公共政治和（1）信任网络，（2）种类不平等，和（3）自治的权力中心之间的关系的改变所产生的结果。我们可以颠倒本书的主要论证来阐明它们所需要的各种假定预测法。相反方向的二个条件不管在哪里出现都会阻碍民主化、促进去民主化:信任网络和公共政治的断开,把种类不平等纳入公共政治,运用大量的强制手段的自治权力中心的存在。因此以本书理论为基础的民主化的假定预测法总是包含排除这些有害条件中的一个或者多个的过程的存在与缺乏。相反,这些条件的加强预告了去民主化。

例如,如果宗教的原教旨主义在全世界的兴起,鼓励了人们从公共政治中撤出宗教保证的网络,那个重大的变化在宗教狂热的地区就会促进广泛的去民主化。在另一方面,如果作为争取国家权力手段的内战的可行性和吸引力出现下降,这个下降在弱小国家就会减少自治权力中心的存在,从而有助于民主化。

此外,如果富裕国家取消在民主资本主义中成长的再分配和平等化的制度,如果富人们通过像把守社区和私立学校的大门等手段把信任网络和公共政治断开,我们就认为这些措施会使他们的政权去民主化。这样的变化会重新把多种不平等纳入公共政治、减少普通百姓对公共政治的影响,而且也可能产生新的自治权力中心。相对广泛的、平等的和保护的协商的下降(去民主化)将会是这不愉快的结果。

这样的假定预测法有很高的风险。如果本书的论证是正确的,我们这些希望看到民主益处扩大到不民主世界的人们,就不至于在集中精力宣传民主的美德、设计制度、形成非政府组织、确认不民主政权中的零星的民主情绪上面浪费时间。相反,我们将会花大量的努力去促进把信任网络融入公共政治、帮助把公共政治和种类不平等隔离、反对强制权力中心的自治。(当然,这种努力将会使我们参与到宣传民主的美德、设计制度、形成非政府组织、确认不民主政权中的零星的民主情绪中去,但是仅仅为这些更大的变化服务。)南非、西班牙和某些后社会主义政权的民主化的经验表明,这样的变化总是要通过斗争但是仍然容易受到外部的影响。有希望的民主主义者没有必要袖手旁观,没有必要仅仅等待。

参 考 文 献

Acemoglu, Daron and James A. Robinson (2006): *Economic Origins of Dictatorship and Democracy*. Cambridge: Cambridge University Press.

Adams, Julia(2005): *The Familial State: Ruling Families and Merchant Capitalism in Early Modern Europe*. Ithaca, NY: Cornell University Press.

Addi, Lahouari (2006): "En Algérie, du Conflit Armé à la Violence Sociale," *Le Monde Diplomatique* April 2006: 6—7.

Agüero, Felipe(1990): "Los Militares y la Democracia en Venezuela," in Louis W. Goodman, Johanna S. R. Mendelson, and Juan Rial, eds., *Los Militares y la Democracia. El Futuro de las Relaciones Cívico-Militares en América Latina*. Montevideo, Uruguay: PEITHO.

Alapuro, Risto(1988): *State and Revolution in Finland*. Berkeley: University of California Press.

Alapuro, Risto and Markku Lonkila (2004): "Russians' and Estonians' Networks in a Tallinn Factory," in Risto Alapuro, Ilkka Liikanen, and Markku Lonkila, eds., *Beyond Post-Soviet Transition: Micro Perspectives on Challenge and Survival in Russia and Estonia*. Saarijärvi, Finland: Kikimora Publications.

Alexander, Gerard(2002): *The Sources of Democratic Consolidation*. Ithaca, NY: Cornell University Press.

Amnesty International(2001): "Jamaica. Police Killings: Appeals against Impunity," http://web. amnesty. org/library/print/ ENAMR380122001, viewed 5 April 2005.

Anderson, Eugene N. and Pauline R. Anderson(1967): *Political Institutions and Social Change in Continental Europe in the Nineteenth Century*. Berkeley: University of California Press.

Anderson, Grace M. (1974): *Networks of Contact: The Portuguese and Toronto*. Waterloo, ON: Wilfrid Laurier University Publications.

Andrews, George Reid and Herrick Chapman(1995): eds. , *The Social Construction of Democracy, 1870—1990*. New York: New York University Press.

Andrey, Georges(1986): "La Quête d'un État National," in Jean-Claude Fayez, ed. , *Nouvelle Histoire de la Suisse et des Suisses*. Lausanne, Switzerland: Payot.

Anthony, Denise and Christine Horne(2003): "Gender and Cooperation: Explaining Loan Repayment in Micro-Credit Groups," *Social Psychology Quarterly* 66:293—302.

AR Algeria(2004): "Algeria," *The Annual Register. A Record of World Events 1988*:221—223.

AR Russia(1997): "Russia," *The Annual Register. A Record of World Events 1997*:135—140.

(2004): "Russia," *The Annual Register. A Record of World Events 2004*:105—110.

AR South Africa(1989): "South Africa," *The Annual Register. A Record of World Events 1989*:292—296.

AR USSR(1988): "Union of Soviet Socialist Republics," *The Annual Register. A Record of World Events 1988*:103—114.

Arblaster, Anthony (1987): *Democracy*. Minneapolis: University of

Minnesota Press.

Ardant, Gabriel (1971, 1972): *Histoire de l'Impôt*. Paris: Fayard. 2 vols.

Ashforth, Adam(1990): *The Politics of Official Discourse in Twentieth-Century South Africa*. Oxford: Clarendon Press.

(2005): *Witchcraft, Violence, and Democracy in South Africa*. Chicago: University of Chicago Press.

Auyero, Javier(1997): "Evita como *Performance*. Mediación y Resolución de Problemas entre los Pobres Urbanos del Gran Buenos Aires," in Javier Auyero, ed. *¿Favores por Votes? Estudios Sobre Clientelismo Politico Contemporáneo*. Buenos Aires: Editorial Losada.

(2001): *Poor People's Politics: Peronist Survival Networks and the Legacy of Evita*. Durham, NC: Duke University Press.

(2002): *La Protesta. Retratos de la Beligerencia Popular en la Argentina Democratica*. Buenos Aires: Libros del Rojas.

(2003): *Contentious Lives. Two Argentine Women, Two Protests, and the Quest for Recognition*. Durham, NC: Duke University Press.

Avert(2006): "South Africa: HIV/AIDS Statistics," www. avert. org/safricastats. htm, viewed 18 April 2006.

Baily, Samuel L. (1999): *Immigrants in the Land of Promise: Italians in Buenos Aires and New York City, 1870—1914*. Ithaca, NY: Cornell University Press.

Ballbé, Manuel(1985): *Orden Público y Militarismo en la España Constitucional (1812—1983)*. Madrid: Alianza. 2nd ed.

Barber, Benjamin(1974): *The Death of Communal Liberty: The History of Freedom in a Swiss Mountain Canton*. Princeton, NJ: Princeton University Press.

Bates, Robert H. et al. (1998): *Analytical Narratives*. Princeton, NJ: Princeton University Press.

Bax, Mart(1976): *Harpstrings and Confessions. Machine Style Politics in the Irish Republic*. Amsterdam: Van Gorcum.

Bayat, Asef(1997): *Street Politics: Poor People's Movements in Iran*. New York: Columbia University Press.

Bayon, Denis(1999): *Les S. E. L. , "Systèmes d'Échanges Locaux". Pour un Vrai Débat*. Levallois-Perret, France: Yves Michel.

Bearman, Peter S. (1993): *Relations into Rhetorics. Local Elite Social Structure in Norfolk, England, 1540—1640*. New Brunswick, NJ: Rutgers University Press.

Beissinger, Mark(1998): "Nationalist Violence and the State. Political Authority and Contentious Repertoires in the Former USSR," *Comparative Politics* 30:401—433.

——(2001): *Nationalist Mobilization and the Collapse of the Soviet State*. Cambridge: Cambridge University Press.

Bensel, Richard Franklin(2004): *The American Ballot Box in the Mid-Nineteenth Century*. Cambridge: Cambridge University Press.

Bermeo, Nancy(2000): "Civil Society after Democracy: Some Conclusions," in Nancy Bermeo and Philip Nord, eds. , *Civil Society before Democracy: Lessons from Nineteenth-Century Europe*. Lanham, MD: Rowman and Littlefield.

——(2003): *Ordinary People in Extraordinary Times. The Citizenry and the Breakdown of Democracy*. Princeton, NJ: Princeton University Press.

Bernstein, Thomas P. and Xiaobo Lü(2002): *Taxation without Representation in Contemporary Rural China*. Cambridge: Cambridge University Press.

Besley, Timothy(1995): "Nonmarket Institutions for Credit and Risk Sharing in Low-Income Countries," *Journal of Economic Perspectives* 9:169—188.

Biggart, Nicole Woolsey(2001): "Banking on Each Other: The Situational Logic of Rotating Savings and Credit Associations," *Advances in Qualitative Organization Research* 3:129—153.

Biggart, Nicole Woolsey and Richard P. Castanias(2001): "Collateralized Social Relations: The Social in Economic Calculation," *American Journal of Economics and Sociology* 60:471—500.

Blickle, Peter(1997): ed., *Resistance, Representation, and Community*. Oxford: Clarendon Press.

Boix, Carles(2003): *Democracy and Redistribution*. Cambridge: Cambridge University Press.

Bollen, Kenneth A. and Pamela Paxton(2000): "Subjective Measures of Liberal Democracy," *Comparative Political Studies* 33:58—86.

Bozzoli, Belinda(2004): *Theatres of Struggle and the End of Apartheid*. Edinburgh: Edinburgh University Press for the International African Institute, London.

te Brake, Wayne(1989): *Regents and Rebels: The Revolutionary World of the 18th Century Dutch City*. Oxford: Blackwell.

(1990): "How Much in How Little? Dutch Revolution in Comparative Perspective," *Tijdschrift voor Sociale Geschiedenis* 16:349—363.

(1998): *Shaping History: Ordinary People in European Politics 1500—1700*. Berkeley: University of California Press.

Brass, Paul R. (1994): *The New Cambridge History of India*. IV. 1. *The Politics of India since Independence*. Cambridge: Cambridge University Press. 2nd ed.

(2003): *The Production of Hindu-Muslim Violence in Contemporary India*. Seattle: University of Washington Press.

Bratton, Michael and Nicolas van de Walle(1997): *Democratic Experiments in Africa: Regime Transitions in Comparative Perspective*. Cambridge: Cambridge University Press.

Braun, Rudolf (1960): *Industrialisierung und Volksleben*. Zurich, Switzerland: Rentsch.

（1903）；*Sozialer und Kultureller Wandel in Einem Ländlichen Industr-iegebiet*. Zurich, Switzerland：Rentsch.

Brewer, John（1980）："The Wilkites and the Law, 1763—1774：A Study of Radical Notions of Governance," in John Brewer and John Styles, eds. , *An Ungovernable People：The English and their Law in the Seventeenth and Eighteenth Centuries*. New Brunswick, NJ：Rutgers University Press.

（1989）：*The Sinews of Power. War, Money and the English State, 1688—1783*. New York：Knopf.

Buchan, Nancy R. , Rachel T. A. Croson, and Robyn M. Dawes（2002）："Swift Neighbors and Persistent Strangers：A Cross-Cultural Investigation of Trust and Reciprocity in Social Exchange," *American Journal of Sociology* 108：168—206.

Bunce, Val（2001）："Democratization and Economic Reform," *Annual Review of Political Science* 4：43—66.

Burns, John F. （1998）："In the Final Stage of India's Election, a Fearful City Votes," *New York Times* 1 March, Y6.

Burt, Ronald S. and Marc Knez（1995）："Kinds of Third-Party Effects on Trust," *Rationality and Society* 7：255—292.

Caramani, Daniele（2000）：*The Societies of Europe：Elections in Western Europe since 1815. Electoral Results by Constituencies*. London：Macmillan.

（2003）：*The Formation of National Electorates and Party Systems in Europe*. Cambridge：Cambridge University Press.

Casanova, Julián, Ángela Cenarro, Julita Cifuentes, Pilar Maluenda, and Pilar Salomón（1992）：*El Pasado Oculto. Fascismo y Violencia en Aragón（1936—1939）*. Madrid：Siglo Veintiuno de España.

Castrén, Anna-Maija and Markku Lonkila（2004）："Friendship in Finland and Russia from a Micro Perspective," in Anna-Maija Castrén, Markku Lonkila, and Matti Peltonen, eds. , *Between Sociology and*

History: *Essays on Microhistory, Collective Action, and Nation-Building*. Helsinki, Finland: SKS/Finnish Literature Society.

Centeno, Miguel Angel (2002): *Blood and Debt: War and the Nation-State in Latin America*. University Park: Pennsylvania State University Press.

Cerruti, Simona, Robert Descimon, and Maarten Prak (1995): eds., "Cittadinanze," *Quaderni Storici* 30:281—514.

Chesnais, Jean-Claude (1976): *Les Morts Violentes en France depuis 1826. Comparaisons Internationales*. Paris: Presses Universitaires de France.

(1981): *Histoire de la Violence en Occident de 1800 à Nos Jours*. Paris: Robert Laffont.

Chesterman, Simon (2001): ed., *Civilians in War*. Boulder, CO: Lynne Rienner.

Clark, Janine A. (2004): "Islamist Women in Yemen: Informal Nodes of Activism," in Quintan Wictorowicz, ed., *Islamic Activism: A Social Movement Theory Approach*. Bloomington: Indiana University Press.

Cleary, Matthew R. and Susan C. Stokes (2006): *Democracy and the Culture of Skepticism: Political Trust in Argentina and Mexico*. New York: Russell Sage Foundation.

Cohen, Lizabeth (2003): *A Consumer's Republic: The Politics of Mass Consumption in Postwar America*. New York: Knopf.

Collier, David and Steven Levitsky (1997): "Democracy with Adjectives: Conceptual Innovation in Comparative Research," *World Politics* 49:430—451.

Collier, Paul and Nicholas Sambanis (2005): eds., *Understanding Civil War*. Washington, DC: World Bank. 2 vols.

Collier, Ruth Berins (1999): *Paths toward Democracy: The Working Class and Elites in Western Europe and South America*. New York:

Cambridge University Press.

Collier, Ruth Berins and David Collier(1991): *Shaping the Political Arena:
Critical Junctures, the Labor Movement, and Regime Dynamics in
Latin America*. Princeton, NJ: Princeton University Press.

Collins, Kathleen(2006): *Class Politics and Regime Transition in Central
Asia*. Cambridge: Cambridge University Press.

Conzen, Kathleen Neils(1976): *Immigrant Milwaukee, 1836—1860:
Accommodation and Community in a Frontier City*. Cambridge,
MA: Harvard University Press.

Cook, Karen S. (2001): ed., *Trust in Society*. New York: Russell Sage
Foundation.

Cordero-Guzmán, Héctor R., Robert C. Smith, and Ramón Grosfoguel
(2001): eds., *Migration, Transnationalization, and Race in a
Changing New York*. Philadelphia: Temple University Press.

Coronil, Fernando(1997): *The Magical State: Nature, Money, and Mo-
dernity in Venezuela*. Chicago: University of Chicago Press.

van Creveld, Martin(1989): *Technology and War from 2000 B. C. to the
Present*. New York: Free Press.

(1991): *The Transformation of War*. New York: Free Press.

(1999): *The Rise and Decline of the State*. Cambridge: Cambridge
University Press.

Cruz, Consuelo(2005): *Political Culture and Institutional Development
in Costa Rica and Nicaragua: World Making in the Tropics*. Cam-
bridge: Cambridge University Press.

Cruz, Rafael(1987): *El Partido Comunista de España en la II Republica*.
Madrid: Alianza.

(1997): "'Sofía Loren, Sí; Montini, No'. Transformación y Crisis
del Conflicto Anticlerical," *Ayer* 27:181—217.

(2006): *En el Nombre del Pueblo. República, Rebelión y Guerra en la
España de 1936*. Madrid: Siglo.

Curtin, Philip D. (1984): *Cross-Cultural Trade in World History*. Cambridge: Cambridge University Press.

Dahl, Robert A. (1998): *On Democracy*. New Haven, CT: Yale University Press.

——(2005): "What Political Institutions Does Large-Scale Democracy Require?" *Political Science Quarterly* 120:187—197.

Darr, Asaf(2003): "Gifting Practices and Interorganizational Relations: Constructing Obligation Networks in the Electronics Sector," *Sociological Forum* 18:31—51.

Daunton, Martin(2001): *Trusting Leviathan: The Politics of Taxation in Britain, 1799—1914*. Cambridge: Cambridge University Press.

Davenport, Rodney and Christopher Saunders(2000): *South Africa: A Modern History*. New York: St. Martin's. 5th ed.

Davids, Karel and Jan Lucassen(1995): eds., *A Miracle Mirrored: The Dutch Republic in European Perspective*. Cambridge: Cambridge University Press.

Diamond, Larry(1999): *Developing Democracy: Toward Consolidation*. Baltimore: Johns Hopkins University Press.

Diamond, Larry et al. (2004): "The Quality of Democracy," *Journal of Democracy* 15:20—109.

Diamandouros, P. Nikiforos(1997): "Southern Europe: A Third Wave Success Story," in Larry Diamond, Marc F. Plattner, Yun-han Chu, and Hung-mao Tien, eds., *Consolidating the Third Wave Democracies. Regional Challenges*. Baltimore: Johns Hopkins University Press.

Diani, Mario (1995): *Green Networks: A Structural Analysis of the Italian Environmental Movement*. Edinburgh: Edinburgh University Press.

Di Palma, Giuseppe(1990): *To Craft Democracies: An Essay on Democratic Transitions*. Berkeley: University of California Press.

DiMaggio, Paul(2001): ed. , *The Twenty-First Century Firm: Changing Economic Organization in International Perspective*. Princeton, NJ: Princeton University Press.

DiMaggio, Paul and Hugh Louch(1998): "Socially Embedded Consumer Transactions: For What Kinds of Purchases Do People Most Often Use Networks?" *American Sociological Review* 63:619—637.

Dunér, Bertil(1985): *Military Intervention in Civil Wars: The 1970s*. Aldershot, UK: Gower.

Ebbinghaus, Bernhard(1995): "The Siamese Twins: Citizenship Rights, Cleavage Formation, and Party-Union Relations in Western Europe," in Charles Tilly, ed. , *Citizenship, Identity and Social History*. Cambridge: Cambridge University Press.

Echeverry, Juan Carlos, Natalia Salazar, and Verónica Navas(2001): "El Conflicto Colombiano en el Contexto Internacional," in Astrid Martínez, ed. , *Economia, Crimen y Conflicto*. Bogotá: Universidad Nacional de Colombia.

Economist(2006): "The Net Closes In," 4 March: 40.

Elster, Jon(1999): *Alchemists of the Mind: Rationality and the Emotions*. Cambridge: Cambridge University Press.

Elster, Jon, Claus Offe, and Ulrich K. Preuss(1998): *Institutional Design in Post-Communist Societies. Rebuilding the Ship at Sea*. Cambridge: Cambridge University Press.

Engelstad, Fredrik and Øyvind Østerud(2004): eds. , *Power and Democracy: Critical Interventions*. Aldershot, UK: Ashgate.

Eriksson, Mikael and Peter Wallensteen (2004): "Armed Conflict, 1989—2003," *Journal of Peace Research* 41:625—636.

Evans, Ivan(1990): "The Native Affairs Department and the Reserves in the 1940s and 1950s," in Robin Cohen, Yvonne G. Muthien, and Abebe Zegeye, eds. , *Repression and Resistance: Insider Accounts of Apartheid*. London: Hans Zell.

Fearon, James D. and David D. Laitin(2003): "Ethnicity, Insurgency, and Civil War," *American Political Science Review* 97:75—90.

Feige, Edgar(1997): "Underground Activity and Institutional Change: Productive, Protective, and Predatory Behavior in Transition Economies," in Joan Nelson, Charles Tilly, and Lee Walker, eds., *Transforming Post-Communist Political Economies*. Washington, DC: National Academy Press.

Fernandez, Roberto and Doug McAdam(1988): "Social Networks and Social Movements: Multiorganizational Fields and Recruitment to Mississippi Freedom Summer," *Sociological Forum* 3:357—382.

Figueroa, Victor M. (2006): "The Bolivarian Government of Hugo Chávez: Democratic Alternative for Latin America?" *Critical Sociology* 32:187—212.

Finer, S. E. (1997): *The History of Government from the Earliest Times*. Oxford: Oxford University Press. 3 vols.

Fish, M. Steven (2001): "The Dynamics of Democratic Erosion," in Richard D. Anderson, Jr. et al., *Postcommunism and the Theory of Democracy*. Princeton, NJ: Princeton University Press.

—— (2005): *Democracy Derailed in Russia: The Failure of Open Politics*. Cambridge: Cambridge University Press.

Fontaine, Laurence(1993): *Histoire du Colportage en Europe XVe-XIXe Siècle*. Paris: Albin Michel.

Forte, Riccardo(2003): *Fuerzas Armadas, Cultura Política y Seguridad Interna. Origines y Fortalecimiento del Poder Militar en Argentina (1853—1943)*. Mexico City: Biblioteca de Signos.

Fredrickson, George M. (1981): *White Supremacy: A Comparative Study in American and South African History*. Oxford: Oxford University Press.

Freedom House(2002): "Freedom in the World 2002: The Democracy Gap," www. freedomhouse. org/research/survey2002. htm, viewed

■ 民　主

29 March 2002.

(2005): "Table of Independent Countries 2005," www. freedomhouse. org/template. cfm? /page = 211&year + 2005, viewed 14 March 2006.

(2006): "Freedom in the World 2006: Selected Data from Freedom House's Annual Global Survey of Political Rights and Civil Liberties," www. freedomhouse. org/template. cfm? page = 5, viewed 11 March 2006.

Freedom House Jamaica (2005): "Freedom in the World-Jamaica," www. freedomhouse. org/template. cfm? page = 22 & country = 2956 & year = 2004 & view = mof, viewed 27 February 2006.

Freedom House Kazakhstan (2005): "Freedom in the World-Kazakhstan," www. freedomhouse. org/template. cfm? page = 22 & country = 6764 & year = 2005 & view = mof, viewed 27 February 2006.

Gambetta, Diego (1993): *The Sicilian Mafia: The Business of Private Protection*. Cambridge, MA: Harvard University Press.

Ganguly, Sumit (1999): "Explaining India's Transition to Democracy," in Lisa Anderson, ed. , *Transitions to Democracy*. New York: Columbia University Press.

Gastil, Raymond Duncan (1991): "The Comparative Survey of Freedom: Experiences and Suggestions," in Alex Inkeles, ed. , *On Measuring Democracy: Its Consequences and Concomitants*. New Brunswick, NJ: Transaction.

Geddes, Barbara (1999): "What Do We Know about Democratization after Twenty Years?" *Annual Review of Political Science* 2:115— 144.

Genieys, William (1997): *Les Élites Espagnoles Face à l'État. Changements de Régimes Politiques et Dynamiques Centre-Périphéries*. Paris: L'Harmattan.

Gentles, Ian (1992): *The New Model Army in England, Ireland and Scot *land*, *1645—1653*. Oxford: Blackwell.

（2001）: "The *Agreements of the People* and their Political Contexts, 1647—1649," in Michael Mendle, ed., *The Putney Debates of 1647: The Army, the Levellers, and the English State*. Cambridge: Cambridge University Press.

Ghobarah, Hazem Adam, Paul Huth, and Bruce Russett（2003）: "Civil Wars Kill and Maim People—Long after the Shooting Stops," *American Political Science Review* 97:189—202.

Glete, Jan（2002）: *War and the State in Early Modern Europe: Spain, the Dutch Republic, and Sweden as Fiscal-Military States, 1500—1660*. London: Routledge.

González Calleja, Eduardo（1999）: *El Máuser y el Sufragio. Orden Público, Subversion y Violencia Política en la Crisis de la Restauración（1917—1931）*. Madrid: Consejo Superior de Investigaciones Científicas.

Goodin, Robert E., Bruce Headey, Ruud Muffels, and Henk-Jan Dirven（1999）: *The Real Worlds of Welfare Capitalism*. Cambridge: Cambridge University Press.

Goodwin, Jeff（2001）: *No Other Way Out: States and Revolutionary Movements, 1945—1991*. Cambridge: Cambridge University Press.

（2005）: "Revolutions and Revolutionary Movements," in Thomas Janoski, Robert R. Alford, Alexander M. Hicks, and Mildred A. Schwartz, eds., *Handbook of Political Sociology: States, Civil Societies, and Globalization*. Cambridge: Cambridge University Press.

Gould, Roger V.（1995）: *Insurgent Identities: Class, Community, and Protest in Paris from 1848 to the Commune*. Chicago: University of Chicago Press.

（1999）: "Collective Violence and Group Solidarity: Evidence from a Feuding Society," *American Sociological Review* 64:356—380.

（2003）: *Collision of Wills: How Ambiguity about Social Rank Breeds Conflict*. Chicago: University of Chicago Press.

Granovetter, Mark(1995): "The Economic Sociology of Firms and En
trepreneurs," in Alejandro Portes, ed., *The Economic Sociology of Immigration: Essays on Networks, Ethnicity, and Entrepreneurship*. New York: Russell Sage Foundation.

Griffen, Clyde and Sally Griffen(1978): *Natives and Newcomers: The Ordering of Opportunity in Mid-Nineteenth-Century Poughkeepsie*. Cambridge, MA: Harvard University Press.

Grimson, Alejandro(1999): *Relatos de la Diferencia y la Igualdad. Los Bolivianos en Buenos Aires*. Buenos Aires: Editorial Universitaria de Buenos Aires.

Grimsted, David(1998): *American Mobbing, 1828—1861: Toward Civil War*. New York: Oxford University Press.

Gruner, Erich(1968): *Die Arbeiter in der Schweiz im 19. Jahrhundert*. Bern, Switzerland: Francke.

Gschwind, Franz(1977): *Bevölkerungsentwicklung und Wirtschaftsstruktur der Landschaft Basel im 18. Jahrhundert*. Liestal, Switzerland: Kantonale Drucksachen- und Materialzentrale.

Guinnane, Timothy W. (2005): "Trust: A Concept Too Many," *Jahrbuch für Wirtschaftsgeschichte* 2005, Part I:77—92.

Guiso, Luigi, Paola Sapienza, and Luigi Zingales(2004): "The Role of Social Capital in Financial Development," *American Economic Review* 94:526—556.

Gurr, Ted Robert, Keith Jaggers, and Will H. Moore(1990): "The Transformation of the Western State: The Growth of Democracy, Autocracy, and State Power since 1800," *Studies in Comparative International Development* 25:73—108.

Haber, Stephen, Armando Razo, and Noel Maurer (2003): *The Politics of Property Rights: Political Instability, Credible Commitments, and Economic Growth in Mexico, 1876—1929*. Cambridge: Cambridge University Press.

't Hart, Marjolein(1993): *The Making of a Bourgeois State: War, Politics and Finance during the Dutch Revolt*. Manchester, UK: Manchester University Press.

Hart, Peter(1998): *The I.R.A. & Its Enemies: Violence and Community in Cork, 1916—1923*. Oxford: Clarendon Press.

Havik, Philip J.(1998): "Female Entrepreneurship in a Changing Environment: Gender, Kinship and Trade in the Guinea Bissau Region," in Carla Risseeuw and Kamala Ganesh, eds., *Negotiation and Social Space: A Gendered Analysis of Changing Kin and Security Networks in South Asia and Sub-Saharan Africa*. Walnut Creek, CA: AltaMira Press.

Head, Randolph C.(1995): *Early Modern Democracy in the Grisons. Social Order and Political Language in a Swiss Mountain Canton, 1470—1620*. Cambridge: Cambridge University Press.

Heimer, Carol A.(1985): *Reactive Risk and Rational Action: Managing Moral Hazard in Insurance Contracts*. Berkeley: University of California Press.

Held, David(1996): *Models of Democracy*. Stanford, CA: Stanford University Press. 2nd ed.

Henderson, Errol A.(1999): "Civil Wars," in Lester Kurtz, ed., *Encyclopedia of Violence, Peace, and Conflict*. San Diego, CA: Academic Press. Vol. I, 279—287.

Herzog, Don(1989): *Happy Slaves: A Critique of Consent Theory*. Chicago: University of Chicago Press.

Hironaka, Ann(2005): *Neverending Wars: The International Community, Weak States, and the Perpetuation of Civil War*. Cambridge, MA: Harvard University Press.

Hirschman, Albert O.(1970): *Exit, Voice, and Loyalty: Responses to Decline in Firms, Organizations, and States*. Cambridge, MA: Harvard University Press.

（1979）：" The Turn to Authoritarianism in Latin America and the Search for its Economic Determinants," in David Collier, ed. , *The New Authoritarianism in Latin America*. Princeton, NJ: Princeton University Press.

Hoffman, Philip T. , Gilles Postel-Vinay, and Jean-Laurent Rosenthal （2000）： *Priceless Markets: The Political Economy of Credit in Paris*. Chicago: University of Chicago Press.

Hoffmann, Stefan-Ludwig（2003）："Democracy and Associations in the Long Nineteenth Century: Toward a Transnational Perspective," *Journal of Modern History* 75:269—299.

Holsti, Kalevi J. （1991）： *Peace and War: Armed Conflicts and International Order 1648—1989*. Cambridge: Cambridge University Press.

（1996）： *The State, War, and the State of War*. Cambridge: Cambridge University Press.

Human Rights Watch（2004）："Letter Urging Jamaican Government to Protect Rights Defenders and Address Violence and Abuse Based on Sexual Orientation and HIV Status," www. hrw. org/english/docs/2004/11/30/jamaic9750_txt. htm, viewed 5 April 2005.

（2005）： *World Report 2005. Events of 2004*. New York: Human Rights Watch.

（2006）："Overview of Human Rights Issues in Russia," www. hrw. org/english/docs/2006/01/18/russia2218. htm, viewed 30 April 2006.

Huntington, Samuel P. （1991）： *The Third Wave. Democratization in the Late Twentieth Century*. Norman: University of Oklahoma Press.

Inkeles, Alex（1991）： ed. , *On Measuring Democracy: Its Consequences and Concomitants*. New Brunswick, NJ: Transaction.

Jamaica Constitution（2006）："Jamaica Constitution of 1962 with Reforms through 1999," www. georgetown. edu/pdba/Constitutions/Jamaica/jam62. html, viewed 27 January 2006.

Johnson, R. W. (2004): *South Africa: The First Man, the Last Nation*. London: Weidenfeld & Nicolson.

Joris, Elisabeth(1994): "Auswirkungen der Industrialisierung auf Alltag und Lebenszusammenhänge von Frauen im Zürcher Oberland (1820—1940)," in Joseba Agirreazkuenaga and Mikel Urquijo, eds., *Historias Regionales-Historia Nacional: La Confederación Helvetica*. Bilbao, Spain: Servicio Editorial, Universidad del País Vasco.

Joris, Elisabeth and Heidi Witzig(1992): *Brave Frauen, Aufmüpfige Weiber. Wie Sich die Industrialisierung auf Alltag und Lebenszusammenhänge von Frauen Auswirkte(1820—1940)*. Zurich, Switzerland: Chronos.

Jung, Courtney(2000): *Then I Was Black: South African Political Identities in Transition*. New Haven, CT: Yale University Press.

Jung, Courtney and Ian Shapiro (1995): "South Africa's Negotiated Transition: Democracy, Opposition, and the New Constitutional Order," *Politics & Society* 23:269—308.

Kaldor, Mary(1999): *New & Old Wars: Organized Violence in a Global Era*. Cambridge: Polity.

Karatnycky, Adrian(2000): ed., *Freedom in the World: The Annual Survey of Political Rights & Civil Liberties 1999—2000*. New York: Freedom House.

Karatnycky, Adrian and Peter Ackerman (2005): "How Freedom Is Won: From Civic Resistance to Durable Democracy," www. freedomhouse. org/65. 110. 85. 181/uploads/special_ report/29. pdf, viewed 12 March 2006.

Kaufman, Jason(2002): *For the Common Good? American Civic Life and the Golden Age of Fraternity*. Oxford: Oxford University Press.

Kazakh Constitution (2006): "Republic of Kazakstan Constitution," www. geocities. com/CapitolHill/Lobby/2171/kzconst. html, viewed 20 January 2006.

Keogh, Dermot (2001): "Ireland at the Turn of the Century: 1994—2001," in T. W. Moody and F. X. Martin, eds., *The Course of Irish History*. Lanham, MD: Roberts Rinehart. 4th ed.

Kettering, Sharon(1993): "Brokerage at the Court of Louis XIV," *The Historical Journal* 36:69—87.

Keyssar, Alexander(2000): *The Right to Vote: The Contested History of Democracy in the United States*. New York: Basic Books.

Khazanov, Anatoly M. (1995): *After the USSR: Ethnicity, Nationalism, and Politics in the Commonwealth of Independent States*. Madison: University of Wisconsin Press.

Kohli, Atul(1990): *Democracy and Discontent: India's Growing Crisis of Governability*. Cambridge: Cambridge University Press.

   (1994): "Centralization and Powerlessness: India's Democracy in a Comparative Perspective," in Joel S. Migdal, Atul Kohli, and Vivienne Shue, eds., *State Power and Social Forces: Domination and Transformation in the Third World*. Cambridge: Cambridge University Press.

Kozub, Robert M. (2003): "Evolution of Taxation in England, 1700—1850: A Period of War and Industrialization," *Journal of European Economic History* 32:363—390.

Kurzman, Charles (1998): "Waves of Democratization," *Studies in Comparative International Development* 33:42—64.

Lafargue, Jérôme (1996): *Contestations Démocratiques en Afrique*. Paris: Karthala and IFRA.

Landa, Janet Tai(1994): *Trust, Ethnicity, and Identity: Beyond the New Institutional Economics of Ethnic Trading Networks, Contract Law, and Gift-Exchange*. Ann Arbor: University of Michigan Press.

Laurie, Bruce(1973): "Fire Companies and Gangs in Southwark: The 1840s," in Allen F. Davis and Mark H. Haller, eds., *The Peoples of*

Philadelphia: *A History of Ethnic Groups and Lower-Class Life*, *1790—1940*. Philadelphia: Temple University Press.

Ledeneva, Alena(1998): *Russia's Economy of Favours*: *Blat*, *Networking*, *and Informal Exchange*. Cambridge: Cambridge University Press.

(2004): "Genealogy of *Krugovaya Poruka*: Forced Trust as a Feature of Russian Political Culture," *Proceedings of the British Academy* 123:85—108.

Levi, Margaret(1988): *Of Rule and Revenue*. Berkeley: University of California Press.

(1997): *Consent*, *Dissent*, *and Patriotism*. Cambridge: Cambridge University Press.

Levi, Margaret and Laura Stoker(2000): "Political Trust and Trustworthiness," *Annual Review of Political Science* 3:475—508.

Licklider, Roy(1993): ed. , *Stopping the Killing*: *How Civil Wars End*. New York: NYU Press.

Light, Ivan and Edna Bonacich(1988): *Immigrant Entrepreneurs*: *Koreans in Los Angeles*, *1965—1982*. Berkeley: University of California Press.

Lijphart, Arend(1999): *Patterns of Democracy*: *Government Forms and Performance in Thirty-Six Countries*. New Haven, CT: Yale University Press. Rev. ed.

Lindert, Peter H. (2004): *Growing Public*: *Social Spending and Economic Growth since the Eighteenth Century*. Cambridge: Cambridge University Press. 2 vols.

Linz, Juan J. and Alfred Stepan(1996): *Problems of Democratic Transition and Consolidation*: *Southern Europe*, *South America*, *and Post-Communist Europe*. Baltimore: Johns Hopkins University Press.

Lodge, Tom(1996): "South Africa: Democracy and Development in a Post-Apartheid Society," in Adrian Leftwich, ed. , *Democracy and*

Development · Theory and Practice London, Polity Press.

Lonkila, Markku(1999a); *Social Networks in Post-Soviet Russia*. Helsinki, Finland; Kikimora.

(1999b); "Post-Soviet Russia; A Society of Networks?" in Markku Kangaspuro, ed. , *Russia; More Different than Most*. Helsinki, Finland; Kikimora.

López Maya, Margarita(1999); "La Protesta Popular Venezolana entre 1989 y 1993(en el Umbral del Neoliberalismo)," in Margarita López Maya, ed. , *Lucha Popular, Democracia, Neoliberalismo; Protesta Popular en América Latina en los Años de Ajuste*. Caracas, Venezuela; Nueva Sociedad.

López Maya, Margarita, David Smilde, and Keta Staphany(2002); *Protesta y Cultura en Venezuela. Los Marcos de Acción Colectiva en 1999*. Caracas, Venezuela; FACES-UCV, CENDES, FONACIT.

López-Alves, Fernando(2003); *La Formación del Estado y la Democracia en América Latina*. Bogotá, Colombia; Grupo Editorial Norma.

Luard, Evan(1987); *War in International Society*. New Haven, CT; Yale University Press.

Luebke, David Martin(1997); *His Majesty's Rebels; Communities, Factions, and Rural Revolt in the Black Forest, 1725—1745*. Ithaca, NY; Cornell University Press.

Lundqvist, Sven(1977); *Folkrörelserna i det Svenska Samhället, 1850—1920*. Stockholm; Almqvist & Wiksell.

MacCulloch, Diarmaid (2003); *Reformation; Europe's House Divided 1490—1700*. London; Allen Lane.

Machiavelli, Niccolò(1940); *The Prince and the Discourses*. New York; Modern Library.

MacLean, Lauren Morris(2004); "Empire of the Young; The Legacies of State Agricultural Policy on Local Capitalism and Social Support Networks in Ghana and Côte d'Ivoire," *Comparative Studies in Soci-*

ety and History 46:469—496.

Malefakis, Edward E. (1970): *Agrarian Reform and Peasant Revolution in Spain*. New Haven, CT: Yale University Press.

Manor, James (2004): "'Towel over Armpit': Small-Time Political 'Fixers' in India's States," in Ashutosh Varshney, ed. , *India and the Politics of Developing Countries: Essays in Memory of Myron Weiner*. New Delhi: Sage Publications.

Maravall, José María and Julián Santamaria(1986): "Political Change in Spain and the Prospects for Democracy," in Guillermo O'Donnell, Philippe C. Schmitter, and Laurence Whitehead, eds. , *Transitions from Authoritarian Rule: Southern Europe*. Baltimore: Johns Hopkins University Press.

Markoff, John(1996a): *The Abolition of Feudalism: Peasants, Lords, and Legislators in the French Revolution*. University Park: Pennsylvania State University Press.

(1996b): *Waves of Democracy: Social Movements and Political Change*. Thousand Oaks, CA: Pine Forge.

(2005): "Transitions to Democracy," in Thomas Janoski, Robert R. Alford, Alexander M. Hicks, and Mildred A. Schwartz, eds. , *Handbook of Political Sociology: States, Civil Societies, and Globalization*. Cambridge: Cambridge University Press.

Marques, M. Margarida, Rui Santos and Fernanda Araújo(2001): "Ariadne's Thread: Cape Verdean Women in Transnational Webs," *Global Networks* 1:283—306.

Marx, Anthony W. (1995): "Contested Citizenship: The Dynamics of Racial Identity and Social Movements," *International Review of Social History* 40:159—183.

Mauro, Frédéric (1990): "Merchant Communities, 1350—1750," in James D. Tracy, ed. , *The Rise of Merchant Empires: Long-Distance Trade in the Early Modern World, 1350—1750*. Cambridge: Cambridge University Press.

McCracken, J. L. (2001): "Northern Ireland: 1921—1966," in T. W. Moody and F. X. Martin, eds., *The Course of Irish History*. Lanham, MD: Roberts Rinehart. 4th ed.

McFaul, Michael (1997): "Russia's Rough Ride," in Larry Diamond, Marc F. Plattner, Yun-han Chu, and Hung-mao Tien, eds., *Consolidating the Third Wave Democracies: Regional Challenges*. Baltimore: Johns Hopkins University Press.

Meisch, Lynn A. (2002): *Andean Entrepreneurs: Otavalo Merchants and Musicians in the Global Arena*. Austin: University of Texas Press.

Migdal, Joel S. (1988): *Strong Societies and Weak States: State-Society Relations and State Capabilities in the Third World*. Princeton, NJ: Princeton University Press.

Mihalisko, Kathleen J. (1997): "Belarus: Retreat to Authoritarianism," in Karen Dawisha and Bruce Parrott, eds., *Democratic Changes and Authoritarian Reactions in Russia, Ukraine, Belarus, and Moldova*. Cambridge: Cambridge University Press.

Montgomery, David (1993): *Citizen Worker: The Experience of Workers in the United States with Democracy and the Free Market during the Nineteenth Century*. Cambridge: Cambridge University Press.

——— (1998): ed., "Patronage, Paternalism, and Company Welfare," *International Labor and Working-Class History* 53:1—163.

Morawska, Ewa (1985): *For Bread with Butter: Life-Worlds of East Central Europeans in Johnstown, Pennsylvania, 1890—1940*. Cambridge: Cambridge University Press.

——— (1996): *Insecure Prosperity: Small-Town Jews in Industrial America, 1890—1940*. Princeton, NJ: Princeton University Press.

——— (2003): "Disciplinary Agendas and Analytic Strategies of Research on Immigration and Transnationalism: Challenges of Interdisciplinary Knowledge," *International Migration Review* 37:611—640.

Morgan, Edmund S. (1988): *Inventing the People: The Rise of Popular Sovereignty in England and America*. New York: Norton.

Morlino, Leonardo (2003): *Democrazie e Democratizzazioni*. Bologna, Italy: Il Mulino.

Moya, Jose C. (1998): *Cousins and Strangers: Spanish Immigrants in Buenos Aires, 1850—1930*. Berkeley: University of California Press.

Mueller, John (2004): *The Remnants of War*. Ithaca, NY: Cornell University Press.

Muldrew, Craig (1993): "Interpreting the Market: The Ethics of Credit and Community Relations in Early Modern England," *Social History* 18:163—183.

 (1998): *The Economy of Obligation*. London: Macmillan.

 (2001): "'Hard Food for Midas': Cash and its Social Value in Early Modern England," *Past and Present* 170:78—120.

Murray, Martin (1987): *South Africa: Time of Agony, Time of Destiny*. London: Verso.

Myers, Steven Lee (2006): "Days before Vote, Belarus Cracks Down on Opposition," *New York Times* 17 March, A3.

Myers, Steven Lee and C. J. Chivers (2006): "Protesters Charge Fraud in Belarus Presidential Election," *New York Times* 20 March, A11.

Nabholz, Hans, Leonhard von Muralt, Richard Feller, and Edgar Bonjour (1938): *Geschichte der Schweiz*. Zurich, Switzerland: Schultheiss and Co. 2 vols.

Narayan, Deepa and Patti Petesch (2002): eds., *Voices of the Poor: From Many Lands*. New York: Oxford University Press and Washington, DC: World Bank.

NED (2006): National Endowment for Democracy website, www. ned. org, viewed 24 May 2006.

Nicolas, Jean (2002): *La Rébellion Française. Mouvements Populaires et Conscience Sociale 1661—1789*. Paris: Seuil.

North, Douglass C. (2005); *Understanding the Process of Economic Change*. Princeton, NJ: Princeton University Press.

O'Donnell, Guillermo(1999): *Counterpoints: Selected Essays on Authoritarianism and Democratization*. Notre Dame, IN: University of Notre Dame Press.

Ogilvie, Sheilagh(2005): "The Use and Abuse of Trust: Social Capital and Its Deployment by Early Modern Guilds," *Jahrbuch für Wirtschaftsgeschichte* 2005, Part I : 15—52.

Ohlemacher, Thomas(1993): *Brücken der Mobilisierung. Soziale Relais und Persönliche Netzwerke in Bürgerinitiativen Gegen Militärischen Tiefflug*. Wiesbaden, Germany: Deutscher Universitäts Verlag.

Öhngren, Bo (1974): *Folk i Rörelse. Samhällsutveckling, Flyttningsmonster och Folkrörelser i Eskilstuna 1870—1900*. Uppsala, Sweden: Almqvist & Wicksell.

Olcott, Martha Brill(2002): *Kazakhstan. Unfulfilled Promise*. Washington, DC: Carnegie Endowment for International Peace.

Olivier, Johan(1991): "State Repression and Collective Action in South Africa, 1970—1984," *South African Journal of Sociology* 22:109—117.

Opp, Karl-Dieter and Christiane Gern(1993): "Dissident Groups, Personal Networks, and Spontaneous Cooperation: The East German Revolution of 1989," *American Sociological Review* 58:659—680.

Ortega Ortiz, Reynaldo Yunuen(2000): "Comparing Types of Transitions: Spain and Mexico," *Democratization* 7:65—92.

(2001): ed. , *Caminos a la Democracia*. Mexico City: El Colegio de México.

Ostergren, Robert C. (1988): *A Community Transplanted: The Trans-Atlantic Experience of a Swedish Immigrant Settlement in the Upper Middle West, 1835—1915*. Uppsala, Sweden: Acta Universitatis Upsaliensis.

Ostrom, Elinor(1990): *Governing the Commons: The Evolution of Institutions for Collective Action*. Cambridge: Cambridge University Press.

(1998): "A Behavioral Approach to the Rational Choice Theory of Collective Action," *American Political Science Review* 92:1—22.

Palmer, R. R. (1959, 1964): *The Age of the Democratic Revolution*. Princeton, NJ: Princeton University Press. 2 vols.

Passy, Florence(1998): *L'Action Altruiste. Contraintes et Opportunités de l'Engagement dans les Mouvements Sociaux*. Geneva, Switzerland: Droz.

(2001): "Socialization, Connection, and the Structure/Agency Gap: A Specification of the Impact of Networks on Participation in Social Movements," *Mobilization* 6:173—192.

Pastor, Reyna, Esther Pascua, Ana Rodríguez-López, and Pablo Sánchez-León(2002): *Beyond the Market: Transactions, Property and Social Networks in Monastic Galicia 1200—1300*. Leiden, Netherlands: Brill.

Paxton, Pamela(1999): "Is Social Capital Declining in the United States? A Multiple Indicator Assessment," *American Journal of Sociology* 108:88—127.

(2000): "Women's Suffrage in the Measurement of Democracy: Problems of Operationalization," *Studies in Comparative International Development* 35:92—111.

Payne, Stanley G. (1967): *Politics and the Military in Modern Spain*. Stanford, CA: Stanford University Press.

(2000): *The Franco Regime, 1936—1975*. London: Phoenix Press. Rev. ed.

Piano, Aili and Arch Puddington(2004): *Freedom in the World 2004. The Annual Survey of Political Rights & Civil Liberties*. New York and Washington, DC: Freedom House.

Piipponen, Minna(2004)："Work-Related Ties in the Everyday Life of a Russian Karelian Mill Community," in Risto Alapuro, Ilkka Liikanen, and Markku Lonkila, eds. , *Beyond Post-Soviet Transition：Micro Perspectives on Challenge and Survival in Russia and Estonia*. Saarijärvi, Finland：Kikimora.

Portes, Alejandro(1995)：ed. , *The Economic Sociology of Immigration：Essays on Networks, Ethnicity, and Entrepreneurship*. New York：Russell Sage Foundation.

Postel-Vinay, Gilles(1998)：*La Terre et l'Argent. L'Agriculture et le Crédit en France du ⅩⅧe au Début du Xxe Siècle*. Paris：Albin Michel.

Powell, Walter W. (1990)："Neither Market Nor Hierarchy：Network Forms of Organization," in Barry Staw and Lawrence L. Cummings, eds. , *Research in Organizational Behavior*. Greenwich, CT：JAI Press.

Powell, Walter W. and Laurel Smith-Doerr(1994)："Networks and Economic Life," in Neil J. Smelser and Richard Swedberg, eds. , *The Handbook of Economic Sociology*. Princeton, NJ：Princeton University Press and New York：Russell Sage Foundation.

Prak, Maarten(1991)："Citizen Radicalism and Democracy in the Dutch Republic：The Patriot Movement of the 1780s," *Theory and Society* 20：73—102.

(1999)："Burghers into Citizens：Urban and National Citizenship in the Netherlands during the Revolutionary Era(c. 1800)," in Michael P. Hanagan and Charles Tilly, eds. , *Expanding Citizenship, Reconfiguring States*. Lanham, MD：Rowman and Littlefield.

Price, Robert M. (1991)：*The Apartheid State in Crisis：Political Transformation in South Africa 1975—1990*. New York：Oxford University Press.

Przeworski, Adam, Michael Alvarez, José Antonio Cheibub, and Fernando Limongi(2000): *Democracy and Development: Political In-stitutions and Well-Being in the World*, *1950—1990*. Cambridge: Cambridge University Press.

Putnam, Robert D. , Robert Leonardi, and Raffaella Y. Nanetti(1993): *Making Democracy Work: Civic Traditions in Modern Italy*. Prince-ton, NJ: Princeton University Press.

(2000): *Bowling Alone: The Collapse and Revival of American Com-munity*. New York: Simon & Schuster.

Ray, Raka and Mary Fainsod Katzenstein(2005): "Introduction: In the Beginning, There Was the Nehruvian State," in Raka Ray and Mary Fainsod Katzenstein, eds. , *Social Movements in India. Poverty*, *Power*, *and Politics*. Lanham, MD: Rowman and Littlefield.

Remak, Joachim(1993): *A Very Civil War: The Swiss Sonderbund War of 1847*. Boulder, CO: Westview.

Rosenband, Leonard N. (1999): "Social Capital in the Early Industrial Revolution," *Journal of Interdisciplinary History* 29:435—458.

Rotberg, Robert(1999): ed. , "Patterns of Social Capital: Stability and Change in Comparative Perspective," Special issue, *Journal of Interdisciplinary History* 29: nos. 3 and 4.

Rouquié, Alain (1987): *The Military and the State in Latin America*. Berkeley: University of California Press.

Rueschemeyer, Dietrich, Evelyne Huber Stephens, and John D. Ste-phens (1992): *Capitalist Development and Democracy*. Chicago: University of Chicago Press.

Rummel, R. J. (1994): *Death by Govermnent*. New Brunswick, NJ: Transaction.

Sabato, Hilda(2001): *The Many and the Few: Political Participation in Republican Buenos Aires*. Stanford, CA: Stanford University Press.

Sahlins, Peter(2004): *Unnaturally French: Foreign Citizens in the Old Regime and After*. Ithaca, NY: Cornell University Press.

Sauter, Deal Walter(1972): *Herkunft und Entstebung der Tessiner Kantonsverfassung von 1830*. Zurich, Switzerland: Schulthess.

Schama, Simon(1977): *Patriots and Liberators. Revolution in the Netherlands 1780—1813*. London: Collins.

Schatz, Edward(2006): "Access by Accident: Legitimacy Claims and Democracy Promotion in Authoritarian Central Asia," *International Political Science Review* 27:263—284.

Scherzer, Kenneth A. (1992): *The Unbounded Community: Neighborhood Life and Social Structure in New York City, 1830—1875*. Durham, NC: Duke University Press.

Schmidt, Steffen W., Laura Guasti, Carl H. Landé, and James C. Scott (1977): eds., *Friends, Followers, and Factions: A Reader in Political Clientelism*. Berkeley: University of California Press.

Schmitt, Gary J. (2006): "Natural Gas: The Next Energy Crisis?" *Issues in Science and Technology*, Summer: 59—64.

Schmitter, Philippe C. and Terry Lynn Karl(1991): "What Democracy Is . . . and Is Not," *Journal of Democracy* 2:77—88.

Schock, Kurt(2005): *Unarmed Insurrections: People Power Movements in Nondemocracies*. Minneapolis: University of Minnesota Press.

Science(2006): "Qatar Taps Wells of Knowledge," 312(7 April): 46—47.

Seekings, Jeremy and Nicoli Nattrass(2005): *Class, Race, and Inequality in South Africa*. New Haven, CT: Yale University Press.

Seip, Jens Arup(1974, 1981): *Utsikt over Norges Historie*. Oslo, Norway: Gylendal Norsk Forlag. 2 vols.

Seligman, Adam(1997): *The Problem of Trust*. Princeton, NJ: Princeton University Press.

Séréni, Jean-Pierre(2006): "Où Va l'Argent des Hydrocarbures," *Le Monde Diplomatique* April 2006:8.

Shapiro, Susan P. (1987): "The Social Control of Impersonal Trust,"

American Journal of Sociology 93:623—658.

Sheller, Mimi(2000): *Democracy after Slavery: Black Publics and Peasant Radicalism in Haiti and Jamaica*. London: Macmillan(Warwick University Caribbean Studies).

Shorter, Edward and Charles Tilly(1974): *Strikes in France, 1830—1968*. Cambridge: Cambridge University Press.

Singerman, Diane(1995): *Avenues of Participation: Family, Politics, and Networks in Urban Quarters of Cairo*. Princeton, NJ: Princeton University Press.

(2004): "The Networked World of Islamist Social Movements," in Quintan Wiktorowicz, ed., *Islamic Activism: A Social Movement Theory Approach*. Bloomington: Indiana University Press.

Skocpol, Theda(2003): *Diminished Democracy: From Membership to Management in American Civic Life*. Norman: University of Oklahoma Press.

(2004): "Voice and Inequality: The Transformation of American Civic Democracy," *Perspectives on Politics* 2:3—20.

Skocpol, Theda and Morris P. Fiorina(1999): eds., *Civic Engagement in American Democracy*. Washington, DC: Brookings Institution and New York: Russell Sage Foundation.

Solnick, Steven L. (1998): *Stealing the State: Control and Collapse in Soviet Institutions*. Cambridge, MA: Harvard University Press.

Sørensen, Georg(1998): *Democracy and Democratization. Processes and Prospects in a Changing World*. Boulder, CO: Westview.

Soto Carmona, Álvaro(1988): *El Trabajo Industrial en la España Contemporanea (1874—1936)*. Barcelona: Anthropos.

Spilerman, Seymour(2000): "Wealth and Stratification Processes," *Annual Review of Sociology* 26:497—524.

Stark, Oded(1995): *Altruism and Beyond: An Economic Analysis of Transfers and Exchanges within Families and Groups*. Cambridge:

■ 民 主

Cambridge University Press.

Stenius, Henrik (1987): *Frivilligt, Jämlikt, Samfällt. Föreningsväsendets utveckling I Finland fram till 1900-talets början med speciell hänsyn till massorganisationsprincipens genombrott*. Helsinki, Finland: Svenska Litteratursällskapet I Finland.

Stone, Lawrence (1994): ed. , *An Imperial State at War: Britain from 1689 to 1815*. London: Routledge.

Strand, Håvard, Lars Wilhelmsen, and Nils Petter Gleditsch (2004): *Armed Conflict Dataset Codebook*. Oslo, Norway: International Peace Research Institute.

Suny, Ronald Grigor (1993): *The Revenge of the Past: Nationalism, Revolution, and the Collapse of the Soviet Union*. Stanford, CA: Stanford University Press.

Tarrow, Sidney and Doug McAdam (2005): "Scale Shift in Transnational Contention," in Donatella della Porta and Sidney Tarrow, eds. *Transnational Protest and Global Activism*. Lanham, MD: Rowman and Littlefield.

Terreblanche, Sampie (2002): *A History of Inequality in South Africa, 1652—2002*. Pietermaritzburg, South Africa: University of Natal Press and Sandton, South Africa: KMM Review Publishing.

Thompson, Leonard (2000): *A History of South Africa*. New Haven, CT: Yale University Press. 3rd ed.

Thucydides (1934): Joseph Gavorse, ed. , *The Complete Writings of Thucydides: The Peloponnesian War*. New York: Modern Library.

Tilly, Charles (1964): *The Vendée*. Cambridge, MA: Harvard University Press.

(1986): *The Contentious French*. Cambridge, MA: Harvard University Press.

(1990): "Transplanted Networks," in Virginia Yans-McLaughlin, ed. , *Immigration Reconsidered: History, Sociology, and Politics*.

New York: Oxford University Press.

(1992): *Coercion, Capital, and European States, 990—1992*. Oxford: Blackwell. Rev. ed.

(1993): *European Revolutions, 1492—1992*. Oxford: Blackwell.

(1995): *Popular Contention in Great Britain, 1758—1834*. Cambridge, MA: Harvard University Press.

(1997): "Parliamentarization of Popular Contention in Great Britain, 1758—1834," *Theory and Society* 26:245—273.

(1998): *Durable Inequality*. Berkeley: University of California Press.

(2000): "Chain Migration and Opportunity Hoarding," in Janina W. Dacyl and Charles Westin, eds. , *Governance of Cultural Diversity*. Stockholm: Centre for Research in International Migration and Ethnic Relations, University of Stockholm.

(2003): *The Politics of Collective Violence*. Cambridge: Cambridge University Press.

(2004): *Contention and Democracy in Europe, 1650—2000*. Cambridge: Cambridge University Press.

(2005a): "Historical Perspectives on Inequality," in Mary Romero and Eric Margolis, eds. , *The Blackwell Companion to Social Inequalities*. Oxford: Blackwell.

(2005b): *Trust and Rule*. Cambridge: Cambridge University Press.

(2006): *Regimes and Repertoires*. Chicago: University of Chicago Press.

Tilly, Charles and Wim P. Blockmans(1994): eds. , *Cities and the Rise of States in Europe A. D. 1000 to 1800*. Boulder, CO: Westview.

Tilly, Charles et al. (1995): "State-Incited Violence, 1900—1999," *Political Power and Social Theory* 9:161—225.

Tishkov, Valery(1997): *Ethnicity, Nationalism and Conflict in and after the Soviet Union: The Mind Aflame*. London: Sage.

Titarenko, Larissa, John D. McCarthy, Clark McPhail, and Boguslaw

■ 民 主

Augustyn(2001): "The interaction of State Repression, Protest Form and Protest Sponsor Strength during the Transition from Communism in Minsk, Belarus, 1990—1995," *Mobilization* 6: 129—150.

Tsai, Kellee S. (2002): *Back-Alley Banking: Private Entrepreneurs in China*. Ithaca, NY: Cornell University Press.

UNDP [United Nations Development Programme](2005): *Human Development Report 2005*. New York: Oxford University Press.

U.S. Department of Commerce, Bureau of the Census(1975): *Historical Statistics of the United States, Colonial Times to 1970*. Washington, DC: U.S. Department of Commerce. 2 vols.

Uslaner, Eric M. (2002): *The Moral Foundations of Trust*. Cambridge: Cambridge University Press.

Vanhanen, Tatu(1997): *Prospects of Democracy: A Study of 172 Countries*. London: Routledge.

Wåhlin, Vagn(1986): "Opposition og statsmagt," in Flemming Mikkelen, ed. , *Protest og Oprør. Kollektive aktioner I Danmark 1700—1985*. Aarhus, Denmark: Modtryk.

Walter, Barbara F. and Jack Snyder(1999): eds. , *Civil Wars, Insecurity, and Intervention*. New York: Columbia University Press.

Warren, Mark E. (1999): ed. , *Democracy and Trust*. Cambridge: Cambridge University Press.

Webber, Carolyn and Aaron Wildavsky(1986): *A History of Taxation and Expenditure in the Western World*. New York: Simon & Schuster.

Weber, Linda R. and Allison I. Carter(2003): *The Social Construction of Trust*. New York: Kluwer/Plenum.

Weiner; Myron(2001): "The Struggle for Equality: Caste in Indian Politics," in Atul Kohli, ed. , *The Success of India's Democracy*. Cambridge: Cambridge University Press.

Wells, Charlotte C. (1995): *Law and Citizenship in Early Modern France*. Baltimore: Johns Hopkins University Press.

Westrich, Sal Alexander(1972): *The Ormée of Bordeaux. A Revolution during the Fronde*. Baltimore: Johns Hopkins University Press.

White, Harrison C. (2002): *Markets from Networks: Socioeconomic Models of Production*. Princeton, NJ: Princeton University Press.

White, Robert W. (1993): "On Measuring Political Violence: Northern Ireland, 1969 to 1980," *American Sociological Review* 58:575—585.

Whitehead, Laurence(2002): *Democratization: Theory and Experience*. Oxford: Oxford University Press.

Wiktorowicz, Quintan (2001): *The Management of Islamic Activism. Salafis, the Muslim Brotherhood, and State Power in Jordan*. Albany: State University of New York Press.

Willerton, John P. (1992): *Patronage and Politics in the USSR*. Cambridge: Cambridge University Press.

Wilson, Richard A. (2001): *The Politics of Truth and Reconciliation in South Africa: Legitimizing the Post-Apartheid State*. Cambridge: Cambridge University Press.

Woloch, Isser(1970): *Jacobin Legacy: The Democratic Movement under the Directory*. Princeton, NJ: Princeton University Press.

——(1994); *The New Regime: Transformations of the French Civic Order, 1789—1820s*. New York: Norton.

World Bank(2004[sic]): *World Development Report 2005: A Better Investment Climate for Everyone*. New York: Oxford University Press and Washington, DC: World Bank.

——(2006): *Equity and Development: World Development Report 2006*. Washington, DC: World Bank and New York: Oxford University Press.

Wuthnow, Robert(2004): "Trust as an Aspect of Social Structure," in Jeffrey C. Alexander, Gary T. Marx, and Christine L. Williams,

■ 民　主

odo. , *Self, Social Structure, and Beliefs: Explorations in Sociology*, Berkeley: University of California Press.

Yamagishi, Toshio and Midori Yamagishi(1994): "Trust and Commitment in the United States and Japan," *Motivation and Emotion* 18: 129—166.

Yashar, Deborah J. (1997): *Demanding Democracy: Reform and Reaction in Costa Rica and Guatemala, 1870s—1950s*. Stanford, CA: Stanford University Press.

Zelizer, Viviana A. (2002): "La Construction des Circuits de Commerce: Notes sur l'Importance des Circuits Personnels et Impersonnels," in Jean-Michel Server and Isabelle Guérin, *Exclusion et Liens Financiers: Rapport du Centre Walras*. Paris: Economica.

(2004): "Circuits within Capitalism," in Victor Nee and Richard Swedberg, eds, *The Economic Sociology of Capitalism*, Princeton, NJ: Princeton University Press.

(2005a): "Culture and Consumption," in Neil J. Smelser and Richard Swedberg, eds. , *The Handbook of Economic Sociology*. Princeton, NJ: Princeton University Press and New York: Russell Sage Foundation. 2nd ed.

(2005b): *The Purchase of Intimacy*. Princeton, NJ: Princeton University Press.

Zuern, Elke (2001): "South Africa's Civics in Transition: Agents of Change or Structures of Constraint?" *Politikon* 28:5—20.

(2002): "Fighting for Democracy: Popular Organizations and Postapartheid Government in South Africa," *African Studies Review* 45: 77—102.

de Zwart, Frank(1994): *The Bureaucratic Merry-Go-Round: Manipulating the Transfer of Indian Civil Servants*. Amsterdam: Amsterdam University Press.

译　后　记

（一）

　　查尔斯·蒂利是美国著名的历史社会学家、政治学家,其学识渊博,著述丰富,涉及政治学、社会学、历史学等诸多领域。很幸运,继《强制、资本和欧洲国家(公元990—1992年)》一书之后,我又一次有了翻译他的大作的机会。而且这一次书名为《民主》——民主,这是激动了几代中国人的政治学主题。

　　民主和自由是现代社会的标志之一。20世纪以来,世界上许多国家向着民主和自由的方向迈进,形成了一股不可阻挡的历史潮流。这也引发了许多有关民主和自由的学术探讨。和其他理论家从深层次的理论上思考、解释和阐述民主不同,蒂利以其独特的历史视野,用实证的方式讨论了民主问题,提出了许多很有启发意义的观点。

　　在民主和自由的关系问题上,科恩认为民主必须和自由结合(参见科恩:《论民主》,商务印书馆2005年版,第123—127页)。民主必须以保护自由,特别是以保护个人自由为目的。民主的国家应该是自由的国家。只有这样的民主,才是真正的民主。否则民主可能走向其反面,可能演化为一部分人对另一部分人的专政——另类的专制。同样,在本书中,蒂利认为判断一个国家或政权是不是民主的,不能只看它的政治宣言,也不能只看它的宪法条款,还应该考察其实际社会生活中公民的政治权力和个人自由。因此,蒂利把自由之家对一些国家的政治权利和公民自由的评价作为自己论证的参考指标之一。而且,蒂利认为民主是一种善,它让人民以集体的力量来决定自己的命运,使普通百姓免于暴政之苦,为人民带来更好的生活条件。

不同于经典民主理论,蒂利提出了民主的过程模式。他认为民主是一个现代现象,它是一个过程,具有不稳定性和可逆性。民主体现的是国家和公民的关系。"当一个国家和它公民之间的关系呈现出广泛的、平等的、有保护的和相互制约的协商这些特点,我们就说其政权在这个程度上是民主的。"(本书第 12 页)而且蒂利认为民主是动态的,促进更加广泛的、平等的、有保护的和相互制约的协商的过程就是民主化过程,而朝着相反方向的过程就是去民主化过程。一个国家的民主的发展是曲折的,民主化在一定的历史条件下可能会逆转为去民主化。而从历史上看,去民主化的速度往往比民主化要快得多。蒂利指出,民主化过程包括三个重要过程:信任网络融入公共政治、使公共政治远离种类不平等以及消除自治的权力中心。这些过程的缺失或者逆转都会导致去民主化。

为了论证和说明自己的观点,蒂利在本书中考察了许多国家的民主化和去民主化历程,其中包括哈萨克斯坦、牙买加、法国、印度、瑞士、荷兰、美国、阿根廷、南非、俄罗斯、西班牙、委内瑞拉、爱尔兰。对蒂利用美国的民主标准批判第三世界,译者持保留态度。在他的论述当中,还涉及了许多其他国家,其中也有中国。众所周知,随着中国的改革开放,中国也进入了民主化的发展历程。毋庸讳言,由于历史原因,中国的民主化不可能一蹴而就,在中国的民主化过程中还存在许多这样那样的问题需要解决。按照蒂利的观点,民主化也没有统一的模式。中国不会也不可能重复某个西方国家的民主化道路。我们确实看到,随着中国社会的发展,中国的民主化也在逐渐地稳步地向前推进。对于这一点,蒂利在本书中是持肯定态度的。而且毫无疑问,蒂利对中国的民主化也是充满信心的。他在本书这样写道:"这种冲突的积累为以前并不存在的民主化创造了机会。当越来越多的仁寿模式的循环出现在中国时,这个政权就离广泛的、平等的、有保护的、相互制约的公民—国家的协商——民主越来越近了。"

（本书第 141 页）

译者总想把翻译工作做得完美一些，不管译者如何努力，译文中难免会有遗憾之处。为了不至于误导读者，译者在疑难之处，除了请教他人，还把部分原文留下，以便读者指正。此外，还要对本书的责任编辑上海人民出版社的徐晓明先生表示感谢，编辑工作是个"为人做嫁衣"的工作，其辛苦程度是无法用语言描述的。然而正是众多编辑的辛勤劳动，撑起了中国文化事业的一片蓝天，在此对他们致以诚挚的感谢！

魏洪钟
2009 年 5 月 8 日

（二）

《民主》中文本 2009 年第一次面世，2011 年第二次印刷，多年过去了，人们对民主的热情依然不减，国内外形势发生了很大的变化。在国际上，恐怖主义日益猖獗，各国的反恐形势十分严峻，但从整体来看，没有发生民主化或去民主化的大起大落。在国内，随着中国国际地位的提高，中国政府坚定不移地推进廉政建设和反腐败斗争，全面推进依法治国，加强社会主义协商民主建设，在民主化的道路上稳步前进。《民主》是蒂利生前极为重要的一部著作，是他在民主主题上的"所有工作的顶峰和综合"。上海人民出版社以及责任编辑徐晓明先生提出再版中文本，译者对照原著，作了再次的校正，希望中文本的再版能给关注民主问题的人们带去诸多的启示。

魏洪钟
2015 年 4 月 25 日

图书在版编目(CIP)数据

民主/(美)蒂利(Tilly,C.)著;魏洪钟译.—2版.
—上海:上海人民出版社,2015
(东方编译所译丛)
书名原文:Democracy
ISBN 978-7-208-12954-2

Ⅰ.①民… Ⅱ.①蒂… ②魏… Ⅲ.①民主-研究-
欧洲 Ⅳ.①D750.9

中国版本图书馆 CIP 数据核字(2015)第 087840 号

责任编辑 徐晓明
封面装帧 王小阳

民主

[美]查尔斯·蒂利 著

魏洪钟 译

出　　版 　上海人民出版社
　　　　　　(200001　上海福建中路 193 号)
发　　行　　上海人民出版社发行中心
印　　刷　　上海商务联西印刷有限公司
开　　本　　635×965　1/16
印　　张　　16
插　　页　　4
字　　数　　223,000
版　　次　　2015 年 5 月第 2 版
印　　次　　2019 年 4 月第 2 次印刷
ISBN 978-7-208-12954-2/D·2674
定　　价　　56.00 元

Democracy，1E by ISBN 978-0-521-70153-2 by Charles Tilly first published by Cambridge University Press 2007.

All rights reserved.

This **simplified Chinese** edition for the People's Republic of China is published by arrangement with the Press Syndicate of the University of Cambridge，Cambridge，United Kingdom.

© Cambridge University Press & Shanghai People's Publishing House 2015.

东方编译所译丛·政治科学

以上图书均可在上海人民出版社读者服务部购买到。
邮购地址:上海市绍兴路 54 号上海人民出版社读者服务部
邮　编:200020
联系电话:021-64313303
邮购方法:在定价的基础上加收 15%的挂号邮寄费,量大者(请先致电联系)
　　　　可免邮寄费。
欲了解更多相关书目,请浏览上海人民出版社网址:www.spph.com.cn。